Le Chemin de la Source infinie...

Tome 1 L'éveil de la Lumière

Louise POZZO DI BORGO

Le Chemin de la Source infinie…

Tome 1

L'éveil de la Lumière

Réédition enrichie du *Fil de l'Âme*

Photos de couverture :
© JM Bighelli

Conception : VeronikA

ISBN : 979-10-359-1044-0

À mon neveu Philippe et ma nièce Sylvie.
Derrière le voile qui nous sépare notre lien est toujours présent
et nos âmes souvent se rejoignent dans un océan de lumière et là…

Un Lama de médecine tibétaine m'a dit : « *On vous a fait vivre une expérience que beaucoup rêvent d'avoir, méditez et tout vous sera restitué.* »

Oui, ce fut une expérience humaine qui transforme la vie d'un être. Revenir de l'autre côté du miroir après avoir vécu un temps dans une autre dimension... peut-être dans un rêve ? Non, cela était bien réel.

Un moine franciscain qui vient vers vous et vous renvoie dans votre vie temporelle, deux éminents professeurs en neuro-chirurgie : l'un me dit d'aller mettre un cierge à Lourdes, l'autre : « *Vous êtes un cas.* »

La faucheuse n'a pas voulu de moi. Pourquoi ?

Aujourd'hui, je ne le sais toujours pas, en toute humilité, peut-être simplement pour vous parler de mon histoire et ainsi vous transmettre leurs messages et enseignements, que je vous expose au fil des pages de ce livre, dont je ne suis que la plume.

PRÉFACE

Il est des Êtres porteurs d'Amour et de Lumière. Des Êtres éclairants qui nous guident autant que possible sur le sentier étroit qui mène à la sérénité de l'Âme et à la Joie du Cœur.

◊ *Tel est le cas de Louise.*

Le propos développé par l'auteure à travers un ensemble de messages reçus et restitués sans correction, ni annotation, apporte à l'homme qui cherche son chemin à travers l'obscurité de sa caverne, un éclairage original lui permettant d'engager sur sa Voie et de poursuivre sa quête spirituelle vers l'Être Éternel, le Très-Haut.

En somme, il s'agit pour l'auteure, par-delà les messages transmis, de faire passer une petite lumière remplie de grâce et de bienveillance, pour que l'homme en devenir puisse s'extirper de sa condition de simple mortel pour réinvestir le lien d'unité l'unissant au Créateur.

Le message retranscrit nous incite à réaliser que le chemin de l'homme est semé d'embûches et de remises en question. Ce parcours d'humilité nous renvoie au mystère de la Création et à la relative vanité de notre destin individuel.

L'homme qui cherche à cheminer découvre par ce seul fait que son existence n'a d'importance que si elle s'inscrit dans un processus collectif d'humanisation et de retour à la source via la connexion au Créateur.

Cet ouvrage nous offre ainsi un ensemble de textes mettant l'accent sur la nécessité de se mettre en mouvement et de développer et d'enrichir la chaîne d'union reliant les hommes entre eux et à Dieu. Pour ce faire, il nous est rappelé l'importance de l'énergie d'amour dans notre cheminement.

Or, c'est justement cette énergie d'Amour que nous avons en commun et que nous devons entretenir et faire grandir pour que notre existence s'accomplisse dans la Grâce et l'Harmonie du Divin. La Voie qui nous est proposée est celle du Don et du Partage. Cette Voie, pour autant difficile qu'elle soit, offre à celui qui s'y adonne des perspectives infinies et inattendues.

En effet, l'homme en ouvrant son cœur et son esprit, s'ouvre sur le Monde et sur les Cieux.

◇ *En donnant, il reçoit.*
◇ *En partageant, il décuple ses richesses.*
◇ *En aimant, il illumine la relation à soi et à l'autre de sa présence.*

C'est cette Voie, que l'auteure par la beauté des textes reçus et la légèreté de la plume qui les dévoile, nous propose d'appréhender. Cette exploration sans fin, nous renvoie à la singularité de notre cheminement tout autant qu'à l'universalité du message délivré. En un mot, l'auteure nous incite à faire le pari de nous inscrire dans le prolongement du message d'Amour délivré par le Créateur. L'Amour pour nous et pour les autres et l'Humilité pour nous permettre de pardonner et de nous remettre en question.

Cheminons dans et vers l'Amour, afin qu'un jour nous puissions nous retrouver purs et sans tache dans l'unité de l'Un et du tout retrouvée.

Stéphane GRAC

INTRODUCTION

Ce recueil contient des messages dont je ne suis pas l'auteure, je ne suis que l'interface, la plume ; ils m'ont été dictés par des messagers de lumière.

Puisse ce recueil de messages reçus depuis le mois d'octobre 2010, vous aider sur le chemin qui mène à Lui, et vous faire comprendre que le seul chemin qui vous y conduira se nomme Amour.

Si je publie ces messages, c'est à la demande des messagers de la lumière, et aussi à la demande de tous ceux qui ont entendu ces messages lors de nos différents voyages sur des Lieux saints et de nos débats après leurs lectures, ce qui est d'autant plus apprécié, constructif et éclairant, car ce sont les messagers par mon intermédiaire qui donnent les réponses.

Le contact avec eux se fait quand eux le désirent, jamais ne venant de moi. Il faut être toujours très prudent, garder le discernement : n'oubliez jamais que le monde invisible n'est pas que Lumière, l'obscurité y est présente et les dangers sont grands. Gardez toujours à l'esprit que les décideurs ce sont eux, restons humbles.

Un soir du mois d'octobre 2010, le 10 exactement, alors que je regardais un film à la télévision, j'entendis une voix me dire : « La manifestation de Dieu, la manifestation de Dieu. » La voix continuait inlassablement et répétait ce début de phrase. Je me décidais à prendre une feuille et un stylo ; alors là la voix se mit à me délivrer un message très long et très personnel, je ne peux que vous en livrer certains passages :

« La manifestation de Dieu a pour but de vous élever et acquérir le salut éternel, pour que tous Ses enfants puissent revenir à la Source Originelle. »

« Si vous prenez conscience de l'Amour divin, cette compréhension vous amènera, vous les fils et les filles de Dieu, à prendre conscience que l'Amour divin est en vous, et que si vous êtes à l'écoute de ce divin qui est en vous, vous apporterez enfin la paix sur Terre. »

« Plus vous vibrerez dans cette énergie d'Amour, plus vous permettrez à l'homme d'avancer sur le chemin de l'éternel salut qui vous mènera à l'ère messianique, celle de la paix et de l'Amour : plus de haine, de discordes, de guerres, seulement de l'Amour, de la tolérance ; imagine un seul instant ce paradis qui, un jour, verra le jour sur cette Terre. »

« Commencez Mes enfants, posez ces pierres qui fermeront la porte à toute cette souffrance, afin que l'humanité vive enfin dans un monde de paix et d'Amour. »

« Devant les difficultés de la vie, ne perdez pas la foi, elle seule est votre salut. Celui dont la foi est véritable écartera de son chemin tous les obstacles, surtout ne doutez pas de Dieu, abandonnez-vous entièrement à Lui, faites-Lui confiance, soyez désintéressés, agissez par Amour et les portes s'ouvriront et une énergie nouvelle vous habitera ; alors, vous distribuerez tout cet Amour à toute Sa Création. »

« Vous devez prendre conscience, tous les jours, de vos comportements et les changer. Je suis Un avec vous, nous sommes Un dans l'Amour. Jésus-Christ est le berger du peuple de Dieu. L'arme secrète est l'Amour et l'Humilité. L'arme la plus puissante est l'Épée de Lumière et d'Amour. »

« Les Temps sont durs, ils se déchaînent pour le dernier combat. »

« Que l'Amour soit ton arme.
Que l'humilité soit ta force.
Que ta force soit ta délivrance. »

« Tu ne jugeras pas.
Tu ne mentiras pas.
Tu observeras les règles. »

« N'oublie pas, l'Amour seul peut vaincre. »

« Sachez que vous avez votre libre arbitre, utilisez-le pour vos choix. »

« Dieu ne vous abandonne jamais. Il y aura toujours quelqu'un, qui sera là pour vous aider à sortir du néant et retrouver la lumière qui mène vers l'Éternel notre Dieu de toute l'humanité. »

« L'Amour est la Force vivante éternelle, elle seule vaincra le moment venu. Toute la puissance de Mon être est dans l'Amour, par Lui tout a été créé et demeurera, car Je ne puis laisser les hommes détruire Ma Création. »

Je peux vous dire que ce premier contact fut riche, fut long et que les enseignements personnels que j'ai reçus depuis ont bien enrichi ma vie et ont ouvert bien des portes sur une connaissance non livresque. Vous dire que c'est la vérité ? Qu'est-ce que la vérité ? À chacun la sienne, elles sont toutes respectables, car elles nous ont construits. J'espère seulement planter des petites graines qui germeront un jour pour vous conduire dans la Lumière de Son Amour.

Je vous livre donc ces messages reçus, souvent accompagnés de citations et d'aphorismes bien inspirés par tous ceux qui ont eu ou ont le bonheur que le fil entre leur âme et leur esprit relié au divin ne soit pas coupé.

Il y a une progression dans les messages, mais ouvrir une page au hasard peut vous apporter la réponse que vous cherchez. Au fil des messages se trouvent des extraits de messages personnels marqués par le sigle (EMP).

Je tiens à vous préciser que je n'ai jamais été obligée de prendre ou de transcrire un message et je dois avouer que bien souvent, je ne me suis pas rendue disponible pour diverses raisons. Ils ont dans tous les cas respecté mon libre arbitre et je les en remercie.

Aussi loin que je me souvienne, j'ai toujours reçu des messages, mais là, une ouverture, une nouvelle porte s'ouvre vers d'autres dimensions, comme toujours ils sont les décideurs de cette aventure sur le chemin qui mène à la voie du milieu, voie qui mène à Lui. Mais avant d'autres portes doivent s'ouvrir, chaque fois qu'une porte est franchie la lumière est plus dense et les dangers sont plus grands et la prudence est de mise, car, l'ennemi veille, et il est là pour nous faire tomber...

« Que la lumière des sages Brille et nous Guide. » (Maïmonide)[1]

1. Medarus.org.

PROLOGUE

J'ai 7 ans.

Là, seule toujours seule, face à cette solitude, face à la déchirure, seule, personne et pourtant tant de monde ! Suis-je invisible ? C'est à croire, personne ne me voit.

Peu importe ce que je fais, je suis là, mais seule, toujours seule. Un jour apparaît une petite fille, elle vient me voir. Elle commence à m'accompagner, au fil des jours je suis moins seule, je joue, alors là, j'existe. Les miens se posent des questions, ils me remarquent, mais au lieu de se réjouir, des mots durs résonnent à mes oreilles : « Elle est folle, elle est malade. » ; je ne comprends plus rien, pourquoi ce déferlement de mots blessants ? Ils devraient être contents, non, ils sont de plus en plus agressifs, alors en m'adressant à elle, je lui demande de ne plus venir, je retourne à ma solitude, elle me manque ; elle revient jouer avec moi, je ne parle plus à voix haute, et pourtant on communique ; je ne me souviens pas de son prénom, me l'a-t-elle dit... Je me souviens de son sourire, de ses cheveux, elle apparaissait puis disparaissait, je trouvais cela bien étrange.

Mon amie perdue, perdue dans l'invisible, qui étais-tu ? Un jour, j'ai compris, je n'avais que six ans. Je demande à mon père : « Papa, dis bonjour à mon amie. » « Quelle amie ? » « Mon amie, regarde, elle est là, elle a une jolie robe rouge. » et, se tournant vers ma mère, il lui dit : « Elle m'inquiète cette petite. » Ma mère lui dit : « Elle est folle ! » Je me suis mise à pleurer, alors j'ai senti des bras qui m'enlaçaient et une voix douce qui me disait : « Ils ne comprennent pas, tu es seule à me voir, je suis invisible à leurs yeux, ne crains rien, d'autres viendront après moi, toi tu peux nous voir. »

À partir de ce jour-là, j'ai su qu'un autre monde existait, un monde dans lequel peu de temps après partait le premier homme de ma vie ; il sait maintenant que je ne suis pas folle. Alors ont commencé pour moi des rencontres de plus en plus fréquentes avec ces êtres désincarnés ; un jour je leur ai fermé cette porte, j'espère qu'ils ont compris, je les sens souvent près de moi, comme en ce moment.

Il est deux heures, ils m'ont réveillée. On m'a demandé de me lever et d'écrire, pourquoi ?... je ne le sais pas, mais voilà ce qui m'est revenu à l'esprit, j'avais oublié cela. Tout ce passé, que j'ai voulu sciemment effacer me revient tel un boomerang, tous ces souvenirs que je n'osais pas encore ramener à la vie, je les avais enfouis au plus profond de ma mémoire ; une peur s'installe en moi, des questions affluent à mon esprit : dois-je ouvrir le livre de ma vie ? Dois-je relire les premières pages ? Pages de solitude, pages de souffrance. Ils me disent de me reposer et que tout commence aujourd'hui, je leur dis merci ; alors on se reverra, suis-je prête ? Il me revient à l'esprit un passage de la Bible : *« Appelle-moi et je te répondrai, je t'annoncerai des choses grandes et cachées dont tu ne sais rien. »*[1]

Mais qui dois-je appeler, moi qui n'ose rien demander.

Depuis le 16 juillet 2008, j'ai renoué avec mon passé, de nombreux événements ont jalonné ma vie et ils m'ont conduite sur le chemin qui mène aux messagers de la lumière. Mais avant de vous amener sur le chemin de ma vérité qui se nomme Amour, je me dois de vous ouvrir le livre de ma vie, et de vous conter mon histoire.

1. *Jérémie, 33:3.*

Tout a commencé le 23 octobre 1949

Le jour même où je suis venue au monde, mon grand-père le quittait. Pendant 48 heures, ma mère vit une ombre tourner autour de mon berceau, et durant 20 années, du 23 octobre 1949 au 16 août 1969, j'ai vécu à la fois dans le monde des vivants et dans le monde des morts. Ils ont fait partie de mon enfance et de mon adolescence au quotidien. Ils étaient là parmi nous. Je les voyais évoluer autour de moi, aller, venir, sous une apparence humaine qui se déplaçait en flottant toujours au-dessus du sol. Durant ma prime enfance, mon entourage familial se souvient que je conversais avec eux. Par la suite cet échange verbal a cessé. J'avais droit à une caresse, à une tape familière, en guise de témoignage amical, et je sentais alors nettement la pression de la main qui touchait ma tête ou mon épaule.

Ces défunts, ils semblaient appartenir à toutes les époques, je me souviens d'un couple, aperçu maintes fois au bord d'un chemin, et dont la femme portait une longue robe d'un autre âge. Je me sentais très attirée par la silhouette de cette femme qui ne faisait que passer, mais dont le charme auréolait comme si le paysage et le soir tout entiers n'appartenaient qu'à elle. Il y avait aussi un homme, en costume de ville, qui semblait méditer près d'une fenêtre du couloir, au domicile de ma mère.

Souvent j'informais ma sœur : il y a des gens qui arrivent chez nous ! Elle s'avançait, regardait... Sans jamais rien voir. Et tous ces « phénomènes » qui provenaient de moi paraissaient bien étranges à mon entourage. Pourtant, je les voyais ces défunts, dans un état éveillé, révéler leur présence toujours à peu près dans les mêmes conditions et la même inlassable continuité. Oui, je les voyais... et j'étais bien la seule. Lorsque je l'ai compris, je n'en ai plus parlé, car devant le fait d'une telle étrangeté, on disait de plus en plus souvent : « Elle est folle cette petite. »

Des paroles de ce genre ne sont jamais insignifiantes. Elles vous atteignent profondément, vous vous sentez refusée, incomprise. Sans doute ont-elles influencé mon libre arbitre, en ce jour du 16 août 1969.

La scène qui se déroula ce même jour reste inoubliable à mon esprit. Je me trouvais allongée sur le lit de ma chambre, la tête emplie des souvenirs de la veille où j'avais assisté aux cérémonies mariales de ce 15 août. J'avais également participé au bal du village donné en l'honneur de la fête patronale. Et seule avec moi-même, je laissais vagabonder agréablement mes pensées... J'avais 20 ans... Quand soudain, je me vis entourée par un groupe de défunts qui avaient fait irruption dans la chambre et qui semblaient accourir de plus en plus nombreux autour de moi. Et avec quelle rapidité ! En quelques instants, ils avaient atteint la densité d'une foule, qui chose frappante, ne cessait de grandir. Tout se jouait en noir et blanc et le temps semblait perdre peu à peu sa dimension temporelle.

Je ne saurais dire quel sentiment s'éleva en moi. Mais une sensation exaspérante me prit à la gorge. Je me suis levée et j'ai crié avec force à tous ces frères défunts : « Partez d'ici ! Laissez-moi ! Partez et ne revenez plus ! » Puis j'ai fermé les yeux et j'ai ajouté plus calmement : « Je vous demande la grâce de ne plus vous voir ! »

Et cela me fut accordé.
Lorsque je rouvris les paupières, ils avaient tous disparu.

Je n'ai jamais regretté d'avoir agi ainsi. Mais quelle pouvait bien être leur démarche ce jour-là ? Que pouvaient-ils vouloir, ces frères désincarnés qui paraissaient obéir à un mystérieux rituel ? Toutes ces questions sont destinées à rester sans réponse... un jour peut-être...

Bien souvent, lors d'événements importants, ces êtres désincarnés me sont apparus pour m'informer. Cependant, même s'il est très délicat de s'exprimer sur la question des rapports avec les défunts, je ne peux résister à l'envie de vous dire, en toute bonne foi : « Les vivants ce sont eux ! » Ils nous voient et nous entourent, délivrés du fardeau de leur corps, tout en demeurant invisibles à nos yeux, sauf, pour ceux rares parmi nous, à être branchés sur le surnaturel. Et elle était bien de ceux-là, la petite fille qui avait reçu à son berceau le don de capter l'invisible, mais on lui a fermé la bouche, peut-être par crainte superstitieuse ou bien par méconnaissance. Néanmoins, l'avenir a bien confirmé les dons qu'elle portait en elle, comme en atteste la suite de l'histoire.

Ω

Au début des années 60, alors que j'étais malade depuis plusieurs jours, sous la persistance d'une forte fièvre, je suis venue m'installer dans un fauteuil de la salle de séjour, soutenue par le bras vigilant de ma mère. Un film était diffusé à la télévision : *Sainte Thérèse de l'Enfant Jésus*. Devant les images de ce film, je me suis mise à pleurer, pleurer, incapable d'endiguer le flot de larmes jaillissant de mes yeux. J'entends encore ma mère, derrière moi, qui implore et demande à Sainte Thérèse : « Que ces larmes fassent passer la température ! »

Dans la nuit qui suivit, Sainte Thérèse est venue me chercher. Comme tous les défunts qui me sont apparus, elle se tenait à 40 cm du sol. Elle m'emmena sur une tombe, et là une pluie de roses est tombée. Sauvetage miraculeux ; le lendemain j'étais guérie.

Le 26 février 1993, je suis victime d'un accident vasculaire cérébral à type de thrombophlébite massive avec un infarctus cérébral entraînant une perte de connaissance progressive, qui va me conduire à vivre un temps de « l'autre côté du miroir », par ce qu'on appelle une NDE ou EMI, expérience de mort imminente.

Je suis présente. Tout se déroule comme dans un film. J'entends ce qui se dit. Je parle, mais personne n'a l'air de m'entendre, ni répond. Et puis je me vois, à 40 cm du sol. Mon corps est dans ce lit, moi attachée et avec des tubes, des barres de sécurité entourant le lit.

Soudain, « ils » viennent me chercher... Ils m'emmènent dans un endroit dont je revois chaque détail en mémoire : une table, des livres, des textes sacrés, la kabbale. Sans doute suis-je au centre de fantastiques archives akashiques... Je suis occupée à écrire... On frappe à la porte. Je dis : « Entrez. » Je me retourne, j'aperçois une porte verte, elle est large, elle s'ouvre, et apparaît soudain devant moi : un moine ! Tout étonnée, je reconnais en lui le Padre Pio, dont j'avais entendu parler et vu la photo. Je me lève aussitôt, je vais vers lui, je saisis ses mains, je les embrasse, je me baisse pour embrasser ses pieds ; il me prend dans ses bras, me redresse. Et tout à coup tout devient noir.

Je viens de perdre connaissance dans cette dimension et je tombe dans un état comateux dont je ne peux évaluer la durée, étant donné que le fil du temps m'a échappé... Je suis réveillée, mais plus de motricité ni de préhension. Je ne parviens plus à saisir les objets, ni à retenir ce que l'on me met entre les mains. Pensant que j'allais sans doute mourir, ou bien devenir « légume » dans un lit, le professeur me dit : « Vous êtes un cas. »

Quarante-huit heures plus tard, je fais un nouveau réveil et cette fois j'ai retrouvé l'usage de mes membres. Médicalement tout demeure inexplicable. Les médecins de l'équipe, dont l'esprit cartésien venait d'être mis à rude épreuve, m'ont déclaré : « On ne comprend pas, on ne sait pas... ni comment cela va évoluer compte tenu des dégâts : hypoplasie, lésions cérébrales, thrombose. » Le tableau n'était pas mince et pouvait laisser craindre de dures séquelles. Comment ai-je pu encore une fois y échapper ? Tout est pourtant redevenu normal dans ma vie, activités professionnelles... Je poursuis un suivi médical régulier. Mon dossier médical demeure une énigme pour la science.

Le fait d'avoir survécu a permis aux médecins de sauver d'autres personnes, ayant pu leur expliquer les symptômes précurseurs. Symptômes qui ont été publiés.

À la sortie de cet épisode de « mort et renaissance, » je suis assaillie par une série de difficultés d'ordre matériel, qu'il me faut résoudre impérativement. Je me heurte à l'écueil de vieux problèmes qui encombraient mon existence et que je subissais, passivement, comme on traîne un boulet. Après, mon attitude fut différente et je parvins à programmer les choses autrement.

Depuis, ma vie s'est trouvée orientée vers un renouvellement constructif, vers plus de liberté et d'indépendance.

Ω

Au mois de mai 1994, je décide d'aller remercier le Padre Pio, au sanctuaire de San Damiano (en Italie).

Après avoir assisté à la messe de sept heures, je sors sur le parvis de l'église, attendre ma mère qui se trouve encore à l'intérieur de l'église, une église bondée de monde. Je me retourne et vois un homme venir dans ma direction. Cet homme s'adresse à moi en ces termes : « Je suis paysan du coin. » Puis il me regarde, lève sa main et prononce : « Votre tête c'est fini, et quand vous vous adressez à Lui, passez par Sa Mère, Il préfère. » Ensuite il me demande un carnet qui se trouve dans mon sac avec un stylo ; il y inscrit le nom de trois médicaments : « Lorsque vous retournerez en France, faites-vous prescrire ces remèdes par votre médecin. » Après, nous échangeâmes quelques mots puis un bruit voisin m'incite à détourner la tête, un très court instant. Quand mon regard revint vers lui, l'homme avait disparu.

J'ai demandé à mon médecin de me prescrire lesdits médicaments, lui racontant ce qui s'était passé. Il fut très étonné de constater que ces médicaments correspondaient parfaitement à ma pathologie. Pour le reste, il ajouta avec humour que mes « potentialités » n'avaient pas fini de surprendre... Éternel malaise de la science face au surnaturel qui ne peut être mesuré ni mis en équation.

Au cours de mes différents voyages à San Damiano, j'ai vécu des faits similaires et troublants, ce qui m'a incitée à créer une Association ayant pour but de ramener les gens à la spiritualité.

Avec la même sincérité que j'ai mise à vous raconter mon expérience de vie qui m'a fait traverser bien des métamorphoses, j'invite tous ceux qui sont dans l'attente de se mettre ou de se remettre en harmonie avec eux-mêmes, à faire le chemin du voyage qui mène sur des lieux imprégnés du symbolisme divin et où se produira peut-être la merveilleuse étincelle. Tous sont des lieux où semblent s'être focalisées des influences célestes puissamment régénératrices, faites pour panser et consoler la douleur humaine. Le but du voyage étant de revenir différent, changé, purifié, et comme ayant découvert sa véritable place au sein de la Création. Depuis les temps lointains, où les Jacques de Compostelle prenaient la « route des Étoiles, » bourdon en main, la quête d'absolu est demeurée la même.

Une citation de Platon me revient à l'esprit : *« La victoire sur soi est la plus grande des victoires. »*[1]

---

1. *Citations de la Grèce antique.*

I
Années 2010-2011

« La voie du bien a un nom : elle s'appelle Amour. C'est en lui qu'on peut trouver la clé de toute espérance, parce que l'Amour vrai a sa racine en Dieu Lui-même. »

(Jean-Paul II)[1]

Depuis le 4 octobre 2004, suite à la création de l'association *Les 3 roses de mai,* nous organisons régulièrement des voyages sur des lieux empreints de symbolisme Divin. Montichiari est un de ces lieux de pèlerinage.

« Dimanche de Quasimodo, 17 avril 1966 : Pierina (la voyante) récitait le chapelet sur le chemin de Fontanelle, allant de long en large au-dessus de la grotte. À l'heure de midi, après la sonnerie de l'Angélus, la Sainte Vierge lui apparut et dit : "Mon Divin Fils Jésus est tout Amour et m'a envoyée ici pour donner à cette source une vertu miraculeuse de guérison." *La Sainte Vierge se baissa, toucha à deux endroits la source avec ses mains et dit :* "Je souhaite qu'ici un bassin spacieux soit installé pour pouvoir y plonger les malades." *et ajouta, en désignant le côté opposé :* "Cette autre partie de la source doit rester réservée à la prise de l'eau que boiront les pèlerins." *Depuis, nombre de malades se rendent à l'invitation de la Sainte Vierge à la source, pour demander miséricorde, consolation et guérison des maladies à... Rosa Mystica. »*

1. *Dix repères pour le XXIe siècle.*

Montichiari est devenu un lieu de pèlerinage à la suite des apparitions de la Vierge, sous le vocable de « Rosa Mystica ». En 1947, l'Évêque du diocèse de Brescia a autorisé la prière des fidèles ; il invite à développer à Fontanelle la prière et la ferveur, la confession et l'enseignement, la Sainte Messe solennelle y est célébrée tous les jours. Fontanelle est un lieu de prière et de grande dévotion Mariale dédié à Maria Rosa Mystica, Mère de l'Église.

Je me dois de vous informer d'un événement que l'on peut qualifier de miraculeux ; cela s'est produit au mois de mai 2019, lors d'un de nos pèlerinages à Montichiari : le 22 décembre 2018, j'ai été victime d'un accident et j'ai dû subir une intervention chirurgicale sur une fracture bi-malléolaire et du péroné, avec déplacement, au niveau du membre inférieur gauche. Donc cinq mois après cette intervention, je me suis rendue sur ce lieu.

Voilà mon histoire : en tant que présidente de l'association *Les 3 roses de mai,* je me dois d'accompagner les pèlerins. Je dois dire que ce jour-là je n'étais pas brillante et mon pied et ma jambe me faisaient souffrir. Je vous passe les détails... Me voilà donc arrivée près du bassin, je me déchausse, relève le bas du pantalon devant tous les pèlerins qui regardent l'état de mon pied en remarquant les difficultés que je rencontre à la marche ; me voilà enfin dans le bassin et je demande à la Vierge, il est vrai d'une façon un peu cavalière mais avec foi : « Marie fais quelque chose, guéris mon pied ! » Une heure plus tard, je suis interpellée par un changement au niveau de mon pied, je relève le bas du pantalon : mon pied a un aspect normal, étant assise, je me relève et surprise... je marche normalement, devant les yeux ébahis des pèlerins. De retour le lundi chez les kinésithérapeutes, je rentre en dansant et sautant : ils n'ont toujours pas compris...

De retour d'un de mes voyages spirituels à Montichiari et San Damiano au mois de novembre 2010, j'ai reçu ce message :

Message N° 1

« Remercie toutes les personnes présentes. Elles ont touché Mon cœur de Mère.

Je veux que tu leur dises que J'attends beaucoup d'Amour, de compassion et d'humilité de leur part envers leurs frères et leurs sœurs qui sont tous égaux devant Notre Père et Mon Fils Jésus.

Je leur demande de venir prier à la Fontanelle et au petit jardin de Notre-Dame des Roses. Je leur dispenserai beaucoup de grâces. Que leurs demandes soient sincères et que seul l'Amour guide leurs intentions : venez nombreux, Je suis si souvent seule en ces lieux et J'ai tellement besoin de vos présences pour M'aider à sauver de nombreuses âmes égarées. Venez Mes enfants, venez à Moi. Je vous ai tant donné, tant accompagnés. Priez pour que s'accomplisse la volonté de Dieu.

Aimez-Moi comme Je vous aime. »

✤

Je sais qu'il est important de vous délivrer les messages dans leur intégralité, mais je reçois aussi des messages personnels, que je ne suis pas autorisée, pour l'instant, à diffuser intégralement ; cependant, je tiens à vous en faire prendre connaissance et j'espère que vous me le pardonnerez. Ces messages sont précédés du sigle : EMP (extrait de message personnel).

Jeudi 11 mars 2010. Message N° 2 (EMP)

« Je Suis la Source infinie et jamais tarie ; laissez parler votre coeur, il vous mènera là où vous devez aller. Ne vous posez pas de questions ; allez votre chemin, vous serez guidés tant que vous serez avec Moi. Donnez, donnez de l'Amour à tous vos frères de misère, ils sont là sur votre route, car vous devez les aider l'espace d'un moment à franchir le fossé qui les sépare de Moi. »

✤

Mardi 14 juillet 2010. Message N° 3 (EMP)

« Mes enfants, je vous demande d'être vigilants et attentifs à tous vos propos, toutes vos actions, l'ennemi de l'amour n'est jamais loin, prenez toujours le temps vous tous qui arpentez le difficile chemin qui mène à ma demeure, car l'ennemi de l'amour veille, il est très très malin, il veut vous faire non seulement trébucher, mais tomber. Ne le laissez pas se glisser entre nous.

Prenez en main votre vie avec lucidité et discernement, que l'amour, l'humilité et la charité vous accompagnent tout au long du chemin de l'éternel retour. »

Mercredi 15 juillet 2010. Message N° 4 (EMP)

« Ce n'est pas entendre, c'est voir dans l'immensité de l'univers la vie que J'ai créée, car Je Suis celui par qui tout arrive, le seul, le vrai Créateur. »

Dimanche 12 décembre 2010. Message N° 5

« Par le pardon et la miséricorde que vous accorderez aux autres, vous trouverez grâce auprès de Dieu, l'Éternel Maître de l'Univers tant visible qu'invisible. Par cette décision sincère, venue du plus profond de votre être, en accordant la délivrance de leurs actes à vos frères et sœurs, vous vous libérez vous-mêmes de vos actes.

La prise de conscience, qui vous a amenés à rendre la liberté à ces âmes, vous permettra de ne plus reproduire contre elles les mêmes actes de destruction et, en leur permettant de continuer l'évolution pour laquelle elles se sont incarnées, vous vous l'accorderez à vous-mêmes, car l'Amour qui vous a guidés vers cette décision de libération, vous a libérés vous aussi.

Comprenez enfin que tout acte a un retour. Quand votre pardon est sincère, c'est à vous-mêmes que vous accordez le pardon.

L'homme est imparfait, le but suprême de son évolution est de devenir parfait. Il vous faut revenir à la Source, en ayant atteint la perfection voulue par votre Père l'Éternel, seul Maître Créateur de vos âmes et de vos esprits. Prenez conscience que Dieu vous a créés pour l'Amour, et non pour la haine, car Lui-même est Amour. Soyez comme Lui, pardonnez comme Lui pardonne, pardonnez avec Amour, comme Lui vous pardonne.

Lui, l'Être Suprême vous pardonne, il est Amour, montrez-vous dignes de cet Amour. Libérez vos âmes, pardonnez. »

ꕤ

« Le monde des hommes a oublié les joies du silence, la paix de la solitude, ce qui est nécessaire, dans une certaine mesure, pour la plénitude de la vie humaine. L'homme ne peut pas être heureux pour longtemps sauf s'il est en contact avec les ressorts de la vie spirituelle qui sont cachés dans les profondeurs de son âme. Si l'homme est exilé constamment de sa propre maison, verrouillé hors de sa solitude spirituelle, il cesse d'être une vraie personne. » (Thomas Merton)

Si vous vous posez la question : « Pourquoi une citation avant un message ? » Ce n'est pas par un manque de confiance dans les messages que je reçois. La première édition comprenait une citation par message, c'était pour moi une base pour établir une relation avec d'autres âmes ayant une connexion ou étant bien inspirées par le monde Divin. Dans cette nouvelle édition le nombre de citations est moindre, mais prenez le temps de les lire, il y a toujours une raison à cela que j'ignore peut-être moi-même.

Vendredi 17 décembre 2010. Message N° 6 (EMP)

« Par la miséricorde de Dieu que vous soient enseignées les paroles justes pour la liberté de l'homme. Tout homme doit être libre de ses choix n'intervenez pas, vous êtes vous, il est lui, ce qui vous convient, peut ne pas lui convenir. Votre devoir est de le guider sans lui imposer vos idées, lui seul doit décider. Si vous êtes Amour vous trouverez les mots justes pour toucher son âme et cela lui permettra de prendre la bonne direction, soyez à son écoute pour faire comprendre à vos frères et sœurs l'importance de l'Amour et de l'humilité, ils doivent donner un sens à leur vie, pour que tous puissent nous aider à sauver tant d'hommes en perdition.

Plus vous vibrerez dans cette énergie d'Amour, plus vous permettrez à l'homme d'avancer sur le chemin de l'éternel salut qui vous mènera à l'ère messianique, celle de la paix et de l'Amour, plus de haine, de discorde, de guerre. Seulement de l'Amour, de la tolérance. Imaginez un seul instant ce paradis qui, un jour, verra le jour sur cette terre.

Commencez mes enfants, posez ces pierres qui fermeront la porte à toute cette souffrance, que l'humanité vive enfin dans ce monde de paix et d'Amour.

Ils auront enfin retrouvé l'Éden.

Entendez et écoutez. Qu'elle touche votre âme et votre esprit, qu'elle emplisse toute votre vie et vous guide sur le chemin de l'évolution finale, amenez avec vous toutes les âmes et les esprits désireux de me rencontrer, pour trouver l'unique voie, celle du milieu, celle qui mène à Moi, à l'éternelle patrie.

Je suis UN avec vous, nous sommes Un dans l'Amour.

Écoutez le silence qui ouvre les portes de l'invisible, ne reculez plus, acceptez de lever le voile et regardez vers Moi, Je vous attends depuis si longtemps, ne fermez plus la porte de la vie éternelle.

(...)
"L'unité est le maître de la force."
(...)

Aujourd'hui Il vous demande de revoir et d'analyser votre passé et vos manques envers vos frères et sœurs, et de faire l'effort de modifier tous ces comportements négatifs qui ont tant blessé. Aucun acte n'est gratuit, nous sommes responsables de nos actes.

Mais si le repenti est sincère, et que vous faites preuve d'Amour et d'humilité, vous trouverez un devenir de paix intérieure qui vous guidera vers l'éternel, et vous aurez contribué de ce fait, à la libération d'énergie positive pour aider à trouver le chemin de la vérité qui sauvera l'humanité.

Chacun de vous par son Amour et son humilité aura contribué à l'événement final de la grande résurrection de l'humanité, tant attendue par vos pères, et vous devrez guider les générations futures à accéder au royaume éternel de paix et d'Amour.

Cela vous l'avez tant espéré quand vous étiez vos pères, vous le réaliserez quand vous serez la nouvelle génération ; vous réaliserez aujourd'hui que la grandeur de vos âmes ne peut que progresser de vie en vie. Prenez conscience de cela et travaillez pour elle et son salut éternel.

Ô âme prends conscience de mon Amour, souviens-toi que tu vis de toute éternité, sauve-toi, écoute, grandis, libère-toi, que je puisse enfin me réjouir.

Viens mon enfant, reviens à la source d'Amour d'où tu es issue. Aime-moi, Aime tes frères et sœurs, que ton Amour éclaire ton chemin et guide les autres vers moi l'Éternel.

Que te soit enseigné de nouveau : Dieu est dans toute sa création. »

Lundi 3 janvier 2011. Message N° 7

« Par l'Amour que Je vous porte, Moi le Père de vos âmes et de vos esprits, Je vous demande de vous aimer les uns les autres pour que vienne le royaume de paix et d'Amour sur cette terre que J'ai créée, et vous aussi Je vous ai créés dans ce but précis.

Mon Amour était tel, Ma confiance si grande, que je vous ai donné le libre arbitre cadeau inestimable qu'un Père aimant a fait à ses enfants. Il y a tellement d'Amour en Moi que, depuis le jour où Je vous ai fait ce cadeau, Je n'ai eu de cesse d'espérer qu'il serait utilisé pour l'Amour, par l'Amour, pour que Ma réalité soit. »

Mardi 4 janvier 2011. Message N° 8 (EMP)

« Souvenez-vous toujours que le Temple de Dieu siège dans vos âmes, là est la délivrance de toutes vos souffrances tant physiques que morales.

Prenez le temps nécessaire pour rejoindre ce Centre.

Je vous accorde tous les jours des grâces infinies par la Miséricorde Divine. Je vous aime vous Mes enfants.

La liberté d'expression est très importante, elle permet à l'être de s'épanouir.

Je suis de plus en plus déçue par le comportement des humains, combien de temps dois-Je attendre pour qu'ils réalisent enfin que la victoire finale passe par l'Amour ? Combien de temps, Mes enfants ?

Il vous faut de plus en plus transmettre ces Messages d'Amour et d'Espérance pour que tous puissent enfin prendre conscience de la vérité : que l'Amour Seul peut tout.

Aimer, pardonner, libérer et vivre dans la paix et la sérénité pour toujours. »

ꕥ

« Il n'y a pas d'Amour sans responsabilité. » (Jean-Paul II)

Jeudi 6 janvier 2011. Message N° 9

« Par les temps qui courent, il est important de devoir se responsabiliser face aux événements à venir ; il faut prendre conscience que tout va se décider pour l'avenir du monde. Que la force vous soit donnée, afin que l'Amour triomphe de la bêtise, de la haine, et de toutes ces calamités qui règnent sur Terre par l'ignorance de ce que Je Suis.

L'homme de pouvoir ne voit rien, il ne voit que sa propre ambition, sa propre victoire. C'est à vous tous, vous qui êtes capables d'ouvrir les yeux, d'entendre et de combattre pour l'Amour, afin de lui montrer qui Je Suis... Je Suis l'Amour même ! »

ꕥ

Lundi 10 janvier 2011. Message N° 10 (EMP)

« Donnez-moi de votre temps, pour vous accompagner vers la lumière, le chemin est long.

Comprendre, mon Amour est si immense, que vous ne pouvez même pas l'entrevoir, il vous consumerait, par Moi, Tout fut, Je suis, vous êtes, Je vous ai créés, vous êtes Ma création, et, nul ne peut, à par Moi, vous détruire.

Jusqu'où irez-vous ? Vous détenez en vous la décision. Soyez à l'écoute, de votre je, pour entrevoir pleinement la vérité, de votre être et M'aimer. »

ꕥ

« Il monte de la terre au ciel, et derechef il descend en terre, et il reçoit la force des choses supérieures et inférieures. Tu auras par ce moyen la gloire de tout le monde, et pour cela toute obscurité s'enfuira de toi. » (Hermès Trismégiste)

Mardi 25 janvier 2011. Message N° 11

« Il te faut dire que nul ne vient au Père, si son cœur n'est pas pur ; Je Veux dire qu'il est important de se laver avec l'eau vive de Son Amour, pour se purifier de toutes les souillures accumulées au fil des années. Il vous demande d'être sincères avec vous-mêmes, en toute humilité, et de prendre conscience de ce qui doit être.

Changez au plus profond de votre âme pour qu'elle puisse, en toute quiétude, commencer le Chemin de la renaissance afin d'atteindre le but suprême qui est demandé, c'est-à-dire redevenir comme des enfants dans la pureté originelle et retourner tout simplement dans le monde de votre enfance spirituelle, afin de retrouver le Père, nettoyés de toutes les souillures qu'en tant qu'êtres humains vous avez contractées.

Il est bon que le Père retrouve chacun de ses enfants, tels qu'il les a créés dans l'Amour qui est le Sien, car le Père vous a pardonné pour Sa plus grande Gloire. »

ꕥ

« Il est difficile de chasser Dieu tout à fait. Toujours il revient humblement déguisé sous un nom ou sous un autre, et sous le nom que nous avons choisi, il se fait aimer sans qu'on le sache. » (Isaac Newton)

Vendredi 4 février 2011. Message N° 12 (EMP)

« Nous pouvons vous apporter une aide précieuse dans l'évolution de votre être.

Corrigez ce que vous devez changer en vous si vous avez pris conscience que vous devez poursuivre votre chemin. Nous allons vous aider, vous n'êtes jamais seul(e).

Le chemin de la libération de l'être est long et semé d'écueils, chacun doit comprendre qu'avant tout, il doit se séparer de ses faux semblants qui le constituent. Il doit être "Lui", chaque acte doit être un acte d'amour et non un acte calculé.

Je sais que cela n'est pas facile, mais cela fait partie du chemin d'évolution qui mène au Père et à sa réalisation.

Le temps est venu de prendre votre bâton de pèlerin et partir sur le Chemin de la Lumière ; nul ne peut l'atteindre sans avoir pris conscience que l'Amour peut tout.

L'Amour et la Foi envers Notre Père vous permettront d'avancer, abandonnez-vous tout entier(e), ayez confiance en Lui, laissez-vous porter par Son Amour, Lui Seul.

Il vous faut L'aimer sans condition, Le prier sans condition, Le vénérer sans condition, et, comme un Père aimant, Il vous surveillera, Il sera toujours présent ; n'oubliez pas que Lui Seul sait ce qui est bon pour vous.

Si Dieu est pour vous, faites-le savoir.

Faites-leur comprendre, que Je Suis toujours là pour les aider à avancer sur le Chemin qui mène vers Moi. »

Je tiens à préciser que je ne prétends pas, et en aucun cas, communiquer avec Dieu, Jésus et Marie, même si souvent les textes laissent penser que ce sont eux. Moi, je sais que ce sont des intermédiaires qui transmettent les messages. D'ailleurs, de vous-mêmes, vous vous rendrez compte qu'il y a différents intervenants.

Dimanche 6 février 2011. Message N° 13 (EMP)

« Nous serons toujours avec vous tant que vous serez dans l'Amour véritable.

Les hommes s'égarent de plus en plus, le temps de la prise de conscience doit avoir lieu. C'est pourquoi vous devez informer le plus possible vos frères et sœurs, afin qu'ils puissent atteindre cette prise de conscience élévatrice pour votre humanité.

Nul ne peut continuer dans cette voie qui mène à l'esclavage des sens, de l'argent, du pouvoir. Faites comprendre que seul l'Amour peut délivrer l'humanité.

L'enseignement de Mon Fils est celui-là :

◇ Aimez-vous les uns les autres.
◇ Donnez avant de prendre.
◇ Pardonnez avant de haïr.
◇ Souriez au lieu de pleurer.

La vie appartient à ceux qui aiment. Que l'Amour soit dans vos vies, dans vos cœurs et dans vos âmes.

Ceci est Mon Message : *"Je vous aime. Aimez-vous les uns les autres, comme Je vous aime."* »

Mardi 8 février 2011. Message N° 14

Un dialogue s'est instauré entre nous lors de ce message.

« **Lui** : — Il vous faut enseigner que l'Amour seul peut sauver l'humanité.

Moi : — Il est difficile à l'homme de comprendre ce Message, il est tellement pris dans les méandres de sa vie que tout cela paraît absurde. Comment peut-il croire, alors que tous les jours on lui montre le contraire ! Que voit-il ? De l'injustice qui engendre tellement de souffrances ! Comment peut-il entendre ?

Lui : — Il le peut si, chaque fois que vous le rencontrez, vous lui donnez confiance. Il faut qu'il retrouve son être intérieur, afin de lui permettre de retourner à l'Amour et de lui donner sa place et sa juste valeur.

Moi : — Combien d'années faudra-t-il à l'homme pour se reconnecter à Dieu, pour l'événement final et le commencement d'une ère de paix ! Quand, aura-t-il l'immense bonheur de voir tous Ses enfants revenir à la Maison.

Lui : — Montrez-Lui que vous L'aimez en semant jour après jour cette graine, que l'on nomme Amour, dans le cœur des hommes, afin qu'elle puisse germer et qu'elle enfante d'autres graines, qui éclaireront petit à petit les âmes des hommes. Alors, cette Lumière envahira les âmes et leur esprit, et l'Amour de Dieu étincellera aux quatre coins de l'Univers. Donnez-Moi de votre temps pour vous accompagner vers la Lumière, le chemin est long. »

« Comprenez que Son Amour est si grand que vous ne pouvez même pas L'entrevoir, Il vous consumerait. Par Lui, tout fut. Il Est, vous êtes, Il vous a créés, vous êtes Sa Création et nul ne peut, à par Lui, vous détruire.

Jusqu'où irez-vous ? Vous détenez en vous la décision.

Soyez à l'écoute de votre Je, pour entrevoir pleinement la vérité de votre être, et L'aimer. »

« Tu t'essouffles à la recherche du bien suprême. Mais en réalité, il est à l'intérieur de toi ! » (Saint Pio)

Samedi 12 février 2011. Message N° 15

« Mettez dans mon cœur de la lumière, je vous bénis mes enfants.

Que vos cœurs s'ouvrent à Mon Amour, je vous demande de venir vers Moi le cœur confiant envers Ma miséricorde.

Si vous saviez combien je souffre de voir la misère humaine, combien de fois je vous ai donné des messages, mais combien d'entre vous, les ont-ils compris !

Mes enfants changez, que Mon cœur de mère se réjouisse, Mon cœur est douloureux de voir combien il vous est difficile d'avoir entre vous des relations saines.

Si vous voulez soulager ma souffrance, au moins vous qui venez me voir, arrêtez de parler et de mettre de la discorde, arrêtez de vous faire manipuler par le serpent, comment voulez-vous que la paix règne puisque vous, vous mettez la guerre, et vous me priez ?

Ô mes enfants que de tristesse vous mettez dans mon cœur, vous qui me priez. »

« La Nature a des perfections pour montrer qu'elle est l'image de Dieu, et des défauts pour montrer qu'elle n'en est que l'image. » (Blaise Pascal)

Mardi 15 février 2011. Message N° 16

« Tu es, Je Suis, Nous sommes Un. Rien ne peut Nous différencier aux yeux du Père dans l'immensité de Son Amour ; tout est identique, par vous, par Nous et en Lui, Nous formons l'Unité Suprême.

Dans votre dimension, vous ne pouvez pas comprendre le principe de cette Unité, qui est pourtant bien réelle. Sachez que pierre par pierre la montagne se fit ; par votre rassemblement dans l'Unité, vous serez parfaits et Nous serons de nouveau Un. Alors, posez ces pierres jour après jour avec Amour ; rassemblez le plus grand nombre d'âmes désireuses de venir Nous rejoindre dans cette communion d'Amour.

Ainsi Nous pourrons aider de plus en plus l'humanité à percevoir cet Amour, et enfin voir venir se joindre à Nous toutes ces âmes et ces esprits désireux de s'unir au peuple de Dieu et à son Unité Suprême, pour atteindre la grande résurrection de l'humanité et ne plus former qu'Un.

L'immensité de Son Amour éclatera à la face de l'Univers, et son Esprit Saint éclairera toutes les âmes et leur esprit, afin qu'ils puissent retourner à Son Unité. Alors, Nous ne ferons plus qu'Un, comme Nous l'étions avant la Création du monde.

Toutes ces âmes qui ont été séparées de l'Être Suprême, doivent venir se reconnecter à Lui, pour l'ultime fin de l'expérience terrestre et du libre arbitre ; libre arbitre qui vous a été donné par un Père aimant, désireux de voir Ses enfants l'utiliser pour le bonheur de leurs frères et sœurs. Mais, très rapidement, certains ont voulu Lui ressembler et devenir les maîtres ; de ce fait, ils ont asservi jour après jour les âmes fidèles qui sont devenues des esclaves persécutées. Ils ont cru pouvoir Lui ressembler, mais ils ont simplement oublié l'Amour et se sont éloignés de plus en plus de Lui. Ne L'entendant plus, les âmes qui étaient restées fidèles se sont petit à petit éloignées, et l'Humanité s'est perdue.

C'est par cet Amour perdu que nous devons de nouveau construire le Chemin qui mène à l'Éveil et à la prise de conscience de notre réalité qui nous conduira vers notre Unité, nous, les âmes et leur esprit désireux de retrouver la Source, notre lieu d'ancrage, pour renaître à la véritable vie dans l'Unité Suprême du Père.

Nous devrons, chaque jour autour de nous, diffuser de l'Amour par nos paroles, nos comportements. Mettons en pratique ce que nous disons, montrons que nous avons confiance en l'Être Suprême, et que Lui seul peut tout. Montrons par nos actions que le but suprême de l'homme est de rendre à Dieu ce qui Lui appartient de toute éternité : son âme avec son esprit, dans sa pureté originelle. Pour cela, rendons-Lui Son Amour, parlons de l'immensité de Son Amour, et de Son désir de nous voir revenir, nous, tous Ses enfants, dans l'immensité de Son Amour, pour former l'Unité Suprême, et nous ouvrir à la véritable Vie que la Source infinie d'Amour désire pour nous. »

Jeudi 3 mars 2011. Message N° 17 (EMP)

Ce message est une réponse à une question : comment réagir face à l'autre, face à sa souffrance et comment faire passer le message d'amour ?

« La liberté de l'autre commence là où la vôtre finit ; respectez toujours l'autre, ses choix, ses idées, ses convictions ; ne mettez jamais en doute ce qui est lui et ce qui l'a construit. Mais vous pouvez, avec simplicité, lui parler de vos choix, de vos idées, de vos convictions, sans les lui imposer. Vous serez toujours accompagnés dans ces démarches qui vous permettront de faire entendre vos paroles.

La conviction et l'Amour que vous saurez faire transparaître toucheront leur cœur ; cela leur permettra d'entendre ce que vous venez de leur exposer afin de faire le Chemin qui les mènera vers le Père.

Soyez toujours à Notre écoute, dans le silence. Tout vous sera de nouveau enseigné pour la libération des âmes "persécutées" ; votre chemin croisera le leur, et là vous saurez ce que vous devez dire. Nous serons toujours près de vous, prenez conscience de cela, ne doutez pas, si vous voulez Nous servir.

Que la Paix et l'Amour vous accompagnent. »

Samedi 5 mars 2011. Message N° 18

« Puisque Je Suis, puisque vous êtes, nous formons l'Un, et Nous devons retrouver cette Unité du commencement. Je désire retrouver cette Unité, c'est pourquoi Je tiens à vous faire savoir que, dès le commencement, Nous ne faisions qu'Un.

Par Ma Création, Nous nous sommes séparés, mais Nous restons liés les uns aux autres : simplement, vous ne voulez pas voir la vérité de cette union.

Et pourtant, elle est bien présente et, si vous prenez conscience de la réalité de votre unité, l'égalité, la fraternité et la liberté auront une force de puissance qui changera la face du monde. Regardez devant vous et en vous, pour que cette réalité soit. »

« Ton corps est en fait le temple du Dieu vivant. C'est là qu'il a promis de te rencontrer, de communiquer avec toi. Là s'accomplit le développement psychique, le phénomène métaphysique que tu recherches ! » (Edgard Cayce)

Dimanche 6 mars 2011. Message N° 19

« On t'enseigne que Dieu est l'Unité Centrale, le Maître absolu d'où tout découle.

Il a fait don à l'homme, qu'Il a créé, d'une parcelle de Lui, nous sommes donc à Son image en âme et esprit ; le but suprême de nos vies terrestres est de retrouver cette Unité. Au début de la Création, l'âme et son esprit étaient toujours reliés au Père. Par son comportement, l'homme voulant absolument Lui ressembler dans sa suprématie s'est de plus en plus éloigné de Lui ; Lui qui nous guide a perdu de plus en plus nombre de Ses enfants, perdus au cours des siècles.

Il y a eu des âmes et des esprits qui ont su garder ce lien avec Lui, ce qui nous a permis de ne pas perdre totalement conscience de Son existence.

Aujourd'hui, la prise de conscience est grande dans le monde actuel ; nous avons la possibilité, par les nouvelles technologies, de développer nos idées, les exprimer, les diffuser ; nous constatons le nombre grandissant de Ses enfants qui désirent se reconnecter à la Source en voulant faire entendre aux autres que l'ultime but de l'âme et de son esprit est de rejoindre l'Unité Centrale (DIEU).

Nous qui avons la chance d'avoir en nous des âmes et des esprits ouverts à cette dimension, nous avons le devoir de faire entendre Sa Parole d'Amour et d'Humilité, pour la libération de nos frères et sœurs, bien sûr la libération de leur âme et de leur esprit, pour qu'ils puissent rejoindre de nouveau l'Unité Centrale, afin de permettre aux hommes d'atteindre sur Terre l'ère messianique, l'ère de la paix, de l'Amour, de l'Humanité.

Ainsi, Dieu aura atteint le but suprême qu'Il a tant désiré pour Sa création : l'homme, âme et esprit dans son Unité divine. »

Lundi 7 mars 2011. Message N° 20

« Si tu savais, Mon enfant, combien tu peux être parfait ; si tu savais, Mon enfant, combien tu peux être heureux ; si tu savais, Mon enfant, combien tu es aimé, tu changerais tous tes comportements négatifs qui ont tant blessé ; si tu savais, Mon enfant, combien tu as fait souffrir ; si tu savais, Mon enfant, comme tu as mal aimé ceux qui t'ont tant aimé et apprécié ; quelle décision prendrais-tu aujourd'hui pour modifier ces comportements ? Prends le temps de la réflexion, et commence ce changement dans ta façon d'agir et de voir les autres ; regarde avec un cœur débordant d'Amour, et la vie sera plus belle.

Dois-Je vous dire que tout est possible si vous le désirez ardemment, sans douter de vous et de Moi ?

La force de votre Amour écartera de votre chemin toutes les difficultés que vous vous êtes vous-mêmes créées, par vos pensées et vos actes.

Le verbe, la pensée et les actes sont créateurs, ils vous sont restitués : le bien pour le bien, le mal pour le mal, à vous de choisir la voie. La seule Voie qui mène à Moi c'est l'Amour ; sachez choisir, acceptez ce qui adviendra, qui sera le résultat de votre choix. »

Je tiens à vous informer que l'Église ne reconnaît pas les apparitions de San Damiano. Je ne me permets pas de juger ou de contester la décision de l'Église, que je respecte. Mais étant née libre en esprit, je reconnais pour ma part que c'est un lieu de prières et de ferveur mariale. Depuis maintenant quatorze ans, j'ai conduit de nombreuses personnes à San Damiano ; parmi elles, il y avait des personnes qui ne connaissaient même pas les prières classiques ni le chapelet et qui n'allaient jamais à la messe, et depuis elles cheminent sur le chemin de la foi. Je ne commenterai pas plus, je vous laisse libres d'analyser et de penser par vous-mêmes. Ce qui m'interpelle, c'est l'emplacement de ce lieu, pourquoi avoir choisi un lieu d'apparitions situé juste à côté d'une base militaire, lieu d'où j'ai vu partir des oiseaux d'acier combattre en Yougoslavie, et à ce moment-là, j'ai vu l'ombre de leurs ailes passer au-dessus du « petit jardin du paradis » : là où il y a l'ombre, il y a toujours la Lumière...

San Damiano
Dimanche 13 mars 2011. Message N° 21

« Dans toute Ma Création, il y a une parcelle de Ma Divinité ; donc respectez tout ce qui vit. Comment pouvez-vous douter de Moi, quand vous voyez l'immensité de Ma création ?

Pouvez-vous vous arrêter un moment ? Posez-vous dans le silence, ouvrez-vous à Moi, et laissez la parcelle de divinité qui est en vous Me rejoindre, pour qu'elle puisse prendre conscience du lien qui nous unit ; la prise de conscience de sa propre divinité lui permettra d'apporter le changement nécessaire à son évolution.

Ce contact, Je le désire ardemment, mais n'oubliez pas que vous avez le libre arbitre. Sachez que cette démarche peut bouleverser vos vies, cette décision doit venir de vous. »

✤

Mercredi 16 mars 2011. Message N° 22

« Que par la Miséricorde de Dieu, vous soient données les paroles justes pour enseigner que l'Amour seul peut sauver l'humanité. Fais-le savoir tous les jours, dis-leur que Ma Miséricorde est grande et que tous peuvent être sauvés s'ils le désirent.

Prenez-en conscience et sortez de votre belle bulle de société privilégiée, regardez autour de vous et voyez. Souvenez-vous de l'histoire des civilisations, analysez où vous en êtes, réalisez que votre déclin a commencé, regardez toute la barbarie qui est autour de vous ; ces hommes qui souffrent, victimes des autres hommes.

Vous laissent-ils indifférents ? Réalisez que cela ne peut plus durer ; ouvrez votre conscience et réagissez. Si ce n'est pas pour eux, faites-le pour vos enfants avant qu'il ne soit trop tard ; la barbarie n'est pas le seul fait des pays sous-développés, elle est aussi chez vous, dans ces pays dits civilisés. Ouvrez les yeux, regardez, prenez conscience de ce qui se passe : combien d'enfants et de femmes vivent un calvaire ! De tous les animaux, seul l'homme tue sa femme ! Et vous vous croyez civilisés ! Regardez, réfléchissez ! Comment voulez-vous que cela change si, vous, vous ne changez pas ? Alors revoyez vos pensées, modifiez vos actes, changez Mes enfants ! Mettez l'Amour en premier, Lui seul peut vous sauver. »

❧

Vendredi 18 mars 2011. Message N° 23

« L'avenir du monde bascule dans les ténèbres. Homme de peu de foi, quand vas-tu comprendre que Seul l'Amour peut maintenir la Terre dans la Lumière ?

Arrêtez de vouloir toujours tout posséder, regardez où cela vous mène ; arrêtez de tuer vos frères pour posséder de plus en plus, ne savez-vous pas que vous êtes mortels, que cela ne vous sert à rien ? Vous ne faites que passer ! Pensez plutôt à votre vie éternelle, à quoi va-t-elle ressembler si vous avez un tel comportement dans cette vie ! N'oubliez pas que vous êtes responsables de vos actes et qu'il vous faudra rendre des comptes, alors pensez-y avant qu'il ne soit trop tard.

Aimez-vous, regardez autour de vous et agissez, le passage est court, la Vie Éternelle est longue, alors faites tout pour cette vie là, et non pour l'autre qui est éphémère.

Mes enfants, prenez conscience que tout dépend de cette vie pour la paix dans l'autre vie, aimez-vous et soyez bénis. »

❧

« Le divin est en soi. Écoute la voix qui est en toi et non la tentation à l'extérieur. » (Edgard Cayce)

Dimanche 20 mars 2011. Message N° 24

« Dans la Lumière tu trouveras la Vérité. Pour l'instant, sois le chercheur de la Voie qui mène à cette Vérité qui est la Mienne, sera-t-elle la tienne ?

L'homme est un chercheur : tant qu'il n'aura pas trouvé sa vérité, il cherchera pour trouver la Voie, et Je Suis la Voie, celle qui mène à la Vérité. Seules, les âmes les plus accomplies trouveront le Chemin.

Dans l'immensité du Chemin, il y a plusieurs voies, chacun doit trouver la sienne et sa vérité. De là, on pourra trouver Ma Vérité qui n'est rien d'autre que l'Amour. »

✤

Concernant ce message, un cas de conscience se pose à moi celui des incarnations. Bien sûr ce n'est pas ce que j'ai appris dans mon éducation religieuse, mais des événements étranges ont jalonné ma vie : comment une enfant de trois ans peut-elle me dire « que le docteur lui a coupé sa tottote » (le sein), en soulevant son pull et en panique pour me dire qu'elle n'a pas été guérie. En lui faisant remarquer qu'elle est trop petite, elle répond : « Mais c'est avant, c'est avant. »

Je peux vous citer d'autres exemples. Mais aussi celui là : un jour où j'accompagnais une dame d'une grande religiosité et spiritualité à Notre-Dame-de-Laghet, subitement sans jamais en avoir parlé avec elle, elle me dit : « Louise, la réincarnation n'existe pas. » (j'avais en cette période des discussions sur ce sujet avec des amies), qu'elle ignorait ? Des millions d'êtres humains y croient, des millions d'autres humains n'y croient pas. Je sais que je dois être très prudente dans tout ce que je reçois.

Il me vient à l'esprit des phrases de pères de l'Église : *« Chaque âme vient en ce monde, fortifiée par les victoires ou affaiblie par les échecs de ses vies antérieures. »* (Origène, 115-254 apr. J.-C.)[1] *« N'ai-je point vécu dans un autre corps avant*

1. *La Bible et la réincarnation, les pères de l'Église*, Christopher Vasey.

d'entrer dans le sein de ma mère ? » (Saint Augustin, 354-430 apr. J. C.)[1] Il est dit dans le Livre de la Splendeur : « *Aussi longtemps qu'une personne ne parvient pas à atteindre ses objectifs dans ce monde, le Saint, Béni soit-il, la déracine et la replante autant de fois qu'il faut.* » (Le Zohar, I186B)[2].

Alors, je décide de mettre ce message et d'autres qui en parlent, je pense que cela ne changera rien : ceux qui y croient continueront à y croire et les autres n'y croiront peut être toujours pas. Qui est dans la vérité ? Vous avez un libre arbitre, utilisez-le...

Dimanche 20 mars 2011. Message N° 25

« Entends-tu l'appel des âmes à venir ? "Prenez soin de la Terre, prenez soin de tout ce qui vit, offrez-vous une Terre de paix" afin qu'elles puissent venir se joindre à vous dans vos enfants, qui seront vos parents. Le cercle des incarnations doit finir pour laisser la place à de nouvelles âmes désireuses d'accomplir, dans leur pureté, la réalisation de Dieu, pour l'éternité. »

Lundi 28 mars 2011. Message N° 26

« Je vous enseigne que seul l'Amour désintéressé sauvera l'humanité qui est en un point de non-retour, si un sursaut n'arrive.

Entendez Ma prière, ouvrez vos cœurs, laissez la peur qui vous paralyse, elle vous empêche d'avancer vers la liberté ; vous ne manquerez de rien si vous avez foi en Moi, rien ne peut vous arriver si vous avez foi en Moi, ne doutez pas de Moi et de Mon Amour. Mes enfants, prenez conscience que Je Suis là, tous les jours auprès de vous. J'entends vos appels, J'entends vos souffrances, J'entends votre détresse.

Mais vous, entendez-vous Mes appels qui sans cesse vous demandent de vous aimer, de vous sauver ? Ne restez pas sourds, ouvrez-vous à Moi, alors vous M'entendrez vous dire que le

1. *Les Premiers pas du Christianisme,* Jeanne Morannier, Livre Universel.
2. *La Réincarnation. Le Judaïsme croit-il en la réincarnation ?,* Yaacov Astor.

changement est proche si, vous, vous le désirez, et que Je ne peux rien vous refuser si vous Me le demandez avec un cœur aimant, plein de tendresse et d'Humilité.

Je vous accorderai la libération de vos âmes et de leur esprit, afin que vous puissiez enfin revenir vers Moi pour l'Éternité. »

✤

« *Les hommes n'ont pas été créés pour vivre seulement ici-bas, sur la terre, mais pour vivre avec Dieu et en Dieu, non pas cent ans ou mille ans, mais éternellement.* » (Saint Innocent de Moscou)

Mardi 29 mars 2011. Message N° 27 (EMP)

« Que par la grâce de la volonté Divine, vous soient enseignés les mots justes pour la délivrance de l'âme prisonnière de l'homme.

Faites-lui comprendre que seul l'Amour peut la délivrer, afin qu'elle puisse rejoindre son Créateur, Lui qui n'a de cesse de vouloir le bonheur de l'homme qu'Il a créé pour cette mission.

L'homme, seul, peut accepter l'aide que vous voulez lui donner pour sa libération, et la compréhension de sa divinité ; ainsi, il pourra accomplir l'œuvre de Dieu pour laquelle il a été créé. »

✤

Vendredi 1er avril 2011. Message N° 28

« Devant les événements à venir, que vous avez vous-même programmés au cours des décennies, Je vous demande de prendre conscience, avant qu'il ne soit trop tard, que l'Amour, l'Humilité et le Pardon peuvent encore atténuer l'inévitable.

Pour vos enfants, que vous aimez, modifiez vos comportements, réalisez que la libération tant attendue peut se réaliser ; rien n'est perdu si vous Me montrez que tout peut être sauvé. Ne laissez pas Mon œuvre retourner dans le néant, sauvez-vous, sauvez vos enfants.

Que la parcelle de divinité qui est en vous se réveille et vienne Me rejoindre, pour que tous ensemble nous soyons unis. Par l'Amour que Je vous porte, Moi le Père de vos âmes et de vos esprits, Je vous demande de vous aimer les uns les autres, pour que vienne le Royaume de Paix et d'Amour sur cette Terre que j'ai créée ; vous aussi Je vous ai créés dans ce but précis. Mon Amour était tel et Ma confiance si grande que Je vous ai donné le libre arbitre, cadeau inestimable qu'Un Père aimant a fait à Ses enfants.

Il y a tellement d'Amour en Moi que, depuis le jour où Je vous ai fait ce cadeau, Je n'ai eu de cesse d'espérer qu'il soit utilisé pour l'Amour, par l'Amour, pour que Ma réalité soit. »

✤

Samedi 2 avril 2011. Message N° 29 (EMP)

« Si pendant le long voyage de la vie terrestre, vous entendez Ma Parole, vous comprendrez que le chemin qui mène à l'évolution spirituelle réside dans un seul mot Amour. C'est par lui que tout a été créé et n'oubliez jamais, Je Suis l'Amour même, il est présent en chacun de vous, si vous vous ouvrez à lui, si l'esprit de l'amour vous habite, vous prendrez conscience que l'Amour seul sauvera l'humanité.

Que cela soit votre cheval de bataille pour conduire vos frères et sœurs sur ce chemin, afin qu'ils (elles) soient pénétré(e)s par la chaleur de Mon Amour. Donnez beaucoup d'amour, soyez humble, ne quittez pas la force qui vous anime et gardez la foi dans la puissance de Mon Amour miséricordieux. »

✤

« Les relations de l'homme moderne avec sa planète ont été celles, non pas du partenaire qui vit en symbiose, mais du ténia qui infeste le chien, ou le mildiou qui parasite la pomme de terre. » (Aldous Huxley)

Dimanche 3 avril 2011. Message N° 30

« Si tu savais homme de la Terre combien Je t'aime, tu aurais honte d'agir comme tu le fais ; que ta faiblesse est grande ! Ne vois-tu pas que pour te sauver il suffit simplement d'aimer, tout simplement aimer est-ce si difficile pour toi, ne peux-tu voir combien de souffrances il y a autour de toi ? Ouvre les yeux et vois.

Comment rester indifférent, comment rester sourd à tous ces appels de détresse ? Comment peux-tu regarder, et ne rien faire ? Que de lâcheté de ta part ! Pourtant, il suffit d'ouvrir ton cœur à la Vie : aime, et tu te sauveras toi-même et les autres. Dans chaque acte que tu accompliras, en bien ou en mal, tu récolteras à la mesure du bien ou du mal que tu auras fait à toute Ma Création, car tout ce qui vit fait partie de Moi et de vous.

Prenez enfin conscience que tout est éphémère, le passage est court, et qu'en si peu de temps vous pouvez vous détruire. Choisissez de vivre pour l'éternité, revenez vers Moi avec un bagage d'Amour, afin que Je puisse Me réjouir. Mes enfants, que Je vous aime ! Je veux vous voir vivre dans un Royaume de Paix et d'Amour pour l'Éternité. »

✤

Auribeau-sur-Siagne. Ce message je l'ai reçu lors d'une de mes visites au sanctuaire de Valcluse, je n'avais aucun carnet avec moi, alors j'ai utilisé mon chéquier pour l'écrire au grand dam d'une de mes amies, qui a fini par me prêter le sien pour terminer. C'est aussi le lieu d'une rencontre qui m'a confortée et rassurée : alors que je me déplaçais à l'intérieur de l'église, un prêtre moine s'arrête près de moi et il me dit : « Vous recevez, soyez toujours prudente quand vous recevez. » Il y a des rencontres qui sont là pour nous accompagner sur le chemin de l'évolution et elles nous apportent un éclairage nouveau, elles effacent le doute, nous confortent et nous permettent de continuer sur le chemin.

Lundi 4 avril 2011. Message N° 31

« Venez Mes enfants, venez nombreux, venez Me prier, que vos prières viennent jusqu'à Moi, afin que Je puisse les transmettre à Mon Fils bien-aimé ; que ces prières viennent apporter de la Lumière à Son Cœur meurtri.

Mes enfants, changez vos comportements, ne voyez-vous pas l'obscurité envahir votre Terre ? Priez, Mes enfants, priez pour que Mon Fils envoie de la Lumière, afin que cette Lumière d'Amour que mon Fils est venu vous apporter il y a deux mille ans puisse régner enfin.

Deux mille ans ! Deux mille ans et Son message n'a pas été entendu ! Que de souffrances, d'esclavage, de famines, d'égarements ! Que d'erreurs avez-vous commises, depuis ce jour béni où Mon Fils est venu vous apporter l'espoir d'un monde meilleur, où il est venu tout simplement vous montrer l'immensité de Son Amour, de Sa miséricorde, de Son pardon jusqu'au sacrifice suprême.

"Gethsemani ! Que de souffrances, que de douleurs j'ai subies pour vous, hommes ! Je ne demande rien d'autre, simplement voir l'Amour, rien qu'une petite parcelle de Mon Amour en vous, pour comprendre l'immensité du Mien."

Réagissez ! Comprenez enfin pourquoi Il s'est sacrifié ; et Moi, pensez à Moi, un peu à Mon cœur de mère, Je n'étais qu'une mère. Réconfortez Mon cœur, réveillez-vous, entendez ce qu'Il est venu vous enseigner.

Homme de peu de foi, prends ton bâton, et viens vers Lui, vers la Lumière, vers l'Amour, sauve Sa Création avant qu'il ne soit trop tard, attention au point de non-retour.

Je vous aime, Il vous aime, aimez-vous et montrez-le par vos actes, montrez-nous votre Amour, le vrai, celui que Nous attendons depuis la Création, depuis ce jour béni où Son Amour vous a créés pour le bonheur.

Que de désillusions, de tristesse ! Ouvrez les yeux et regardez toute Sa Création, regardez-la, avec les yeux de l'Amour !

Tout ce que vous ferez, pour tout ce qui vit, c'est à Lui que vous le ferez.

Entendez Son message pour être sauvés. »

Mardi 5 avril 2011. Message N° 32

« Dans l'immensité de Mon Amour, Je vous accorde le pardon, mais vous êtes responsables de vos actes, La Loi de cause à effet aura lieu, nul ne peut y échapper, seuls ou en groupe, la Loi fera son œuvre.

Ce que vous appelez des karmas collectifs, ne sont que le résultat d'actes collectifs, souvent d'un pays, d'un groupe d'hommes : nous semons, donc nous récoltons.

L'homme, que J'ai voulu à Mon image, est bien loin de Moi ; Moi Je crée, lui détruit, et il détruit Ma Création, pour le profit.

Les animaux tuent pour se nourrir, et vous ?

Observez et comprenez ce qui se passe. Que votre mémoire se souvienne de l'Histoire de vos familles et de vos pays ; que cela vous permette de comprendre tous les tourments actuels que vivent les hommes d'aujourd'hui, ainsi que les pays ; alors, tout paraîtra clair à vos yeux. Que cette prise de conscience vous fasse modifier vos comportements pour l'évolution finale, qui aura lieu, après l'épuration des dettes. Cela ne fait que commencer.

Alors, aimez tout ce qui vit, et prenez le chemin de l'Amour qui vous ramènera vers Moi, donnez de l'Amour, toujours de l'Amour.

Vous pouvez choisir, mais choisissez avec votre cœur, laissez-le parler, ne lui fermez pas la porte de la Lumière qui vous fera prendre la bonne décision, pour le salut de vos âmes et de vos esprits. »

Mercredi 6 avril 2011. Message N° 33

« Mes enfants, comprenez que vous faites partie de Mon Tout. Sachez que, pour Moi, vous êtes tous Mes enfants, Je vous vois vous détruire siècle après siècle, tout simplement parce que vous n'êtes pas de la même couleur, de la même religion, et quand bien même vous êtes issus du même continent vous vous détruisez, alors que pour Moi, vous êtes tous porteurs d'une partie de Ma divinité, que J'ai déposée en chacun de vous.

Vous êtes Ma Création, et Je ne vois que des enfants immatures ; vous n'avez rien compris, et cela continue. Je veux vous voir porter un autre regard sur l'autre, changez, changez Mes enfants. »

✤

Concernant ce message : il m'a été demandé de me rendre à Balestrino, avant de partir en voyage en Terre Sainte. Le 10 avril, je me suis donc rendue à Balestrino en Italie lieu d'apparitions de la Vierge Marie, accompagnée par deux amis et là, j'ai reçu ce message ; il m'a été demandé de le lire dès notre arrivée à Jérusalem, ce que je fis le soir même après le repas. Malgré la fatigue du voyage tous ont répondu présents.

Balestrino
Dimanche 10 avril 2011. Message N° 34

« Je dois vous faire savoir que Mon Fils a souffert sur la croix, par Amour, pour l'Amour. Quand Je vois le chaos dans lequel vous êtes, Je dois vous informer, et J'insiste, vous n'avez pas entendu, ni compris Son message ; le point de non-retour est enclenché.

Je vous demande de réagir, pour sauver ce qui peut être encore sauvé ; prenez conscience que, seul, le changement que vous voudrez bien opérer pourra aider l'humanité. Soyez des parents pour l'humanité, arrêtez votre égoïsme, votre conformisme, bousculez ce qui est établi, sortez de votre matérialisme, comprenez, arrêtez d'avoir peur, osez changer pour changer les autres, montrez l'exemple, pas seulement de belles paroles, les actes doivent accompagner ces paroles. Actes et paroles, comme Mon Fils !

Agissez pour amener la Lumière et la Paix. Si vous n'êtes pas capables de penser aux autres, n'oubliez pas que les autres ce sont aussi vos enfants, votre famille, votre descendance : ouvrez-vous à l'Amour de Mon Fils, aujourd'hui, en ce lieu, où vous êtes, vivez, vivez Sa passion, pour essayer de comprendre Son Amour.

Comprenez que, seule, la puissance de l'Amour peut ouvrir la voie à l'ère messianique ; arrêtez d'être ce que vous êtes, devenez ce que Votre Père désire vous voir devenir, Il vous a créés pour cela, rien que pour cela.

Quand comprendrez-vous, hommes de peu de foi ? Ne savez-vous pas qu'Il est là, présent en vous, ne savez-vous pas qu'Il pourvoit à tout, si vous Lui faites confiance, laissez-Le vous le prouver. En lui donnant votre Amour, Il vous donnera au-delà de vos espérances. Lui seul peut tout, rien que Lui, l'Omniscient, l'Omnipotent.

Regardez autour de vous, Il est là, Présent dans tout ce que vous admirez de Sa Création, non dans la mort, la violence, la barbarie ; cela n'est pas Lui, cela appartient à l'homme. Alors, décidez de ce que vous voulez, l'Amour avec Lui, ou la destruction avec l'ennemi de l'Amour. Le Roi de la Lumière, ou le prince des ténèbres.

Choisissez, mais n'oubliez pas que si vous attendez que le changement vienne de l'autre, des autres, vous allez attendre longtemps. C'est à vous, et vous seuls, de prendre la décision du Chemin qui vous conduira à l'Amour, à l'évolution, tout simplement à Lui.

Tout commence par le plus petit, le plus humble ; n'est-ce pas le petit peuple qui fait les révolutions quand il est mené au désespoir ? Comprenez que vous êtes arrivés à la fin du chemin de l'espoir, ne laissez pas sombrer vos frères dans le désespoir.

Vous avez en vous les clés de la délivrance de l'humanité, elle est en chacun de vous, n'attendez rien des puissants de ce monde, ils ne laisseront pas leur pouvoir pour vous, ils sont aveuglés par leur ego ; alors demandez à Mon Fils l'aide nécessaire, la force de Son Amour, surtout sentez Sa présence, écoutez Sa parole, ouvrez-vous à Son Amour, à Lui, et toutes vos peurs disparaîtront. Surtout, comprenez que vous êtes tous Ses enfants, sans distinction de race et de religion.

Il est le Maître absolu, le Père de tous les hommes incarnés et désincarnés, de tout l'Univers visible et invisible, Il est présent en chacun de vous, vos âmes et vos esprits font partie intégrante de Lui. Il vous a tant donné. Il vous a tant aimés, Il vous a tant pardonné ! Aujourd'hui, Il vous demande de Lui ressembler, pour qu'Il puisse dire : ils ont tant donné, ils ont tant aimé, ils ont tant pardonné !

Enfin, Je peux espérer que l'homme que j'ai créé à Mon image, en âme et esprit, va prendre le Chemin, la Voie que Je désirais pour lui dès le début de sa Création, que Je puisse Me réjouir de l'Amour, de l'Humilité qui habitent maintenant les hommes de la Terre.

Mes enfants, prenez conscience, agissez avant que le néant ne vienne sur votre planète. Faites vivre votre Terre, Ma Terre, dans la Lumière resplendissante de Mon Amour, afin que le sacrifice consenti sur cette Terre n'ait pas été vain. Alors écoutez, regardez en face Mon calvaire et prenez conscience de ce que vous allez entendre, Là, vous comprendrez Mon Amour, si vous êtes ouverts à l'Amour qui est le Mien. »

Mardi 19 avril 2011. Message N° 35

Jérusalem. Il est 2 heures, ils me réveillent afin de me transmettre un message, j'y suis habituée. Mais là je dors à l'hôtel et je partage la chambre. Je suis bien ennuyée, les journées sont bien chargées et les personnes bien fatiguées. La clarté de la lune envahit la chambre, j'aperçois sur un lit vide des feuilles de papier et ma trousse. Je me lève et je me rends dans la salle de bains puis je reçois ce message.

« Mon enfant, si tu le désires du plus profond de ton âme, tu trouveras le chemin qui mène vers Moi, vers l'Amour, seule arme qui vaincra.

L'Amour est l'arme la plus puissante que l'homme possède, mais il ignore ce don précieux que J'ai mis en lui lors de sa création ; et pourtant, si du plus profond de son être, il est capable de faire jaillir cette Lumière, il sauvera Ma Création, il se sauvera lui-même.

Ô homme, quand comprendras-tu que toi seul peux te sauver ? Je t'ai donné le libre arbitre, de ce fait, le droit de penser et d'agir par toi-même ; tu es le seul être de Ma création à avoir reçu ce don, et qu'en fais-tu, à part rendre esclave ton prochain ? N'ai-Je pas dit : *"Aimez-vous les uns les autres."* ; n'ai-Je pas dit que vous êtes les enfants issus d'un même Père ? Pourquoi autant de haine en vous, à Mes yeux vous êtes tous égaux ! Changez Mes enfants et le monde changera, sauvez-vous et sauvez les autres.

Par mon Amour indéfectible qui est en vous, tout peut être sauvé si vous le désirez du plus profond de votre âme ; alors, faites jaillir cette flamme d'Amour qui est présente en vous, et distribuez-la sans compter. Que cette flamme devienne un feu ardent qui brûle et qui enflammera les âmes tièdes qui vous entourent, et qu'un brasier gigantesque grandisse de plus en plus dans l'âme de tous les êtres humains, pour la victoire finale sur les ennemis de l'Amour. Que ce feu qui brûle en vous, par la puissance de sa force, détruise à tout jamais les ténèbres par sa Lumière éclatante ! Que toutes ces âmes enfermées au plus profond de la géhenne soient éclairées, qu'elles puissent retrouver la voie qui mène vers Moi, pour le pardon final que Je leur accorderai, car Je suis Amour.

Je suis Celui qui Est ; nul ne peut m'égaler, Moi, le Créateur, le Seul et Unique Créateur du monde visible et invisible.

Si vous pouviez voir la totalité de Ma Création, vous vous effondreriez de honte d'avoir pu douter de Moi, de peur de Mon courroux. Là encore, vous n'auriez rien compris, Je ne suis qu'Amour, alors prenez la Voie qui mène vers la Lumière.

N'oubliez pas que vous êtes responsables de vos actes, mais le repenti sincère vous apportera le pardon de vos actes ; sachez pardonner pour être pardonnés. Vous serez pardonnés, à la mesure de ce que vous aurez pardonné ; nul homme n'est parfait, mais s'il doit atteindre la perfection, du moins montrer qu'il tend à trouver la perfection, il sera sauvé.

Priez, la prière venue du plus profond de votre âme, la prière désintéressée, trouvera la voie qui mène vers Moi, l'Omniscient, l'Omnipotent, l'Unique et vrai Père Créateur de vos âmes et de vos esprits, qui sont à Mon image, et de vos corps enfants d'Adam et Ève, les premiers en qui J'avais mis toute l'espérance qu'un Père aimant peut avoir envers ses enfants.

Pour cela, comme tout Père devant un repenti sincère, J'accueillerai tous Mes enfants, désireux de revenir à la Maison, par Amour, pour l'Amour, car lui seul vaincra les ténèbres, et la puissance de la Lumière de multiples soleils éclairera enfin l'Univers visible et non visible pour vous. Vous verrez alors l'immensité de Ma Création, si vos âmes sont ouvertes à l'Amour qui est le Mien. »

✣

« J'estime que la palme de la virginité doit appartenir entre les hommes à Jésus, entre les femmes à Marie. On ne saurait, sans impiété, attribuer à une autre la palme de la virginité. » (Origène)

Nazareth. Nous avons ce Vendredi Saint assisté à la Passion du Christ en la basilique de la nativité. Le soir venu, j'ai reçu ce message qui est une prière.

Vendredi 22 avril 2011. Message N° 36

« Par la miséricorde que Tu nous accordes, Toi, le Seigneur des Seigneurs, nous te demandons humblement la grâce de nous pardonner nos péchés. Par Ta Divine grâce, accorde-nous humblement la délivrance pour que nous puissions Te rejoindre dans l'éternelle Jérusalem Céleste.

Toi, le Seigneur des Seigneurs, nous Te demandons humblement, par la grâce que Tu nous accordes par la libération de nos pêchés, de mettre en nous la grâce de l'Amour pour le salut de nos âmes, afin que nous puissions Te rejoindre, dans Ta Jérusalem Céleste, par le mérite que Tu auras accordé à nos âmes, pour voir Ta Gloire et Ta Majesté ô Éternel notre Dieu. »

ꕥ

« Quand l'amour en arrive à éliminer complètement la crainte, la crainte elle-même se transforme en amour. » (Saint Grégoire de Nysse)

Mercredi 4 mai 2011. Message N° 37

Dans ce message, un dialogue s'est établi.

« **Lui** : — Tu peux comprendre que l'essentiel du bonheur s'acquiert par l'Amour que tu mettras dans tes relations avec les autres, nul n'est censé ignorer que l'Amour que l'on mettra dans une relation, apportera un lien indéfectible avec cette personne.

Moi : — Comment peut-on créer cette relation ?

Lui : — Tout simplement : Accepter l'autre tel qu'il est, ne pas le juger ; de quel droit le feriez-vous ! Ne jugez pas pour ne pas être jugés, accordez-lui votre confiance, pour recevoir la sienne. Surtout, respectez son libre arbitre ; rien ne doit lui être imposé afin que lui aussi respecte le vôtre. De quel droit vos idées seraient-elles meilleures que les siennes ? Écoutez les siennes et, ensemble, donnez chacun votre point de vue, et en fonction et ensemble prenez la décision du choix. Si vous n'êtes pas d'accord, respectez ses décisions comme il respectera les vôtres. Une relation doit avoir des bases solides, et cela se fera dans le respect total de l'autre. Nul ne peut savoir à la place de l'autre. L'ouverture pour chacun d'entre vous se fera lorsque vous aurez pris conscience que chacun est là pour mener à bien sa mission, afin qu'il puisse réintégrer définitivement, le royaume de la Lumière étincelante, qui lui fera rejoindre le Père dans Sa Gloire. »

ꕥ

Vendredi 6 mai 2011. Message N° 38

« Mes enfants, Mes enfants écoutez le silence, et vous entendrez les cris de souffrance de vos frères persécutés ; ne soyez plus sourds, ouvrez les yeux et regardez ce qui se passe autour de vous.

Fermez les yeux dans le silence de la nuit, regardez avec les yeux de l'âme, promenez-vous sur la Terre, observez, et que voyez-vous ?

Les pays du Nord, malades de leurs richesses, de leur nourriture, de leurs excès en tout genre, de leur ennui, qui les conduisent à des exactions et qui les propulsent vers le déclin de leur civilisation.

Les pays du Sud, malades de leur misère, du manque de nourriture, de leurs faiblesses, de leur rage qui les mènent à se révolter.

Les pays du Nord gardent les yeux fermés, ne veulent pas voir, ils ont peur de tout perdre. Si seulement ils pouvaient comprendre et partager, ne serait-ce qu'un peu de leurs richesses, ils gaspilleraient moins, un peu de leur nourriture, ils seraient moins malades, un peu de leur temps, ils s'ennuieraient moins et commettraient moins d'excès.

Cela permettrait aux pays du Sud d'avoir un peu plus de bien-être, un peu plus de nourriture, pour voir grandir leurs enfants comme ceux des pays du Nord, ils seraient moins fatigués, et ils récupéreraient la force nécessaire pour travailler, et là, toutes révoltes cesseraient.

Quand comprendrez-vous que tous les hommes doivent partager avec Amour et Fraternité ?

Au lieu de cela, l'homme du Nord construit toujours un peu plus d'armes pour les leur vendre et les voir s'entretuer ; toutes ces tueries, pour gagner toujours plus d'argent ; mais attention, ces armes peuvent un jour se retourner contre leurs propres enfants.

Hommes des pays du Nord, vous possédez déjà tant de richesses, alors pourquoi en vouloir de plus en plus, au détriment des pays du Sud ? Là où vous passez, vous ne laissez que des ruines derrière vous !

Il est temps de prendre conscience de la réalité de votre monde, pour le changer avant qu'il ne soit trop tard, avant le cataclysme final que vous déclencherez par vos actions. Vous êtes responsables de vos paroles et de vos actes ; vous serez récompensés à la mesure de vos paroles et de vos actes, prenez-en conscience, vous devez changer pour votre libération finale. »

« Dieu vous aime comme vous êtes, mais Il refuse de vous laisser tel quel. Il désire que votre cœur soit comme le sien. Il veut que vous soyez... Comme Jésus. » (Max Lucado)

Dimanche 8 mai 2011. Message N° 39

« Par Moi, par vous, tous ensemble, nous devons Nous unir pour faire entendre la Parole d'Amour.

Je suis venu pour faire entendre cette Parole, Je suis venu montrer la Vérité qui est la Mienne.

◊ Je suis venu guérir le paralytique.
◊ Je suis venu rendre la vue à l'aveugle.
◊ Je suis venu guérir le sourd.
◊ Je suis venu sauver la femme adultère.
◊ Je suis venu vous apprendre le pardon.
◊ Je suis venu vous dire de ne pas juger.
◊ Je suis venu vous dire de ne pas condamner.
◊ Je suis venu vous dire de ne pas trahir.
◊ Je suis venu vous dire de ne pas abandonner.
◊ Je suis venu vous dire de ne pas dénoncer.
◊ Je suis venu vous dire de respecter la vie.

◊ Quand J'ai guéri le paralytique, c'était pour vous dire : relevez-vous, marchez droit et avancez vers l'Amour ; et là, il n'y aura plus de paralytiques.

◇ Quand J'ai rendu la vue à l'aveugle, c'était pour vous dire : ouvrez les yeux, regardez autour de vous, et voyez l'Amour ; et là, il n'y aura plus de souffrance.

◇ Quand Je suis venu rendre l'ouïe au sourd, c'était pour vous dire : entendez Ma Parole d'Amour ; et là, il n'y aura plus d'erreurs.

◇ Quand Je suis venu sauver la femme adultère, c'était pour vous dire : laissez le libre arbitre à chacun ; et là, l'Amour triomphera.

◇ Quand Je suis venu vous montrer le pardon, c'était pour vous montrer ce qu'est l'Amour ; et là, il n'y aura plus de haine.

◇ Quand Je suis venu vous dire de ne pas juger pour ne pas être jugés, c'est pour que vous restiez dans l'Amour ; et là, il n'y aura plus de jalousie.

◇ Quand Je suis venu vous dire de ne pas condamner, c'est pour l'Amour que J'ai pour vous, sinon vous seriez à votre tour condamnés.

◇ Quand Je suis venu vous dire de ne pas trahir c'est par Amour, car celui qui trahit sera à son tour trahi, avec toutes les conséquences que cela implique.

◇ Quand Je suis venu vous dire de ne pas abandonner, c'est par Amour pour vous, et pour que vous ne soyez pas à votre tour abandonnés ; sinon là, vous seriez désemparés.

◇ Quand Je suis venu vous dire de ne pas dénoncer, c'est par Amour pour vous, car la délation peut avoir des conséquences dramatiques, et vous, vous seriez condamnés, car l'acte de délation est abominable et lourd de conséquences.

◇ Quand Je suis venu vous dire de vous respecter, c'est par Amour pour vous, car, respecter l'autre, c'est avant tout se respecter soi-même.

Combien de messages vous ai-je laissés ?

Combien parmi vous les ont-ils compris et mis en pratique ? Je vois autant de paralytiques, d'aveugles, de sourds, de trahisons, de haine, de non-pardons, de non-respects, de condamnations, et le pire de tout, de la délation aux conséquences dramatiques.

Dois-Je venir de nouveau, et êtes-vous prêts à m'accueillir ? Je vous le dis, eh bien non !

De nouveau Mes paroles vous dérangeront, vous n'accepterez pas d'entendre des vérités, vous ne voudrez pas que l'on bouscule vos petites vies ; alors restez comme vous êtes, mais arrêtez de Me demander de vous accorder tout et n'importe quoi, il n'y a même plus de bon sens dans vos demandes !

Donc agissez, montrez de la détermination, hurlez que vous voulez changer, que vous entendez Mes paroles, et que vous allez les mettre en pratique.

Alors, oui, Je reviendrai parmi vous dans la Gloire et, ensemble, nous apporterons la Paix.

Je vous le dis, tant que vous ne prendrez pas le Chemin de l'Amour, qui est le Mien, nos chemins ne se rejoindront pas.

Je vous l'ai dit maintes fois, celui qui veut être Mon disciple doit avant tout aimer, honorer, glorifier, respecter Notre Père l'Éternel, et Je vous demande de vous aimer les uns les autres, comme Je vous aime, Moi le Fils.

Mon Père et Moi ne faisons qu'Un, Nous vous attendons dans Notre Demeure.

Réjouissez-vous, vous qui avez ouvert votre cœur à l'Amour, car le Royaume des Cieux vous attend ; enfin, vous y verrez la Lumière étincelante de mille feux, de l'Amour Divin.

Croyez-Moi, il est temps pour vous, et pour l'humanité qu'une prise de conscience ait lieu.

Laissez tomber le masque de l'indifférence, faites jaillir votre vrai visage, celui de l'Amour enfoui au plus profond de votre être ; alors, vous prendrez le Chemin du combat pour la libération de vos âmes et celle des autres, en leur montrant que vous êtes devenus Amour et que, seule, cette arme les libérera et vaincra tous les adversaires de l'Amour.

L'Amour, c'est Dieu Lui-même, et le siège de Dieu se trouve dans votre âme.

Faites jaillir cet Amour tel un feu ardent aveuglant tous ses ennemis, et Il libérera l'humanité.

Soyez nombreux dans ce combat de la Lumière contre les ténèbres ; n'oubliez pas que Je Suis Celui qui Est, Je Peux tout, si vous le désirez du plus profond de votre âme. Je vous attends pour ce combat final qui verra la grande résurrection de l'humanité, afin que Mon Règne de Gloire vienne sur cette Terre tant aimée. »

« Je vous le dis encore en vérité : si deux d'entre vous sur la terre se mettent d'accord pour demander quoi que ce soit, ils l'obtiendront de mon Père qui est dans les cieux. Car là où deux ou trois se trouvent réunis en mon Nom, je suis présent au milieu d'eux. » (Saint Matthieu)

Mardi 10 mai 2011. Message N° 40

« Si tu savais homme mon frère, le mal que tu te fais ! Si tu crois être le plus fort en abaissant les autres, tu te trompes ; ne crois pas que tu domines les autres avec un tel comportement, au contraire, plus tu persistes dans cette voie plus tu t'affaiblis.

L'homme qui détient la plus grande force est le sage ; celui que tu prends pour un faible, que tu prends plaisir à humilier devant les autres, prends le temps de le regarder, et regarde ses yeux ; là, tu vas y lire tout l'Amour qu'il a pour toi, combien il est triste pour toi, et si compatissant à ta souffrance. C'est pour cela que son regard est bienveillant. Il veut te montrer qu'il t'aime et que tu n'es pas seul face à ta souffrance, car, lui, il sait que ton comportement n'est pas un reflet de toi, mais seulement une protection. Oui, il a compris que c'est tout simplement une carapace.

Par son regard, il veut te le faire comprendre et, par son Amour, il veut te délivrer de toute cette violence qui est en toi, mais qui n'est pas toi. Alors, rapproche-toi de lui, non pas pour lui demander pardon, car il t'a déjà pardonné, mais tout simplement pour qu'il te donne un peu de son savoir et de son expérience qui l'ont amené à aujourd'hui.

Demande-lui le Chemin qui mène à la plénitude, à la sérénité, à la compréhension de l'autre, à voir l'autre avec les yeux de l'Amour ; alors là s'ouvrira pour toi une autre dimension, tu pourras à ton tour aider, tout au long de ta vie, tous les désespérés.

À ceux qui voudront te suivre pour une vie de Paix et d'Amour, tu raconteras ton passé, mais n'oublie pas de dire que le passé est passé, que seul compte l'avenir et que pour appréhender l'avenir d'un pas tout neuf, il faut laisser le passé. Il a existé ce passé, mais il ne fait plus souffrir ; on ne peut pas le changer, alors il faut le laisser.

Pour cela pardonnez, car le pardon est votre propre délivrance, la voie de la sagesse commence par cet acte, et cet acte est simplement un acte d'Amour par lequel l'humanité sera sauvée. Et quel acte celui-là ! Il sera le plus grand, le plus magnifique, le plus grandiose, mais, pour l'obtenir, il faut savoir pardonner à votre niveau, pour que Je pardonne au Mien.

Alors n'attendez plus, prenez la Voie, le Chemin qui mène vers l'Amour, et quel Amour ! Le Mien, celui qui donne, mais ne prend pas, celui qui pardonne et ne condamne pas, celui qui libère et n'enchaîne pas, celui qui donne la vie et ne la prend pas, celui qui donne la joie et non la tristesse. En un mot, celui qui illumine la vie, celui qui ramène au Père, à l'Éternel, à Celui qui était, qui Est et qui Sera pour l'éternité, le Seul, le Vrai, l'Unique Dieu de l'Univers, notre Père qui nous a créés par Amour, pour l'Amour.

À nous maintenant de lui rendre cet Amour qui sauvera toute Sa Création, avant que le temps imparti ne soit atteint.

Prenez-en conscience, si ce n'est pas pour vous, êtres égoïstes, faites-le pour vos propres enfants. Vous voulez ce qu'il y a de mieux pour eux, alors sauvez-les. Dès maintenant changez, Mes enfants, changez. »

Mercredi 11 mai 2011. Message N° 41

« Pendant la grande nuit de l'humanité, où je me suis décidé à la Création de la Terre, J'ai mis tout Mon savoir, Moi qui avais déjà créé d'autres univers. J'ai voulu de nouveau donner de la Lumière à cette partie encore vide de Mon Royaume.

Je l'ai faite à l'image des autres, Je lui ai donné un satellite, des sœurs et l'astre suprême qui permet toute vie. Mais à elle, Je lui ai donné la vie, la possibilité d'une évolution ; dans son ensemble, tout ce qui a été créé sur cette planète doit inéluctablement vivre et mourir. Pourtant, elle était créée pour vivre.

Mais l'homme, que J'ai voulu à Mon image en âme et esprit, par le cadeau suprême qu'un Père aimant a donné à ses enfants, a dévié tous Mes plans prévus pour elle.

Je voulais le voir naître, grandir, s'épanouir pendant de longs siècles, vivre sur une Terre fertile, abondante de richesses. Il aurait passé son temps à l'évolution de son être, pour aboutir à la Connaissance Suprême. Au lieu de cela, regardez votre vie, à quoi ressemble-t-elle ?... Pas à ce que Je désire pour vous !

Adam a cru qu'en mangeant le fruit défendu, il aurait la connaissance. Croyez-vous qu'il suffit de manger un fruit pour avoir la Connaissance ? Non, il faut pour cela chercher, comprendre, atteindre l'évolution qui mènera petit à petit au début de la Connaissance. Il faudra avant tout Aimer : seul l'Amour permettra d'avancer sur la Voie de la Connaissance.

Je voudrais tant vous voir revenir, maintenant que bon nombre d'entre vous ont pris le chemin de l'évolution ! Distribuez largement vos prises de conscience, faites entendre Mon Amour, dites-leur que seul l'Amour peut vous mettre sur la Voie de l'évolution qui permettra à l'homme de se ressaisir, de prendre conscience qu'il est avant tout fils du Dieu Éternel, que par Lui tout peut être magnifié si vous Me montrez que vos âmes, enfin, ont retrouvé le chemin créé par Moi le Père. Alors, vous verrez Ma Toute-Puissance, et par elle tout sera sublimé.

Mes enfants, montrez-Moi que vous le voulez du plus profond de votre âme, là où Je réside, que vous êtes enfin prêts à venir Me rejoindre dans l'immensité de Mon Amour, et Je vous conduirai vers d'autres univers afin d'avancer sur la Voie qui vous mènera à la Connaissance resplendissante suprême de l'Éternel.

Mes enfants, que toutes les âmes que vous aurez touchées puissent venir vous rejoindre dans Mon Royaume d'Amour, pour être sauvées, avant la fin de la vie sur ma Terre bien-aimée que l'homme, avide de puissance, de pouvoir et de richesses, aura détruite par son inconscience.

Soyez les libérateurs des âmes perdues, et faites-leur prendre en grand nombre la Voie de l'espérance en une vie libératrice qui les conduira à l'Amour, et de ce fait elles auront retrouvé l'Éden. »

Ceci s'est passé quelques années après ma rencontre avec un inconnu, sur le parvis de l'Église de San Damiano, et dont je n'ai jamais su d'où il venait ni qui il était. Maintenant, je pense savoir car ce n'est pas la première fois que je fais des rencontres bizarres, par exemple : la personne me parle, et après je suis toujours étonnée de mon manque de réaction, comme si mon esprit était tétanisé, et dès que cette personne disparaît, je reprends mes esprits mais il est trop tard !

Voilà ce qui s'est passé lors d'un de mes pèlerinages à San Damiano, ce jour-là : en arrivant dans le village au niveau du petit jardin du Paradis, j'ai aperçu la statue d'environ trois mètres de haut d'une vierge magnifique, une vierge couronnée. Je me suis exclamée : « Regardez cette merveille ! »... et surprise par les réponses, je me suis rendu compte que j'étais seule à la voir.

San Damiano
Samedi 21 mai 2011. Message N° 42

Ce message est pour tous ceux qui sont sur le chemin de l'amour.

« Si vous saviez combien de jours il vous faut pour venir à Moi ! Un seul suffit, c'est celui qui reconnaîtra Mon Amour, car vous-mêmes vous serez devenus Amour et là, vous M'aurez rejoint, vous ne douterez plus de Moi, vous vous ouvrirez à Moi tel un éclair qui vous donnera l'ouverture nécessaire à la compréhension de l'Univers. Alors, sans vous retourner, vous vous trouverez sur le Chemin de la Vérité, de Ma Vérité, pour enfin venir vous unir à Moi pour l'éternité.

Votre mission sera terminée et accomplie, afin de partir vers des horizons de Lumière étincelante, pour une nouvelle mission de Paix et de gardien de l'Univers, avec vos frères accomplis dans l'Amour Divin. »

San Damiano. Ce message fait suite à une question qui m'a été posée, alors que je me trouvais sur les rives du Jourdain.

Nous étions 53 pèlerins et l'un d'entre eux me demande de le « bénir » dans les eaux du Jourdain, je lui dis oui. En me rendant auprès de lui, je fais une chute, un homme, dans la foule, m'observe, je me relève aussi vite que je suis tombée et je bénis le pèlerin dans l'eau du Jourdain. Cet homme ne me quitte pas des yeux. Un peu plus tard je me trouve près de lui et là il me pose une question : « Comment est-ce, quand on est habité par Dieu ? »

Samedi 21 mai 2011. Message N° 43 (EMP)

« Si tu dois définir la présence de Dieu en toi, être habitée par Dieu, que peux-tu dire ?

Tu peux répondre, tout simplement, que l'on sent au plus profond de soi Sa présence, rien que Sa présence.

Le corps est vide de toute substance, mais Lui, Il est là Présent à la place qui est la Sienne au plus profond de l'âme ; Sa Puissance donne la force nécessaire et la sérénité auxquelles tout être aspire, car rien ne peut l'atteindre en Sa Présence.

Tout coule en soi tel un fleuve limpide, nettoyant tout sur son passage pour laisser place à Sa Présence ; jour après jour on entend l'appel de Son Amour. »

ꕤ

San Damiano

Dimanche 22 mai 2011. Message N° 44

« Ôtez-vous de leur chemin, vous qui n'êtes que perfidie, mensonge, trahison, méchanceté, avarice, ignominie, vous qui appartenez au prince de ce monde.

Laissez passer Ma Lumière, laissez Mes enfants rayonnants d'Amour avancer sur la Voie de la Rédemption, mais si vous le désirez, joignez-vous à eux, jetez loin de vous tous ces adjectifs qui vous éloignent de Moi.

Ouvrez les yeux, regardez autour de vous et vous verrez l'Amour, la Lumière, la Charité, le Pardon, l'Humilité. En un mot, vous Me verrez dans tout ce que vous admirez de Ma Création, et qui est Moi. Moi qui vous ai créés à Mon image, en âme et esprit, Moi votre Père, Je vous demande de revenir à la Maison, débarrassés de tout ce qui n'est pas Moi, mais l'autre.

Venez Mes enfants, revenez vers Moi, vers Mon Amour, vers la Lumière, revenez à la Maison. »

ꕤ

« La vérité est semée en tout lieu, qui existe depuis le commencement. Et il y en a beaucoup qui la voient semée, mais peu nombreux sont ceux qui la voient récoltée. » (Évangile selon Philippe)

Mardi 31 mai 2011. Message N° 45 (EMP)

Ce message est pour toutes les personnes qui ont su faire preuve de compassion envers leurs frères et sœurs et qui se trouvent sur le chemin...

« Si aujourd'hui vous décidez de changer votre comportement, vous devez avant tout prendre conscience que c'est un engagement que vous prenez envers Lui ; une fois cette décision prise, vous devrez la respecter.

Vous devez avant tout prendre la mesure de la tâche qui vous attend.

Mais Je vous fais confiance, car pendant le long voyage de la vie terrestre, vous avez su comprendre le chemin qui mène à l'évolution spirituelle. Vous nous avez montré ô combien vous avez été capable d'aimer, de passer après les autres, et l'amour que vous avez su leur donner a souvent illuminé leurs vies ; vous n'avez rien regardé, ni votre temps, ni votre argent, et surtout combien de fois nous vous avons vue au bord de l'épuisement, tout simplement pour aider les autres !

Tout ce que l'on a pu observer chez vous, votre patience, votre disponibilité et votre tendresse, combien de larmes, de souffrances, de tristesses avez-vous changées en espoir de jours meilleurs !

Aujourd'hui, Nous vous demandons d'accepter de Nous servir pour la délivrance des âmes perdues. Mais vous seul(e) devrez prendre la décision d'aider vos frères et sœurs à retrouver le chemin qui mène au Père.

Pour l'Amour, pour Son Amour, pour l'Amour de la très Sainte Trinité. »

✤

Lundi 6 juin 2011. Message N° 46

« Dans l'immensité de Mon Amour, Moi le seul et vrai Dieu de l'Univers, Le Père de tout l'Univers, Je vous accorde la vie éternelle. Je Suis Celui qui Est, et Sera pour les siècles à venir le Grand Libérateur de toute la Création.

Je ne peux plus attendre que la sagesse et l'Amour soient dans tous les cœurs. Certains ne veulent que le pouvoir et l'argent pour pouvoir dominer les autres, il n'y a pas d'êtres supérieurs aux autres.

Je vous demande d'ouvrir les yeux, de regarder et de prendre conscience que seuls l'humilité et l'Amour trouvent grâce auprès de Moi.

Soyez plus vigilants, soyez attentifs à vos paroles et à vos actes, n'oubliez pas la Loi de cause à effet, sinon cela pourra avoir des conséquences graves qu'il vous faudra subir.

Attention de ne jamais vouloir le pouvoir sur autrui ! L'homme est né libre, il doit rester libre, telle est Ma volonté !

Restez donc dans Mon Amour, priez afin de recevoir Mon Amour, et que l'Amour inconditionnel règne à jamais ; mais prenez bien conscience que le mal est là, bien présent, tel que l'homme l'a créé par ses pensées, par ses paroles et par ses actes.

Soyez sûrs que le combat qui dure depuis des siècles va prendre fin ; cela ne se fera pas sans souffrances, c'est pour cela que Je vous demande d'être de plus en plus dans l'Amour, afin de Le voir triompher.

L'Amour même sera victorieux, Il est Lui-même, Celui qui Est, et Il sera pour l'éternité. »

✤

« Car quiconque fait le mal hait la lumière, et ne vient point à la lumière, de peur que ses œuvres ne soient dévoilées ; mais celui qui agit selon la vérité vient à la lumière, afin que ses œuvres soient manifestées, parce qu'elles sont faites en Dieu. » (Jean, 3:20)

Balestrino
Jeudi 14 juillet 2011. Message N° 47

« Par Ma miséricorde, tout vous sera pardonné si vous vous repentez sincèrement dès aujourd'hui ; le temps est venu de prendre conscience que seul l'Amour véritable, désintéressé, aura un impact sur les événements futurs.

N'ayez pas peur, Je suis là près de vous, Je vous demande de ne plus ignorer vos paroles et vos actes ; demandez à Notre Père l'Éternel la grâce de la libération, afin de faire partie des enfants de Dieu qui L'accompagneront dans le combat final.

Demandez-Lui, que par Son Amour Il vous accorde le discernement, afin de rester à Ses côtés, et de vous éviter de tomber dans les pièges qui seront dressés devant vous par l'ennemi de l'Amour, celui qui actuellement gouverne sur Terre, et qui prend un plaisir immense à voir que vous allez tout droit dans le mur de la perdition qu'il dresse devant vous ; réagissez avant qu'il ne soit trop tard ! Réagissez, soyez Humbles, soyez Tolérants, soyez Pardon, soyez Amour pour Lui rester fidèles jusqu'au terme de votre vie terrestre, afin de venir habiter dans la Jérusalem Céleste, auprès de Lui, le Maître absolu de vos âmes et de vos esprits.

Merci Mes enfants d'être venus Me voir ; sachez que Je vous attends ici, et dans bien d'autres lieux, pour mener à bien votre mission sur Terre et réconforter le Coeur meurtri de Mon Fils, meurtri à cause de l'ignorance de Son Amour et de Sa Grandeur.

Soyez ceux qui partageront Sa victoire finale, afin de L'admirer dans Sa Gloire pour l'Éternité. »

✣

Balestrino
Jeudi 14 juillet 2011. Message N° 48

« Mes enfants, je vous demande d'être vigilants et attentifs à tous vos propos, toutes vos actions, l'ennemi de l'amour n'est jamais loin, prenez toujours le temps, vous tous qui arpentez le difficile chemin qui mène à ma demeure, car l'ennemi de l'amour veille, il est très très malin, il veut vous faire non seulement trébucher, mais tomber. Ne le laissez pas se glisser entre nous.

Prenez en main votre vie avec lucidité et discernement, que l'amour, l'humilité et la charité vous accompagnent tout au long du chemin de l'éternel retour. »

✣

Balestrino. Ce jour-là, j'étais assise face à la croix devant la petite chapelle du Mont de la Croix où est apparue la vierge Marie, sous le nom de Notre-Dame de la Réconciliation et de la Paix. Et là, j'ai reçu cette prière.

Jeudi 14 juillet 2011. Message N° 49

« Par Ta Croix d'Amour,
et non par Ta Croix de souffrance,
Le monde sera sauvé.
Par Ta Croix céleste,
Tu éclaireras les nations.
Par Ta Croix divine,
Tu nous recevras dans Ton royaume.
Par Ta croix, Seigneur,
Celle que je connais,
Celle où je vois Ta souffrance,
Par Ta Croix Seigneur,
Couverte de Ton sang,
Pour moi Seigneur,
Ton humble servante,
Devant elle, Dieu Tout Puissant, Je Te demande Pardon.

Accorde-moi la grâce de pardonner, comme Toi tu vas me pardonner ?

Par Ta Croix Seigneur des Seigneurs, là où je vois tant l'Amour que Tu as pour moi.

Mets dans mon cœur le même Amour afin que je puisse le rendre à toute Ta Création.

Seigneur Ta Croix nous enseigne que Toi l'Unique qui a tout créé, qui a tout pouvoir, Toi qui a tout possédé, Tu as su rester le plus humble de tous les hommes venus sur terre.

Mets en moi cette humilité, je t'en prie Seigneur, rends-moi humble devant Ta Création.

Seigneur, je veux pouvoir dire, je suis la servante du Seigneur, car j'ai compris Ton message.

Amour, Pardon, Humilité, Compassion. Si je ne le suis pas

encore, Ô mon Seigneur, donne-moi la force de pouvoir seulement, un peu, être comme Toi, être simplement, sur le chemin qui mène à Toi. »

ꕥ

Dimanche 31 juillet 2011. Message N° 50 (EMP)

Pour toutes les personnes qui ont pris conscience de leur réalité et qui veulent avancer sur le chemin...

« Louise vous devez prendre la décision de faire pénitence de vos actions passées et de modifier vos erreurs, cela vous permettra d'emprunter la voie que vous avez choisie pour aider vos frères sur le Chemin de la Rédemption.

Vous devez prendre le chemin qui mène à la perfection, comprendre et analyser le comportement de ceux qui viennent vous rencontrer, cela vous permettra de les voir avec les yeux de l'âme. Vous devez naître de nouveau et redevenir ce que vous étiez depuis le commencement.

Pardonnez toutes les offenses que vous avez subies, aucune sentence ne vous est permise envers les autres ; que votre vie soit Amour, pardon, humilité, compassion et compréhension pour vous conduire sur le Chemin de la délivrance et de la connaissance qui mène à Moi ; de là vous pourrez accomplir votre temps.

Tel est votre chemin, telle est votre vie, vous êtes là pour Nous servir ; soyez les serviteurs et servantes de Notre Père Éternel et de vos frères, apportez l'aide qui vous sera demandée. Nous serons toujours à vos côtés pour vous aider à mener à bien ce qui doit être. Telle est votre mission : "Nous servir", soyez les serviteurs et servantes du Seigneur. »

ꕥ

Jeudi 18 août 2011. Message N° 51

Pour tous ceux qui sont sur le chemin de l'amour.

« Montrez-vous dignes de Celui par qui le Chemin arrive, Celui qui vous guide et vous montre la Voie. Il vous conduit sur le sentier qui mène à la connaissance de l'autre ; Il vous demande de prendre le temps nécessaire pour L'accompagner et entendre Son enseignement ; de là vous pourrez faire entendre Sa parole, et conduire vos frères à la prise de conscience de leur réalité ; ainsi vous pourrez les guider sur le Chemin qui mène à l'Amour, tout simplement à Lui L'Omniscient, L'Omnipotent Maître absolu de l'Univers.

Vous devez faire comprendre que c'est dans le respect absolu de tout ce qui vit, que l'homme trouvera enfin la paix ; de là, il obtiendra la victoire absolue sur l'ennemi de l'Amour. Dites ces paroles à vos frères.

L'Amour qui est en vous réveillera votre conscience, il vous permettra de trouver l'équilibre nécessaire pour atteindre ce respect, respect de l'autre, des autres et de vous-même. Si vous accordez un regard aux autres, à la Nature dans son ensemble, vous y verrez le Père Créateur. Vous comprendrez que Dieu Seul est présent dans tout ce qui a été créé sur terre et dans les univers, et que le respect du tout est avant tout un acte d'Amour envers Lui L'Éternel, Maître de vos âmes et de vos esprits pour l'éternité. »

Samedi 10 septembre 2011. Message N° 52

« Par Ma mansuétude, Moi le Seigneur des Seigneurs, Je vous accorde la grâce de Mon Amour que je mets en vous afin que vous puissiez le redonner aux autres.

Prenez le temps nécessaire pour venir vers Moi dans le silence de la nuit, là où tout bruit cesse afin que vous puissiez entendre Ma Voix ; tout vous sera donné pour accomplir votre mission.

Il est temps de se mettre à l'ouvrage pour accomplir Mon Désir : celui de délivrer les âmes perdues. Venez à Moi pour que Je puisse venir à vous. »

⁂

« Toute vérité franchit trois étapes. D'abord, elle est ridiculisée. Ensuite, elle subit une forte opposition. Puis, elle est considérée comme ayant toujours été une évidence. » (Arthur Schopenhauer)

Samedi 10 septembre 2011. Message N° 53 (EMP)

« Si vous le voulez, Je Suis là, à côté de vous ; écoutez-Moi, et Je vous guiderai vers Son Amour, puisque Lui seul peut tout. Vous êtes ses enfants chéris depuis le début de Sa Création. Vous L'avez servi dans bien des vies, parfois vous vous êtes perdus, mais toujours vous êtes revenus.

Il faut que les cycles cessent, car vous devrez vivre ailleurs, dans la lumière et là vous verrez Sa Lumière. Accomplissez le temps pour lequel vous vous êtes incarnés ; souvenez-vous : cherchez ce temps où vous Le serviez, laissez votre cœur parler et revivre ce temps béni, car vous saviez écouter en ce temps-là, soyez de nouveau avec Lui, dans la Lumière resplendissante de Son Être.

Je suis toujours avec vous, près de vous, écoutez-Moi, donnez-Moi du temps chaque jour, et dans le silence des silences nous nous rejoindrons.

Alors écoutez, écoutez le silence, il se dit tant de merveilles dans le silence et vous entendrez, tout vous reviendra en mémoire. N'oubliez pas que nous sommes nés de Lui, de Son Amour, nous étions Amour. »

⁂

« Tout homme est illuminé par l'Esprit Originel. Certains le voient, d'autres l'ignorent. C'est seulement toute la différence entre eux. » (Le Vieux Tcheng)

Dimanche 11 septembre 2011. Message N° 54

« Par la miséricorde, Je vous accorde la délivrance de vos péchés, si vous Me suivez avec Amour et Humilité. Comprenez que Je Suis là auprès de vous, au long des jours, et que Je vous accompagne sur le Chemin qui mène à Moi ; que cela soit fait dans l'Amour pour que Je puisse vous accorder le pardon. Si vous désirez Mon pardon, soyez vous-mêmes capables de pardonner.

N'êtes-vous pas responsables de vos dettes ? La Loi fonctionne dans les deux sens. Tout est rendu ; si vous donnez, vous recevez, si vous pardonnez, vous serez pardonnés.

Quand comprendrez-vous ? Ne voyez-vous pas ce qui se passe autour de vous ? Que vous faut-il de plus, pour que vos yeux s'ouvrent et que vos oreilles entendent ?

Réagissez ! Soyez des âmes actives dans la libération, avec en vous un Amour sincère qui sauvera ce qui peut être encore sauvé. Agissez, agissez Mes enfants, ne laissez pas sombrer Ma Création, votre création. »

« Votre vision devient claire lorsque vous pouvez regarder dans votre cœur. Celui qui regarde à l'extérieur de soi ne fait que rêver ; celui qui regarde en soi se réveille. » (Carl Gustave Jung)

Dimanche 11 septembre 2011. Message N° 55 (EMP)

« Vous comprendrez bientôt, avec la suite des événements, pour quelle raison on insiste tant. Il vous faut faire le travail sérieusement, pensez que vous le faites pour les autres, cela vous êtes capables de le comprendre.

Allez Mes enfants, agissez pour vous et non pour Nous ; vous êtes venus dans le seul but d'aider, alors ne croyez-vous pas qu'il est temps de mettre en pratique la raison de votre venue ?

Vous pouvez si vous êtes prêts dans une sincère démarche et une authenticité réelle de votre être, alors dès aujourd'hui vous pouvez prendre du temps pour Nous, et commencer les 40 jours de purification qui vous ouvriront les portes des mystères de la Vérité. »

✣

« Jésus a dit : Que celui qui cherche ne cesse de chercher, jusqu'à ce qu'il trouve ; Et quand il aura trouvé, il sera bouleversé, il sera émerveillé, et il régnera sur le tout. » (Évangile de Saint Thomas)

San Damiano
Vendredi 16 septembre 2011. Message N° 56

« Par Ma miséricorde et celle de Mon Fils Bien-Aimé, Je vous accorderai beaucoup de grâces dans ce lieu béni, maintes fois béni par Ma présence et celle de Mon Fils.

Venez Mes enfants, venez nombreux Me prier.

La prière apporte à vos cœurs meurtris réconfort et guérison afin d'apaiser la souffrance de Mon Fils Bien-Aimé.

Mes enfants Je vous le dis, priez avec le cœur, si vous voulez recevoir les bénédictions divines, venez nombreux mes enfants, mes enfants venez nombreux pour apaiser Mon cœur de mère.

Mes enfants Priez. »

✣

San Damiano
Dimanche 18 septembre 2011. Message N° 57

« Mes enfants, pourquoi tant de conflits, tant d'égoïsme ? Venez à Moi simplement, humblement Me voir, Me prier dans ce lieu maintes fois béni par Ma présence et celle de Mon Fils.

Je vous demande un peu d'efforts, comment puis-Je tout vous accorder alors que vous-mêmes, vous faites difficilement des concessions ! Je vous le dis : vous Me demandez des grâces, et vous, que faites-vous ?

Moi, Je dois donner, et vous, vous ne faites aucun effort ! Sachez que plus vous serez dans l'Amour, plus Mes grâces seront nombreuses ; ne fermez pas la porte à ceux qui veulent Me servir.

Venez Mes enfants Me prier simplement avec le cœur, et Je laisserai le Mien s'attendrir, Je demanderai à Mon Fils de vous accorder les grâces que vous êtes venus Me demander. »

« Vos yeux regardent au-dehors, où rien ne vous regarde : ni souci, ni mal, ni danger, ni bruit. Ne soyez pas ébranlés !

Ce qui est au-dehors n'est pas votre affaire, N'écoutez qu'audedans, remplissez-vous de Lui ! L'espace est facilement rempli, il est si petit !

Ce qui est sans pesanteur et ne peut être pesé, Ce qui est hors de l'espace et ne peut être saisi tient une toute petite place et c'est l'infini. » (Gitta Mallasz)

Vendredi 30 septembre 2011. Message N° 58 (EMP)

« Mes enfants, Nous vous demandons de faire le nécessaire pour venir à Notre rencontre. Soyez avec Nous comme vous l'avez été hier, pour que nous puissions de nouveau ensemble faire entendre La Parole du Père pour les âmes désireuses de venir Le rejoindre à la Maison.

Ces âmes vous trouveront sur leur chemin, puis vous les guiderez vers Moi, afin qu'elles intègrent le nom de l'Un : le Père, le Fils, l'Esprit Saint.

Plus vous Nous consacrerez du temps, plus les événements se précipiteront ; plus vous grandirez, plus vous aiderez.

Alors à vous seuls de prendre votre décision ; comme vous le savez, vous êtes des êtres libres, Nous vous laissons donc libres de votre choix.

Mais si vous acceptez de Nous servir, que cela se fasse dans la plus grande sincérité, dans l'humilité et l'amour, si vous êtes dans le doute attendez, soyez honnêtes envers vous-mêmes et demandez-nous de vous aider après une réelle prise de conscience de vos fonctionnements et de votre réalité du moment et n'oubliez pas que nous nous savons, vous ne pouvez pas nous tromper. Si votre demande est sincère nous serons là pour vous ouvrir le chemin de la liberté, mais vous serez toujours libres d'avancer ou de reculer.

N'oubliez pas : que tout existe par l'Amour. Essence Divine, par laquelle vous allez prendre conscience de l'Amour Infini, seule arme libératrice de l'humanité, de l'âme et de l'esprit reliés à Moi, l'Absolu Divin Rédempteur de Mes enfants, Divins en Mon Amour.

Je vous libérerai et Je couperai tous liens avec les générations passées et les mémoires qui peuplent l'Univers.

Que la pureté emplisse vos âmes et que le Souffle de Vie, régénère vos cellules et vos mémoires qui vous relient à Moi, pour l'Éternité et pour la Gloire de mon Divin Amour. »

« Si l'âme est immortelle, il faut en prendre soin, non seulement pour le temps que nous appelons vivre, mais pour tout le temps à venir, et l'on s'expose à un terrible danger si on la néglige. » (Socrate)

Lundi 3 octobre 2011. Message N° 59 (EMP)

« Pourquoi ne tenez-vous pas vos promesses, Vous devez comprendre qu'il est important d'être attentif, sur vos gardes, prenez les précautions nécessaires dans vos différentes rencontres, Il y a toujours quelqu'un qui sera là pour vous faire tomber, pour vous piéger. Tout n'est pas bon à dire, n'oubliez pas dans cet univers tout n'est pas que lumière et les forces adverses ne sont pas tendres, donc, faites bien attention, soyez toujours prudents, car beaucoup ont été induits en erreur, et cela s'est retourné contre eux, on vous demande de la prudence et du discernement. Donc attention.

Pourquoi ne vous arrive-t-il pas de prendre conscience que tout peut être dissipé par la force de la pensée, sachez que pour dissiper le mal, il vous faut le combattre par l'Amour, avec l'Amour et garder toujours à l'esprit l'espérance du Dieu vivant, qui vous accompagne sur le chemin de la délivrance, comprenez bien la puissance de votre adversaire et c'est surtout cela qu'il ne faut pas négliger. Pourquoi hésitez-vous à vous lancer dans ce chemin qui vous libérera et apportera la paix et la sérénité ? Dites-vous que l'on vous attend, pour que vous puissiez servir vos frères, ô Mes enfants écoutez Ma parole et Je vous conduirai vers les cimes de la liberté, vous serez entendus, écoutés pour transmettre Mes messages d'Amour et d'Espérance. Vous les verrez venir, ils viendront écouter et surtout entendre, alors prenez et donnez de votre temps, car l'heure est proche, dites-vous que tout va prendre sa place.

Pourquoi toujours douter, vous êtes incorrigibles, depuis le temps, que faut-il vous montrer ? Il faut que tout commence maintenant. Faites-moi confiance. Je vous ai déjà dit qu'il vous faut être prêts. »

Jeudi 13 octobre 2011. Message N° 60

« Je vous aime, Moi le Seigneur des Seigneurs, Je Suis Celui qui Est, l'Incréé. Je vous demande de changer et Je m'adresse à vous tous : quand prendrez-vous conscience de Ma réalité ?

Mes enfants, apprenez que, tant que vous ne changerez pas, il n'y aura pas de salut pour l'humanité, cette humanité que J'ai créée avec la Toute-Puissance de Mon Amour. Cet humain, oui l'homme, oui Mon enfant tu le sais, toi, que Je ne peux rien lui refuser.

Dis à tous tes frères, que s'ils Me le demandent, oui, s'ils Me demandent de les aider, Je ne pourrai les aider, que s'ils le désirent au plus profond de leur âme. Mais il faut qu'ils comprennent qu'ils doivent être nettoyés de leurs actes, c'est-à-dire qu'ils doivent prendre conscience de leur réalité, et venir déposer tous ces actes devant Moi pour que Je les purifie, après un repentir sincère, dans une prière d'Amour venue du plus profond de leur âme, là où siège Ma véritable Église.

Si leur confession est une véritable confession et que partant de là, ils Me servent avec Humilité et un Amour véritable pour tout ce que J'ai créé, ils seront les artisans du changement qui les conduira à l'ère messianique. »

⁂

Lundi 24 octobre 2011. Message N° 61

« Lui seul, oui Lui, le Dieu Unique Créateur de l'Univers, vaincra sur la Terre, et le règne de Satan prendra fin, afin de laisser la place, pour l'éternité, au Dieu Unique Son Créateur.

L'Archange, son Archange fidèle du commencement n'a pu résister à la liberté donnée par le Père, de là il a dressé ses anges et formé sa légion pour combattre le Père et avoir toute puissance sur Sa Création, pour la détruire et la soumettre à sa volonté.
Le prince de Sa Milice Céleste, l'Archange Saint Michel a combattu et vaincu l'Archange dissident et sa légion d'anges. Tous furent déchus et envoyés sur Terre.

Aujourd'hui, il nous est demandé de nous battre pour combattre le mal qui sévit sur cette Terre, afin de préparer la venue de notre Père dans sa Gloire, pour la libération de notre Terre, et le dernier combat contre celui que l'on nomme le prince des ténèbres et la victoire finale sur celui-ci. »

⁂

« L'homme mérite qu'il se soucie de lui-même, car il porte dans son âme les germes de son devenir. » (Carl Gustav Jung)

Mardi 25 octobre 2011. Message N° 62 (EMP)

Un dialogue s'est établi.

« Mes enfants que de souffrances sont à venir ! Soyez nombreux à vous battre afin que l'Amour triomphe et que le règne du Père vienne sur l'Univers.

Moi : — Comment cela a-t-il été permis ? Pourquoi avoir laissé faire ?

Lui : — La révolte des Anges, leur choix a été respecté.

Moi : — Pourtant cela a été dramatique pour les humains !

Lui : — Il fallait que cela fût !

Moi : — Mais pourquoi un si long règne ?

Lui : — Tel a été le choix ! Tu sais, il faudrait des heures pour tout expliquer ; un jour viendra où vous aurez la connaissance et la sagesse pour comprendre.

Moi : — Que se passera-t-il pour nous ?

Lui : — Nous veillons sur vous, écoutez et entendez : Vous devez chaque jour Lui consacrer du temps. Tous ceux qui ont compris que le mal n'existe pas, peuvent le transcender, donnez l'Amour nécessaire pour l'anéantir.

Soyez prudents dans vos propos, soyez sûrs de ce que vous allez enseigner, vous avez une grande responsabilité. Il vous faut être unis ; on vous l'a déjà dit, l'Unité est le maître de la Force, alors comprenez et ne doutez plus. Votre combat et de faire comprendre que le mal n'existe pas, vous le créez. Formez une armée d'Amour pour le terrasser, élevez le mal et transformez-le. Restez dans l'humilité et l'Amour, aidez toujours, donnez toujours. Nous veillons sur vous.

Vous devez construire ensemble le Chemin par le combat contre les forces du mal qui ont été créées, et qui doivent être anéanties par les forces du Bien. Pour cela enseignez l'Amour, rien que l'Amour.

Prenez votre bâton de pèlerin et commencez au nom de Celui qui Est, Celui qui a vaincu la mort et vaincra les ténèbres. »

Jeudi 27 octobre 2011. Message N° 63

« Donnez à Mon Cœur immaculé l'Amour dont il a besoin. Mes enfants Je vous demande de Me servir, Je vous donnerai la force nécessaire pour combattre.

Ceux qui vous suivent seront sauvés et ils connaîtront la flamme de Mon Amour, Je la déverserai en eux telle une langue de feu.

Il est temps que Mes enfants comprennent et choisissent de Me servir en actes et non en paroles ; qu'ils ouvrent les yeux et les oreilles. Tel un oiseau, la parole s'envole, mais l'acte demeure.

Attachez-vous à Mon cœur et servez-Moi car c'est en servant les autres que vous Me servez : en donnant de l'Amour, en faisant la charité sans contrainte. Ce qui est important c'est l'acte spontané, celui qui vient du plus profond de votre cœur, Celui-là Me sert.

N'oubliez pas que Moi votre Père Je sais, Je lis en chacun de vous, Je connais le moindre battement de votre cœur et la sincérité de vos prières. Ce que Je vous demande c'est de Me plaire à Moi et non aux autres et à l'apparence que vous voulez bien leur montrer. Moi, vous ne pouvez pas Me tromper.

N'oubliez pas que la véritable Église, est cette église qui est en vous, là où Je demeure. Je vous demande de servir cette église qui est la vôtre et la Mienne, et si je vous le demande c'est pour que vous preniez conscience que les temps à venir s'assombrissent ; ne laissez pas l'obscurité envahir votre Terre, réagissez afin qu'en chacun de vous jaillisse la Lumière qui éclairera ces temps à venir, des temps que l'humanité à ce jour n'a jamais connus.

J'ai besoin de vous et de votre Amour afin de mener ce combat contre les forces du mal que vous avez créées ; alors donnez de la Lumière pour éclairer les ténèbres, afin que le moment venu la Lumière éclaire le combat de la Milice Céleste contre les forces du mal, alimentées par vos actes de domination, de haine. Combien de massacres, de tueries sont perpétrés en Mon Nom par des soi- disant serviteurs ! Combien de Mes enfants ont été persécutés au cours des siècles en Mon Nom ! Comme ils se sont éloignés de Moi ! Moi, Je Suis venu enseigner l'Amour, la tolérance, la compassion, la charité ; où sont passés Mes serviteurs de la première heure ? Ceux qui ont entendu Ma parole, où sont-ils ? Ils ont été réduits au silence pour que meure Ma Véritable Église, celle qui est en vous.

Ouvrez les yeux, regardez ceux qui Me servent, regardez Mes serviteurs, combien d'entre eux Me servent véritablement ? Où sont Mes serviteurs dont l'âme est pure, où siège Mon Amour le véritable Amour ? Mes enfants ne restez pas sourds à Mon appel. Êtes-vous aveugles ? N'avez-vous pas entendu les paroles de Mon Apocalypse ? Jean à Patmos auquel J'ai montré l'avenir avant le grand changement qui verra Ma Gloire, ne vous l'a-t-il pas dit :

"La prostituée : Babylone.

Et je vis une femme assise sur une bête écarlate, couverte de noms blasphématoires, et qui avait sept têtes et dix cornes.

La femme, vêtue de pourpre et d'écarlate, étincelait d'or, de pierres précieuses et de perles. Elle tenait dans sa main une coupe d'or pleine d'abominations : les souillures de sa prostitution.

Sur son front un nom était écrit, mystérieux : Babylone la grande, mère des prostituées et des abominations de la Terre."[1]

Pourtant, tout a été mis dans vos mains ! Heureux celui qui a entendu, malheureux celui qui n'a pas entendu !, Je vous le dis et vous le répète, seul l'Amour peut vous ramener au Père, Lequel vous attend dans l'immensité du Sien, l'Éternel, Jéhovah, Celui qui Est et Sera pour l'éternité l'Unique Père de l'Univers.

Entendez Ma Parole, sauvez-vous ! La vie sur Terre n'est que passage, la Vie éternelle n'a pas de fin mais, attention, des âmes peuvent mourir éternellement !!!

Je vous demande d'utiliser le bien le plus précieux que je vous ai donné, le libre arbitre. Utilisez-le pour Me demander clémence et aide pour faire partie des enfants de la Lumière et Je les mettrai en vous, si votre demande est sincère, oui, Je verserai petit à petit les langues de feu, et plus grand deviendra votre Amour, plus grand sera le flot des langues de feu que vous recevrez pour illuminer la Terre et chasser l'obscurité.

Attention à vos paroles, le mot est tout-puissant, il peut créer soit la Lumière, soit l'obscurité ! »

---

1. *La Bible de Jérusalem. Apocalypse, chapitre 17, Jean 17.34-5.*

Mardi 1er novembre 2011. Message N° 64

« Il faut que vous Nous serviez. Les Temps à venir vont être difficiles. Il est important que vous soyez unis. Je bénirai et accorderai des grâces à ceux qui viendront Me voir, il est triste de voir que les hommes ont besoin de sensationnel pour croire, *"heureux celui qui croit sans avoir vu"*. Vous devez Me consacrer du temps. Il faut que vos prières soient puissantes, dans le sens de la sincérité et de l'Amour que vous mettrez dans l'énoncé de ces prières.

Mes enfants Je suis là et Je vous accompagne tout au long de votre vie ; s'ils savaient écouter dans le silence, combien d'entre eux percevraient Ma présence !

Aujourd'hui Je te le dis : *"Bienheureux ceux qui viennent vers Moi, car ils sont les guerriers de Mon Amour, ils font partie de ceux qui vont aider l'humanité et redonner de la joie à Mon Cœur meurtri."* Venez Mes enfants, venez nombreux, vos frères ont besoin de vous : menez à bien le temps pour lequel vous vous êtes incarnés, pour Me servir et servir Mon Fils Bien-Aimé. »

Mercredi 2 novembre 2011. Message N° 65

« Louise, ne pensez pas que Mes paroles soient sans importance, car elles sont pleines de larmes et de souffrance. Transmettez Mes paroles au monde entier ainsi mes larmes cesseront. Dites-vous que chaque parole transmise même au plus grand des êtres obscurs lui apportera grâce et Amour en Mon Fils. Dites-vous que la souffrance est telle, dans le monde, que vos frères ne voient plus la Lumière, et ils sont si nombreux à ne plus la voir, l'obscurité règne parmi eux ! Grâce à l'immense Amour que vous avez pour Mon Fils Jésus le Christ, vous les mènerez vers Moi, vers Lui.

Soyez Ma fille, Ma servante et celle de vos frères dans la grâce et l'Amour de Mon Cœur Immaculé. Je vous sauverai si vous rendez votre cœur semblable au Mien.

Mes enfants, que Je vous aime ! Si vous êtes capables d'avoir en vous une once de cet Amour, vous sauverez l'humanité. Arrêtez, Mes enfants, de vous détruire, arrêtez de voir des ennemis en chacun de vous ; chacun d'entre vous est là pour Me servir dans l'Amour et l'humilité.

Vous êtes tous semblables à Mes yeux et Je vous aime tous du même Amour miséricordieux. Soyez dans l'unité, car l'unité est le maître de la Force ; plus vous serez dans l'unité, plus grande sera la Force pour combattre avec Moi l'obscurité.

Voulez-vous vivre dans la Lumière de Mon Amour ou dans l'obscurité de la haine du serpent qui règne sur votre Terre, et qui vous entraîne dans les bas-fonds du péché éternel ?

Mes enfants, vous qui Me priez, donnez plus de force et de clarté à vos prières, afin qu'elles atteignent le cœur de l'Amour même de Celui qui fut, qui Est et Sera, Lui le Dieu Éternel, Jéhovah. Qu'Il les entende et alors Il enverra les Serviteurs de la Milice Céleste, et les trompettes résonneront afin que la Terre soit libérée de la bête infâme qui conduit les enfants du Père à la damnation éternelle. Montrez-Lui que vous voulez éclairer la Terre afin qu'Il permette aux Serviteurs de combattre dans la clarté, pour vaincre l'infâme serpent.

À vous de savoir si vous voulez Me servir. »

✣

« Chacune de nos pensées, chacune de nos paroles, chacun de nos actes ont des conséquences sur notre avenir. » (Lucien Liroy)

Vendredi 4 novembre 2011. Message N° 66

« Je vous attends, venez Me prier Mes enfants, il ne reste plus beaucoup de temps.

Amour, Humilité, Service, Lumière et Paix. Louise, dis-leur que si chacun d'entre eux veut s'efforcer de changer et de sortir de l'égoïsme qui les habite, ils apporteront de la Lumière sur

Terre. Si tous les hommes de cette Terre mettent un peu, juste un peu d'Amour, une étincelle d'Amour dans leur cœur, ils donneront un peu plus de Lumière à leur vie et de là à l'Univers. Si chacun est capable de regarder l'autre, les autres, avec dans son regard cette petite flamme que l'on nomme tendresse, que de cœurs ils vont réchauffer !

Combien de temps va-t-il falloir attendre pour que ces simples réflexes voient le jour ? Il est si facile de donner de la Lumière pour éclairer l'obscurité ! Observez-vous. Que faites-vous quand l'obscurité apparaît dans vos villes et dans vos maisons ? Il vous suffit de faire un geste, un seul geste, et là la Lumière apparaît et éclaire vos villes et vos maisons, et qu'il est bon de voir la Lumière et de sortir de l'obscurité !

Faites un petit effort, rien qu'un petit effort, et alors tout se mettra en place et éclairera le chemin des libérateurs de l'humanité pour l'éternité. »

Samedi 5 novembre 2011. Message N° 67

« Instructions :

1. Servir son prochain comme si c'était Dieu Lui-même.
2. Aimer son prochain comme si c'était Dieu Lui-même.
3. Chaque fois que vous tendez la main, c'est à Dieu que vous la tendez.
4. Chaque fois que vous rejetez quelqu'un, c'est Dieu que vous rejetez.
5. Mon Fils vous a dit que vous devez aimer le Père plus que tout, et de vous aimer les uns les autres. C'est en vous aimant les uns les autres, que vous aimerez le Père plus que tout. C'est dans l'Amour que vous mettrez dans les relations aux autres, que vous montrerez au Père combien est grand votre Amour pour Lui.
6. Ne croyez pas que tout cela ne vous sera pas compté, tout est noté dans les Tables de la Loi, et si vous ne respectez pas la Loi, il n'y aura pas de clémence pour vous.

7. Mais si vous vous repentez, et que vous changez réellement, tout sera effacé. N'oubliez pas que le Père est avant tout Miséricordieux, et Il attend de chacun le changement qui Lui permettra de vous donner l'ouverture qui mènera vers Lui, vers Son Amour, vers son Pardon. Alors, les Portes de la Maison s'ouvriront le jour venu, pour vous accueillir là où Il vous attend.

À vous de savoir saisir la chance qui vous est donnée pour le Pardon final, et la résurrection de l'humanité pour l'éternité. »

ꕥ

« Y aurait-il des âmes qui ne comprennent pas l'Eucharistie ? » (Sainte Gemma Gagliani)

J'ai reçu ce message après une messe, lors de nos pèlerinages nous prions bien sûr, mais je donne des enseignements et là, on me demande de travailler sur l'importance de la prise de conscience de Ses actes, de Sa présence dans le déroulement de la liturgie.

Samedi 5 novembre 2011. Message N° 68 (EMP)

« Il est important de respecter l'Eucharistie, et d'être au service du Père. Il faut que vous preniez conscience de l'importance de la messe ; il vous faut vivre, vivre la messe dans l'Amour et la présence du Père.

Vous devez à votre tour faire prendre conscience qu'une messe doit se vivre de l'intérieur pour être en présence du Père ; de là, vous pourrez faire prendre conscience aux autres que la prière doit venir de l'intérieur, là où demeure le Père.

La prière ainsi vécue transformera vos âmes et elle vous mettra en présence du Père. Comprenez-vous que, de cette manière, la prière atteindra le cœur de l'Amour même qui est Celui qui Fut et Sera la Lumière du Monde ? »

ꕥ

« *D'abord l'âme et ensuite le corps.* » (Saint Gabriel de l'Addolorata)

Mardi 8 novembre 2011. Message N° 69 (EMP)

« Par la Grande Ouverture, (...)
Bienvenue parmi nous. Là est l'enseignement.

1. Tout l'invisible est dans le visible, si les esprits et la conscience des hommes étaient à l'écoute chacun de vous pourriez accéder à l'invisible.
2. La peur est mauvaise conseillère et ferme la porte de l'invisible, débarrassez-vous de la peur.
3. Le doute vous ferme aussi les portes de l'invisible, si vous doutez, vous vous fermez la porte.
4. L'Amour seul vous ouvrira les portes, car seul l'Amour ouvre la porte. »

Mercredi 9 novembre 2011. Message N° 70 (EMP)

« Le Maître : Celui qui enseigne, Celui qui doit restituer la connaissance :

◇ Là où il y a la haine, vous y mettrez l'amour.
◇ Là où il y a l'incompréhension, vous y mettrez la lumière.
◇ Là où il y a la peur, vous y mettrez la confiance.

Je vous le dis, si vous êtes Amour vous distribuez l'Amour, de ce fait, vous pourrez aider avec cette arme, au-delà de vos espérances. Soyez les combattants de la liberté par l'Amour.

Pourquoi doutez-vous de ce qui est, ouvrez les yeux et voyez. Ouvrez les oreilles et entendez.

Que de votre bouche ne sortent que des mots justes.

Vous les aiderez toujours, car votre aide est la moitié de la clé de l'ouverture de la porte pour ceux qui veulent franchir la porte de la Vie.

Ils vous trouveront sur leur chemin, puis vous les guiderez vers Moi. Vous allez recevoir de plus en plus, alors écoutez ; dites-vous que plus vous Nous consacrerez du temps, plus les événements se précipiteront ; plus vous grandirez, plus vous aiderez. Alors à vous de prendre votre décision, vous êtes des êtres libres, Nous vous laissons donc libres de vos choix. »

❧

Jeudi 10 novembre 2011. Message N° 71 (EMP)

« Vous devez savoir que le temps presse ; il vous faut agir en conséquence, car tout va commencer.

Il vous faut prendre impérativement conscience des Temps à venir, dirigez-vous droit sur le Chemin qui mène vers Moi, et accompagnez les autres. Aujourd'hui devenez ce pourquoi vous avez été créés.

Enfants de nulle part et de partout, vous êtes de Mon Essence, Essence Divine, par laquelle vous allez prendre conscience de l'Amour Infini, seule arme libératrice de l'humanité, de l'âme et de son esprit reliés à Moi, l'Absolu Divin Rédempteur de Mes enfants Divins en Mon Amour.

Que la pureté emplisse vos âmes et que le Souffle de Vie régénère vos cellules et vos mémoires qui vous relient à Moi, pour l'Éternité et pour la Gloire de mon Divin Amour. »

❧

Jeudi 1er décembre 2011. Message N° 72 (EMP)

Un dialogue c'est établi.

« **Lui** : — Ne cherche pas à savoir, le principal c'est que vous soyez capables de pardonner ; il vous faut vous libérer de toutes les entraves qui bloquent votre évolution. Il vous faut atteindre l'Amour et la Compassion, cela vous permettra de vivre en paix avec vous-mêmes, et ainsi vous donnerez un sens à votre vie. Brisez les chaînes du passé et ouvrez-vous à la Lumière, elle vous mènera vers une prise de conscience qui vous libérera afin de vous mener à la vérité de l'Amour Infini du Père.

Votre mission est grande, alors apprenez le silence et dans le silence acceptez de faire un avec Lui et tout mal disparaîtra. Votre combat est de faire comprendre que le mal n'existe pas, vous le créez. Formez une armée d'Amour pour le terrasser, élevez le mal et transformez-le ; la tâche est grande, mais ce n'est pas vous qui combattez, c'est Lui et vous ne faites qu'un avec Lui.

Je comprends que cela vous dépasse.

Moi : — Il y a de quoi !

Restez dans l'humilité et l'Amour, aidez toujours, donnez toujours, car vous avez beaucoup à donner, à transmettre.

On doit construire ensemble le Chemin par le combat contre les forces du mal qui ont été créées, et qui doivent être anéanties par les forces du Bien. Enseignez l'Amour, rien que l'Amour. »

Dimanche 11 décembre 2011. Message N° 73

« Dans l'immensité de l'Univers, il y a de la place pour tous. Sur votre Planète, Mes enfants, il y a de la place pour tous.

Mais que vois-Je ? Rien d'autre qu'une grande misère ignorée par un petit groupe d'hommes qui ne vivent que pour le profit, alors que la plus grande partie de Mes enfants souffrent.

Homme, ne vois-tu pas tous les jours partir tes amis, tes frères ? Ne comprends-tu pas que tout est éphémère sur Terre et que tu peux tout partager, pour le bonheur des autres et le salut de ton âme ?

Hommes pensez à l'éternité, non à la richesse éphémère. »

Lundi 12 décembre 2011. Message N° 74

« Par l'Amour du Divin, l'homme possède en lui l'arme la plus puissante qui le sauvera et délivrera la Terre à jamais du mal, pour la gloire infinie du Père Rédempteur des hommes. Ils auront la liberté de disposer de leur vie, ainsi qu'ils le souhaitent, et comme le désire le Père Créateur, Lui qui a donné à Ses enfants ce don précieux, le libre arbitre qui est si mal utilisé par les hommes. Ainsi arrivera le grand jour libérateur, pour la plus grande Gloire de l'Amour Infini du Père, et à jamais pour l'éternité. »

⁂

« L'âme ne raisonne jamais mieux que quand elle s'isole le plus complètement en elle-même, en envoyant promener le corps. » (Platon)

Mardi 13 décembre 2011. Message N° 75

« Devant les difficultés de la vie, ne perdez pas la foi, elle seule est votre salut ; celui dont la foi est véritable, écartera de son chemin tous les obstacles.

Surtout, ne doutez pas de Dieu, abandonnez-vous entièrement à Lui, faites-Lui confiance, soyez désintéressés, agissez par Amour et les portes s'ouvriront, et une énergie nouvelle vous habitera ; alors vous distribuerez tout cet Amour à toute Sa Création. »

⁂

« La seule liberté, c'est de choisir son destin. » (Claire de Lamirande)

Mercredi 14 décembre 2011. Message N° 76 (EMP)

« Il vous faut prendre en mains votre destinée, elle vous mènera vers votre but, au-delà de ce que vous pouvez penser.

Tel est votre destin, telle est votre vie.

Mes enfants, soyez Mes serviteurs et servantes, dans l'Amour et l'Humilité, et vous me servirez comme il se doit pour Ma Gloire, et l'Amour qui est le Mien. Mes enfants, soyez ouverts à tous et vous aiderez tous ceux qui viendront vous voir.

◇ Apprenez la grandeur de Mon Amour.
◇ Apprenez la grandeur de Ma Miséricorde.
◇ Apprenez que Je Suis Celui qui Est et qui Sera.

Soyez présents pour Moi, écoutez-Moi dans le silence, Nous parlerons et vous comprendrez le but de ce qui est.

Vous êtes, Je Suis Celui qui Est pour l'Éternité. »

ꕥ

Jeudi 15 décembre 2011. Message N° 77

« Pendant la nuit de l'obscurité, où Je Me suis décidé à mettre de la Lumière sur cette partie de Mon Univers, Je ne savais pas encore tout ce que J'y mettrais, et tout s'est mis en place, tel que Je l'avais imaginé, et J'ai voulu donner cette petite planète à Ma Création en voulant qu'elle en soit l'ultime trésor.

Je l'ai créée avec toute la Puissance de Mon Amour. Je lui ai donné une parcelle de Mon Tout, pour qu'elle puisse vivre dans l'absolu de l'Amour. Tout l'Amour que Je Lui ai donné a été bafoué à un point tel, que Je ne Sais pas comment Je Puis encore supporter tout le mal qui règne sur cette Planète.

Je vous demande, vous qui Me priez et qui sollicitez des grâces tous les jours, Je vous demande de mettre un terme à tout ce mal qui sévit et que vous commettez tous les jours. Je vous demande de sauver Ma Création, Je vous demande de vous aimer, de vous respecter et de faire vivre Mon Amour en vous et sur cette Terre. Alors, je reviendrai dans la Gloire pour l'éternité. »

ꕥ

Mardi 20 décembre 2011. Message N° 78 (EMP)

« Je Suis là près de vous si vous voulez Me rencontrer, vous le pouvez, si votre esprit est ouvert à Mon Amour.

Si vous voulez Me rencontrer, Je vous donnerai la clef qui vous permettra de venir vers Moi, pour que Je puisse vous enseigner l'Amour, le Mien, le Vrai, l'Unique, qui vous permettra de conduire vos frères dans l'immensité de Mon amour.

Si, au plus profond de votre âme, vous désirez Me rejoindre, Je vous donnerai la clef qui mène vers Moi ; vous devrez faire savoir que Seul l'Amour M'habite et que Je veux simplement le bonheur de Mes enfants. Tout ce que vous pourrez faire, vous le ferez pour Moi, Celui qui Est et qui Sera pour l'Éternité le Seul, le Vrai Dieu de l'Univers. »

« L'une des choses les plus terrifiantes dans la vie, c'est quand tu réalises que la seule personne qui puisse te sauver, c'est toi- même. » (Demi Lovato)

Mercredi 21 décembre 2011. Message N° 79

« Le temps est venu de régler ce qui doit être réglé et d'assainir les choses, pour repartir sur des bases solides. Cela permettra de reprendre en mains la situation avant qu'elle ne se dégrade, ceci dans l'intérêt de tous, afin de corriger ce qui doit l'être et rendre justice, car telle est la Loi, et nul ne peut s'en démettre, pour devenir libres de toute contrainte.

Il vous faut vous débarrasser du fardeau et du poids des ans pour vous permettre de rejoindre le Chemin qui est le Nôtre, dans la Lumière qui est la Voie de chacun, la liberté d'être, afin d'atteindre la réalisation de soi pour commencer à être sur le Chemin de la Rédemption qui sauvera chacun de vous. De là, vous aurez atteint le but que Nous nous sommes fixé dès le début de la Création, pour la grande Gloire du Père Éternel qui, dans Son Amour Infini, attend le retour de tous Ses enfants dans un même Royaume d'Amour et de Paix, ainsi qu'Il l'a voulu pour chacun d'entre vous.

Gloire soit aujourd'hui et éternellement. Alors, Je reviendrai dans la Gloire pour l'éternité. »

Jeudi 22 décembre 2011. Message N° 80

« Le savez-vous, aujourd'hui, que nul ne vient au Père s'il n'a pas fait le nécessaire pour obtenir le pardon libérateur de tous ses actes ?

Soyez, Mes enfants, les premiers à entendre ces paroles pour prendre conscience que pour venir vers Lui, il faut avant tout se libérer du poids des ans, qui vous a éloignés de Lui. Par cette prise de conscience, vous rectifierez votre façon d'être, et vous comprendrez que seule cette décision vous ramènera vers Lui, votre Père, Qui vous attend dans Sa Demeure, pour la fin des Temps. »

Vendredi 23 décembre 2011. Message N° 81

« Dans l'absolu, tout doit de nouveau prendre la direction qui se doit. Vous savez, dans la vie, il y a des chemins et il est difficile de trouver La Voie, des embûches sont souvent dressées pour affermir la foi et grandir. Il ne faut pas baisser les bras devant les obstacles, car chaque obstacle franchi est une victoire sur l'adversaire qui vous manipule sans que vous en ayez conscience, tout cela pour vous nuire et vous faire prendre une autre direction qui n'est pas celle qui élève.

C'est ainsi que beaucoup de personnes trébuchent et se perdent, et perdent l'espoir en des jours meilleurs : cela s'appelle la descente aux enfers. C'est pourquoi vous devez redonner l'espoir à toutes ces personnes qui ont perdu la foi en elles-mêmes et ne trouvent plus La Voie.

Soyez toujours à l'écoute des souffrances des autres ; avec patience et Amour vous les accompagnerez sur le Chemin de l'espoir en des jours nouveaux. Sachez, Mes enfants, qu'il suffit de trouver les mots justes pour que l'étincelle divine s'allume de nouveau en eux. À vous maintenant de prendre en mains cette mission pour le bien de vos frères. »

Dimanche 25 décembre 2011. Message N° 82

« Par Ma grâce, par Ma miséricorde, par Mon Amour, Je redresserai les nations et Mon Règne n'aura pas de fin. Je Suis l'Unique et le vrai Créateur de cet Univers dont vous ne pouvez même pas imaginer la grandeur. Si vous pouviez remonter le temps et vous souvenir de ce qui était, vous seriez tout de suite transformés en torches vivantes d'Amour infini, telles que vous étiez au commencement.

Par Ma droite, Je chasserai de Mon Royaume la haine, la méchanceté, les fourberies, les mensonges et les escroqueries.

Par Ma gauche, Je recevrai mes enfants désireux d'être débarrassés de tous ces fardeaux que Je viens de nommer.

Si vous prenez conscience que le mal vous détruit, vous comprendrez que seul l'Amour vous libérera du mal.

Tel est Mon message : que l'Amour règne dans le cœur de Mes enfants. Soyez Mes disciples.

Seuls, ceux qui auront pris conscience de l'évidence même que l'Amour seul vaincra le mal, et qui feront l'effort de tout transcender avec un cœur pur où l'Amour règne sans partage, connaîtront une félicité sans barrière, car chacun de vous ouvrira le Temple de Dieu qui est en lui pour accueillir une étincelle d'Amour du Père qu'il déversera sur ses frères ; ainsi tous deviendront les disciples de Celui qui Est pour Sa Gloire Éternelle.

Je Suis Celui par qui arrive la délivrance. Je Suis Celui par qui arrive la rédemption. Je Suis Celui par qui arrive l'unité.

Délivrance, rédemption, unité = Amour inconditionnel. »

Mardi 27 décembre 2011. Message N° 83

« Atteindre la pureté de l'être, c'est avancer sur le Chemin dans l'Amour de l'Incréé et transcender tout ce qui doit être transcendé pour la plus grande Gloire du Père.

Élève-toi jusqu'à Lui et tu percevras le secret de la Vie ; si tu peux prendre conscience que le silence t'élèvera, tu entendras Sa Voix. Elle te guidera pour l'accomplissement de l'évolution de l'être, afin de retrouver l'Unité avec le Père pour Sa plus grande Gloire. »

Mercredi 28 décembre 2011. Message N° 84 (EMP)

« Louise vous devez apprendre ce qui est l'essentiel de la vie, sur le Chemin de l'évolution. Vous devez avant tout vous débarrasser de vos habitudes afin d'alléger le fardeau du poids des ans.

Il faut vous discipliner et changer ce qui vous tire vers le bas, dont vous avez pleinement conscience ; sachez que vous seul(e) pouvez faire le nécessaire pour avancer sur le Chemin, attelez-vous à la tâche qui est la Vôtre. Progressez et servez-Le, tel que vous devez le faire, il n'y a pas d'autre solution, soyez à Mon écoute et Je vous guiderai afin de vous débarrasser des parasites qui vous freinent. Prenez la décision qu'il convient, avancez dans le Chemin intérieur et libérateur de votre âme et de votre esprit.

Vous savez que le mal n'existe pas, c'est vous qui le créez ; à vous d'apprendre qu'il faut le bannir et s'en débarrasser. L'essentiel est devant vos yeux, ouvrez-les, voyez et vous comprendrez. Soyez avec Moi, et Je vous conduirai sur le Chemin de la Rédemption et du sacrifice, ce qui vous permettra d'aider toujours et davantage. Venez Me rejoindre dans l'Amour du Père pour la liberté de l'Infini Jour Libérateur de vos vies.

Soyez les serviteurs et servantes de l'Amour et de l'espoir en un Dieu Unique et Aimant. »

II
Année 2012

« Efforçons-nous toujours d'œuvrer pour la paix entre les nations et dans les nations. La paix entre les êtres et dans les êtres.

Et n'oublions jamais que la première paix à acquérir est celle de l'âme : la paix profonde. »

(Christian Bernard)

Mardi 3 janvier 2012. Message N° 85

« La vie est un bien précieux, il faut faire en sorte de la passer le plus sereinement possible.

Je Sais que le passage sur Terre est un temps d'épreuves, cela permet de grandir et d'avancer. L'important, c'est après la vie terrestre et, pour mener à bien la suite du grand voyage, il vous faut dans cette vie donner le meilleur de vous-mêmes pour accomplir enfin ce pourquoi vous vous êtes incarnés. Alors, faites en sorte de corriger ce qui doit être corrigé puis avancez vers la Lumière qui mène à la Vérité, à l'Infini, vers la liberté, pour la plus grande Gloire du Père.

Je Tiens à faire savoir que celui qui trouve grâce devant Ma Face, est celui qui saura regarder en face sa propre réalité, et ainsi corrigera ce qui doit être corrigé pour pouvoir revenir à la Source, véritable demeure de l'esprit.

Pendant le long Chemin qui mène vers Moi, Je demande simplement que vous fassiez preuve de beaucoup de sagesse et d'humilité envers vos frères qui attendent un peu d'Amour pour réchauffer leur cœur, et ainsi leur redonner espoir en une vie meilleure.

Je vous demande de regarder avec les yeux de l'Amour tous ceux qui souffrent et de les aider à repartir dans la vie ; donner de l'argent c'est bien, donner de l'Amour c'est mieux. Regardez-les, les "vrais", ceux qui souffrent tant dans leur chair que dans leur esprit ! Alors, ranimez la flamme d'Amour qui siège au plus profond de leur âme pour les ramener à la Vie, afin qu'ils puissent vivre dans l'harmonie.

Je vous demande aussi de Me respecter, de respecter les autres et de vous respecter vous-mêmes.

Gloire soit au Père Éternel pour l'éternité. »

« Le pardon est une option du cœur qui va contre l'instinct spontané de rendre le mal pour le mal. » (Jean-Paul II)

Dimanche 8 janvier 2012. Message N° 86

« Dans l'immensité de Mon Amour, Je vous accorde beaucoup de grâces, et nombre d'entre vous ne s'en aperçoivent même pas, pensent tout simplement qu'il devait en être ainsi, et oublient de Me remercier. Mais, comme un Père aimant Ses enfants, Je pardonne et Je donne de nouveau des grâces à ces mêmes enfants.

J'attends d'eux la même miséricorde envers leurs frères, mais ce n'est pas toujours le cas.

Mes enfants, Je vous demande de vivre dans l'Amour : soyez Amour, redonnez l'espoir d'un temps meilleur pour pouvoir vivre dans l'absolu de Mon Amour, afin d'apporter la Lumière sur Terre. Plus elle sera puissante, plus les ténèbres décroîtront.

Créez la Lumière et non les ténèbres, cela est de votre fait. »

« La Vie en elle-même est une toile vide. Elle devient ce que vous peignez dessus. Vous pouvez peindre la misère ou vous pouvez peindre la joie. Cette liberté est votre splendeur. » (Osho)

Mardi 10 janvier 2012. Message N° 87 (EMP)

« Vous devez reprendre certains événements de votre vie, analysez-les et ensuite vous devez modifier ce qu'il y a à modifier. Êtes-vous sûre de vouloir continuer dans la voie que vous avez choisie ? Si c'est le cas, prenez les décisions qui s'imposent et avancez pour Nous servir.

Louise oui, vous devez comprendre qu'il faut avant tout vous décider à prendre conscience des événements qui sont en train d'arriver dans le monde. Vous devrez sensibiliser les gens qui vous entourent, pour qu'ils puissent avoir une meilleure vision de l'état du monde. Dans les meilleurs cas, un revirement de situation peut avoir lieu, si vous vous prenez en charge et que vous changez les comportements qui sont les vôtres. Pensez bien qu'il est temps de modifier tout ce qui est établi, si vous voulez que vos enfants vivent dans un monde de paix et de prospérité. Alors, réagissez vite ! »

❧

Vendredi 13 janvier 2012. Message N° 88

« ◇ Par la Lumière que Je répandrai sur les nations,
◇ Par l'Amour que Je verserai sur les nations,
◇ Par le pardon que je verserai sur les nations,
◇ Par les trois qui ne feront qu'Un, après la rédemption des âmes et des esprits désireux de Me rejoindre dans l'immensité de Mon Amour, Je sauverai les nations, Je sauverai les âmes et Je sauverai les esprits, car Je Suis l'Amour même.

Ils ne feront plus qu'un car, Moi le Créateur de toute vie sur Terre et dans l'Univers.
"Je Veux et, comme Je le Veux, cela sera !"

Tel est Mon Espoir, tel est Mon Désir : réunir tous ceux qui doivent être réunis, comme Je les ai créés au commencement des commencements. Assez joué !!! »

✤

« Toute existence tire sa valeur de la qualité de l'amour : dis-moi quel est ton amour et je te dirai qui tu es. » (Jean-Paul II)

Samedi 14 janvier 2012. Message N° 89

« Tu donneras à Mon cœur tout l'Amour que tu as en toi, afin que Je Puisse te le rendre et y déverser la Force de Mon Amour, pour le salut des hommes.

Sans le sang versé de Mes plaies, nul ne peut être sauvé. Comprends que par ce sang J'ai sauvé l'humanité, mais, aujourd'hui, c'est Mon Amour que Je dois déverser dans l'humanité.

Mon Amour est Rédempteur et sauvera les nations de la folie meurtrière qui va les submerger. C'est pourquoi, Je Mets en Mes disciples tout l'Amour qui est en Moi, afin qu'ils accomplissent ce qui doit être accompli, et ainsi la voie de Mon retour sera ouverte pour M'accueillir dans l'allégresse.

La Lumière qui M'accompagnera et qui éclairera la Terre dans son immensité sauvera les nations ; ainsi Mon peuple et tous Mes enfants seront sauvés.

Il adviendra le Règne de l'ère Messianique, celui de l'Amour et de la Paix. »

✤

Dimanche 15 janvier 2012. Message N° 90 (EMP)

« Louise vous devez porter le message d'espérance en des jours meilleurs et leur annoncer la Bonne Parole.

Ils doivent comprendre que nul n'arrive au Père si l'amour n'est pas présent en eux, pour cela, il leur faut absolument revoir leurs comportements et leurs pensées et modifier tous ces schémas négatifs qui ont fait souffrir.

Ils doivent accorder sincèrement leur pardon à tous ceux qui ont failli, en retour ils obtiendront le Mien.

Il est important de mettre en route ce changement, car les temps à venir sont incertains, qu'ils comprennent bien que l'on peut toujours changer les événements, si du plus profond de leur âme ils le souhaitent, mais les actes doivent suivre pour obtenir le changement et éclaircir l'avenir, pour le bien-être de l'humanité.

À vous de savoir ce que vous voulez. Tout est possible si la Lumière et l'Amour se trouvent en vous. »

✣

« Ces anges me révélèrent toutes choses et me donnèrent l'intelligence de ce que j'avais vu, qui ne devait point avoir lieu dans cette génération, mais dans une génération éloignée, pour le bien des élus. C'est par eux que je pus parler et converser avec celui qui doit quitter un jour sa céleste demeure, Saint et le Tout-Puissant, le Seigneur de ce monde, qui doit fouler un jour le sommet du mont Sinaï, apparaître dans son tabernacle, et se manifester dans toute la force de sa céleste puissance. »
(Enoch)

Vendredi 20 janvier 2012. Message N° 91

« Par la Divine Miséricorde que Je vous accorde en ces temps de grandes difficultés pour l'humanité, dans Ma Miséricorde infinie qui n'aura pas de fin dans l'absolu le plus total, Moi le Seigneur des seigneurs, Je vous demande humblement de prendre en compte Mes paroles et de les appliquer pour que s'accomplisse la Loi. Telle est Ma volonté.

Ce que Je vous demande, est de respecter celui qui est pour Moi le plus grand des Commandements et dont les autres découlent : c'est de vous aimer les uns les autres, au-delà de vos divergences, de vos croyances, et au-delà de votre couleur.

Je vous ai déjà dit que pour être Mon disciple, il faut avant tout aimer le Père plus que tout, et aimer vos frères comme vous-mêmes pour la grande Gloire du Père Éternel.

Il faut que s'accomplisse Mon Commandement suprême, pour que l'humanité soit sauvée et que vienne le Règne de l'Amour afin que Celui qui est l'Amour-même règne dans Sa Gloire pour ne former plus qu'Un, ainsi l'Unité sera.

Si Je vous demande de jour en jour, au fil de Mes messages, de vous aimer, c'est tout simplement pour vous, pour sauver ce qui doit être sauvé, en un mot vous. Mais vous fermez votre porte à tous les appels, vous vous entêtez à ne pas vouloir changer, au nom de l'indifférence que vous avez pour votre prochain, car il n'y a que vous qui comptez. Si vous persistez sur ce chemin, vous laisserez l'humanité s'engloutir et disparaître à tout jamais, tout simplement par égoïsme, par vos idées et vos croyances erronées, alors, prenez le temps de la réflexion et agissez pour vous sauver.

Gloire au Père Éternel vivant en vous. Ne Le laissez pas mourir, aimez-Le, pour Lui rendre ce qu'Il vous a donné. L'homme doit se montrer, sur Terre, un bon disciple du Christ. »

✣

Dimanche 22 janvier 2012. Message N° 92

« Dans la diversité de chaque être humain, qu'il soit de confession différente, de race différente, tous ont en commun qu'ils sont tous Mes enfants et que Je les aime de toute la puissance de Mon Amour ; Je te demande de le faire savoir. Qu'ils prennent bien conscience qu'en chaque être humain siège Mon Royaume, celui-ci se nomme Amour, nul ne peut l'ignorer. Si chacun fait l'effort de Me rencontrer dans le silence et dans la profondeur de son âme, Il trouvera Ma présence, tel est Mon souhait : que chacun fasse ce Chemin et, de là, l'Amour qui est en Moi jaillira des profondeurs de leur âme.

Plus ils seront nombreux à venir vers Moi des quatre coins du monde, plus la Terre illuminera les ténèbres afin de Nous unir, et tous ensemble comme au jour de la Création, Nous rendrons à la terre son jardin d'Éden, pour la plus grande Gloire de Mon Amour Éternel.

Mes enfants, Je vous le dis, Je veux des preux chevaliers pour combattre les ténèbres avec la Toute-Puissance de l'Amour. Prenez conscience de cela et devenez les disciples de Celui que J'ai envoyé sur Terre pour vous sauver, afin de tarir à jamais le sang qui coule de Ses plaies. Si vous L'aimez comme vous le prétendez, montrez- le Lui par cet acte, et cet acte se nomme Amour.

J'attends de voir si vous M'aimez comme Je dois être aimé. Pas de faux-semblants, agissez et combattez avec la seule arme qui sauvera l'humanité, l'arme suprême, celle avec laquelle Je vous ai donné la vie et qui se nomme tout simplement Amour. »

« Vous ne devez pas perdre espoir en l'humanité. L'humanité est un océan : même si quelques gouttes sont souillées, l'océan ne le devient pas. » (Mahatma Gandhi)

Lundi 23 janvier 2012. Message N° 93

« Le Temple de Mon Amour réside en vous puisque Je Suis votre Père, et en tant que Père Créateur Je suis en vous, dans votre âme dont Je Suis l'Esprit qui vivra éternellement.

Je Suis le Père de toute l'humanité, et en tant que Tel vous Me devez allégeance et Amour. Comme vous aimez le père qui vous a fait naître de corps, aimez aussi le Père qui vous a créés.

Vous êtes une partie de Moi et Je siège en vous dans les profondeurs de vos âmes. Celui qui peut venir Me rejoindre est celui qui a trouvé, par ses actes et son Amour envers ses frères, le Chemin qui mène à Moi et celui-ci se nomme Amour, aujourd'hui, demain et éternellement.

Par cet Amour vous pouvez franchir tous les obstacles qui se dressent devant vous, car vous avez découvert le secret de la

Force Absolue qui écarte tout mal, et il ne crée plus lui-même le mal puisqu'il est l'Amour. Les ténèbres seront donc vaincues, pour la plus grande Gloire de Mon Amour. »

✤

« Hais le mal, pas celui qui le fait. Si quelqu'un se montre égoïste, hais l'égoïsme, mais pas la personne. Tu peux y arriver si tu essayes sincèrement. » (Amma)

Mardi 24 janvier 2012. Message N° 94

« La misère est grande de par le monde, et ignorée par une majorité de gens riches et égoïstes.

L'homme ne sait pas ou ne veut pas savoir, et ignore ses frères, pour le pouvoir et l'argent, tout ce qui est éphémère. Cela ne peut plus continuer ! Je ne Peux plus l'accepter, et cela doit cesser avant que Mon courroux ne s'abatte sur vous !

Alors agissez avant qu'il ne soit trop tard ! »

✤

Mercredi 25 janvier 2012. Message N° 95

« Il te faut dire que nul ne vient au Père, si son cœur n'est pas pur, je veux dire qu'il est important de se laver avec l'eau vive de Son Amour, pour se purifier de toutes les souillures accumulées au fil des années.

Il vous demande d'être sincères avec vous-mêmes en toute humilité et de prendre conscience de ce qui doit être.

Changez au plus profond de votre âme, pour qu'elle puisse en toute quiétude commencer le chemin de la renaissance afin d'atteindre le but suprême qui est demandé, c'est-à-dire redevenir comme des enfants dans la pureté originelle et retourner tout simplement dans le monde de votre enfance spirituelle, afin de retrouver le Père, nettoyés de toutes les souillures qu'en tant qu'êtres humains vous avez contractées.

Il est bon que le Père retrouve chacun de ses enfants, tels qu'il les a créés, dans l'Amour qui est le sien, car le Père vous a pardonné, pour sa plus grande gloire. »

« L'union des cœurs et des esprits, c'est une force qui triomphe. » (Délia Tétreault)

Mercredi 25 janvier 2012. Message N° 96

« Seuls ceux qui ont pris conscience de l'évidence même que l'Amour seul aura la victoire sur les forces du mal, et qui font l'effort de tout transcender avec un cœur pur où l'Amour règne sans partage, connaîtront une félicité telle que chacun d'eux ouvrira le Temple de Dieu qui est en lui pour accueillir l'étincelle d'Amour du Père qu'il déversera sur ses frères, devenant ainsi le disciple de Celui qui Est, pour Sa plus grande Gloire.

◇ Je Suis Celui par qui arrive la Délivrance.
◇ Je Suis Celui par qui arrive la Rédemption.
◇ Je Suis Celui par qui arrive l'Unité.
◇ Délivrance, Rédemption, Unité = AMOUR. »

Jeudi 26 janvier 2012. Message N° 97

Partir pour nulle part, est-ce possible ? Nul ne sait où cela commence et où cela finit. Dans la vie, rien n'est là où il doit être et qui sait où ça commence et où ça finit ? Tel est le Chemin, et quel Chemin où personne ne sait où il va, mais il y va ! Comprends-tu ce que je veux dire ?

Si tu es ouverte, tu dois comprendre et je sais que tu as compris ; alors sache le faire comprendre.

Chacun étant libre de ses choix peut à tout moment changer sa trajectoire, donc on ne peut savoir à l'avance ce qu'il va faire ou décider. Il est alors bien prétentieux de vouloir prétendre connaître l'avenir, étant donné que chaque personne peut faire changer les événements si tel est son choix. Voilà pourquoi la plus grande prudence est de mise et peut faire modifier ce qui devait être ; alors il faut aider, guider, faire comprendre et laisser la personne prendre sa décision. »

« Le mot "progrès" n'aura aucun sens tant qu'il y aura des enfants malheureux. » (Albert Einstein)

Mardi 31 janvier 2012. Message N° 98

« Qu'est-il possible de dire, de faire, sans offenser le Père ? Il y a tant de choses néfastes qui Le blessent, Lui qui est l'Amour même !

Mon enfant, chaque être humain a en lui toutes les qualités et tous les défauts ; c'est à lui de faire jaillir en son cœur la source du Bien, en sachant que la source du mal n'est jamais loin ; il lui faut donc corriger ses défauts, et pour cela il doit changer, car c'est par ses défauts que l'homme a créé les embûches qu'il a rencontrées tout au long de sa vie.

Il lui faut donc comprendre qu'il doit nécessairement modifier son comportement pour parvenir à alléger les écueils du chemin, afin de prendre la voie de la sagesse et de la pondération qui va le conduire au Père et, de ce fait, il servira le Cœur du Père.

À toi de savoir, à toi de comprendre et de trouver le Chemin, car tu es libre de tes choix, mais tu dois savoir que seuls l'Amour et la Foi te conduiront vers Lui. »

« Lorsqu'on jette un regard sur la création, une sorte de musique mystérieuse apparaît sous cette géométrie splendide. La nature est une symphonie, tout y est cadence et mesure, et l'on pourrait presque dire que Dieu a fait le monde en vers. » (Victor Hugo)

Mercredi 1er février 2012. Message N° 99

« Par la force de Son Amour, Il a créé d'un souffle l'Univers, d'une perfection inégalée. Il y avait tant de merveilles, qu'Il y a mis l'être avec tout Son Amour, et celui-ci se nomme homme, et partant de là Il a créé l'Humanité. »

❧

Dimanche 5 février 2012. Message N° 100

« Il y a dans la vie des événements liés au passé, qu'il vous faut éliminer pour pouvoir avancer ; nul ne peut grandir sans se libérer des attaches du passé.

Le cas échéant, il est accordé à certains la délivrance au regard de leur propre évolution. Sinon, il vous est demandé de faire le nécessaire pour nettoyer et éliminer toutes les scories qui vous bloquent, et vous empêchent de progresser. Tant que vous serez reliés à votre passé, il vous sera difficile d'avancer. »

❧

« Plus nous aurons donné de sens à notre vie, moins nous éprouverons de regrets à l'instant de la mort. » (Le Dalaï-Lama)

Lundi 6 février 2012. Message N° 101

« Rien n'est utile, tout est surfait sur Terre où l'on se crée des obligations, des besoins, et où l'on oublie de vivre, simplement vivre.

La Terre porte en elle tout ce dont vous avez besoin, elle vous donne tout. Pourquoi vouloir toujours plus, pour vous, sans penser aux autres ? Si seulement vous étiez raisonnables, sans avidités, capables de partager et, de plus, partager ce qui appartient à tout le monde, il n'y aurait aucune famine, aucun manque, chacun de vous aurait le nécessaire pour vivre et prendre le temps de trouver le Chemin de l'évolution, celui qui mène à Moi.

Ô si vous pouviez comprendre cela, que de bonheur pour chacun d'entre vous ! »

« Ma seule affaire, c'est en effet d'aller par les rues pour vous persuader, jeunes et vieux, de ne vous préoccuper ni de votre corps ni de votre fortune aussi passionnément que de votre âme, pour la rendre aussi bonne que possible. » (Platon)

Mercredi 8 février 2012. Message N° 102

« Mon enfant, par le pardon que tu accordes à tous tes frères dans l'Amour et le désintéressement le plus total, tu apportes à toi-même le pardon de tes actes. Nul ne peut oublier que Jésus a pardonné, et Il a demandé le pardon sur la croix à Son Père. Si Lui a été capable de pardonner à tous les pécheurs et même à ceux qui le crucifiaient, comment vous, ne pourriez-vous pas pardonner à ceux qui vous blessent ? Ressemblez à Jésus, et accordez le pardon avec le même Amour que le Sien, pour la plus grande Gloire du Père.

Quand comprendrez-vous que l'ultime arme qui vous sauvera, se nomme Amour ? Je ne cesse de le dire à tous et à toutes, mais Mes paroles sont vaines ; vous entendez, mais vous n'écoutez pas. Je ne vois pas de mise en place des actes qui vous sont demandés, vous parlez, ça oui, mais dans le concret, Je ne vois pas de résultats !

Faites donc l'effort de tout transcender et réveillez-vous à l'Amour, pour votre propre délivrance. C'est pour vous que Je n'arrête pas de dire haut et fort que l'Amour seul vaincra les ténèbres. Alors, à vous maintenant de changer votre cœur pour la délivrance finale de vos âmes et de vos esprits, pour la plus grande Gloire du Père Éternel. »

Montichiari. Lors d'un de nos pèlerinages, il a été remis à l'association *Les 3 roses de mai,* une vierge pèlerine qui depuis 4 ans maintenant circule de domicile en domicile :

« Si on me porte comme pèlerine chez les hommes, je viendrai avec les anges et les saints du ciel et je serai au côté de chacun le protégeant et le bénissant. De même, je bénirai tous les couvents et maisons avec leurs habitants qui m'accueillent avec joie et amour... »

« Accueillez avec joie l'Auguste pèlerine qui vient chez vous pour chercher de l'aide ! Priez ! Priez ! Faites des sacrifices et faites pénitence pour toute la sainte Église, pour toute l'humanité, mais surtout pour mes prêtres et les personnes consacrées... » (Rosa Mystica)

L'ayant récupérée pour la transmettre le lendemain à un de nos pèlerins, ce soir-là j'ai reçu ce message.

Jeudi 9 février 2012. Message N° 103

« Ma fille dans la Lumière de Mon Amour, Moi la Mère de toute l'humanité, Je Suis avant tout la Mère du Fils, et parce que Je Suis la Mère du Fils, Je Suis aussi la Mère de l'humanité.

J'ai été choisie, car Mon Âme est pure et n'a jamais connu le péché. Dieu le Père dans Son immense Amour M'a choisie, et Je Suis devenue l'humble servante du Seigneur : Celui que J'ai porté, auquel J'ai donné la vie, Celui que J'ai tant aimé, Celui que J'ai vu grandir en sagesse, en Amour, Celui que J'ai vu être flagellé, crucifié, Celui pour Qui Mon cœur a versé des larmes de sang. Ô Dieu, que J'ai souffert tous les affres de Mon Amour de Mère ! Si vous saviez Mes douleurs ! Voir sacrifier Son enfant pour les péchés du monde, qui ne tarissent jamais, mais s'amplifient en cruauté !

Je suis aussi Votre Mère, et vous sacrifiez Mon Enfant tous les jours ! Il a tant souffert pour vous, Il est l'Amour même. Il est venu vous donner un message d'espérance en une vie meilleure, qui ne peut s'atteindre que par l'Amour.

Entendez enfin Ses paroles, aimez-vous les uns les autres et séchez Mes larmes de sang. Si vous Me priez, si Je Suis votre mère, si vous M'aimez comme Je vous aime, changez Mes enfants, changez, sauvez-vous, sauvez votre humanité !

Il est Celui par qui le pardon arrive, Il est l'Amour même, Il est Mon Fils, Mon Fils, et Je ne supporte plus de le voir bafoué par ceux qui disent l'aimer ! Ils ne savent même pas ce que veut dire aimer.

L'Amour est bafoué, galvaudé ; chez vous, il n'a plus aucun sens. Il est facile de dire : "j'aime mon frère", mais vous êtes incapables de le prouver, car aucun acte, aucun, ne suit vos paroles.

Aujourd'hui, Je Veux vous le dire haut et fort : arrêtez de Le crucifier, arrêtez de faire couler de Mes yeux des larmes de sang !

J'attends de vous beaucoup plus d'Amour et de compassion pour tous vos frères, pour tous Mes enfants, alors agissez en actes et non en paroles !

Je vous le dis, la parole s'envole tel un oiseau, mais l'acte reste et grandit, et ceux qui le voient peuvent prendre exemple et reproduire le même acte ; puis d'autres suivront et tel un flocon de neige qui, flocon après flocon devient un manteau, tels les actes grandissent pour le bien de tous.

Je vous attends, et Je vous observe avec le plus tendre et miséricordieux Amour qu'une Mère peut avoir envers Ses enfants. »

✤

« Quand le dernier arbre sera abattu, la dernière rivière empoisonnée, le dernier poisson pêché, alors vous découvrirez que l'argent ne se mange pas. » (proverbe amérindien)

Jeudi 9 février 2012. Message N° 104

« Au commencement, J'étais là dans la magnificence de Mon Amour Je vous ai tout donné, mais vous vous êtes perdus. De là, Je vous ai donné l'Être Suprême, Celui qui est l'Amour même pour vous sauver, et vous L'avez sacrifié, comme on sacrifie un agneau, c'est pour cela qu'Il est l'Agneau qui sauve le monde.

Par Son Amour pour vous, sacrifié, Il vous libère du joug de vos propres démons et des ténèbres que vous créez sans cesse, et c'est Son Amour crucifié qui vous sauvera pour l'éternité. Que la multitude des cœurs compatissants s'avance vers l'Éternel et Son Oint pour la grande libération finale de l'humanité sacrifiée, sacrifiée pour le pouvoir, pour l'argent, pour l'ego et la permissivité de certains hommes qui seront à jamais engloutis par les ténèbres, si le repentir sincère de leurs actes ne vient jusqu'à Moi.

Stop... à la souffrance, à la misère, au désespoir !
Stop... à la mort de l'âme et de l'esprit !

Réagissez afin que la Vie reprenne le dessus et que l'Amour règne dans le cœur des hommes pour l'éternité.

Je Suis le Père Éternel et Miséricordieux, J'accorde Mon Pardon à tous ceux qui Me le demandent, à condition que la demande soit sincère, et que l'acte ne se reproduise plus ; ainsi les chaînes du passé seront à jamais brisées. »

✤

Samedi 11 février 2012. Message N° 105

« Dans les vestiges de la vie il y a ceux qui nous prouvent que nous avons bien avancé pas à pas vers le Chemin qui mène à Celui qui Est.

Pour cela, il vous a été donné de cheminer dans l'Amour et l'Humilité. Bien sûr cela n'a pas été toujours facile, et beaucoup d'écueils se sont trouvés sur le Chemin, mais la foi inébranlable en vous, a contourné tous les obstacles et cela vous a permis d'être ce que vous êtes aujourd'hui ; continuez votre progression dans l'Amour et l'Humilité pour être sur la Voie de Celui qui Est. »

✤

« *Le vrai courage est parfois celui de choisir.* » (auteur inconnu)

Dimanche 12 février 2012. Message N° 106

« L'homme doit avant tout respecter l'homme. Chacun doit prendre conscience de l'importance de chaque être humain et qu'il doit être libre de ses choix, quels qu'ils soient. Chacun doit suivre son chemin et faire ses expériences selon ses désirs, l'important pour lui est de se réaliser.

Il lui faudra découvrir par lui-même ses propres manques et de là, il devra faire la différence entre ce qui lui a permis d'évoluer, et ce qui l'a fait régresser, ou bien ce qui freine sa propre vie. Quand il en aura compris la raison, il fera le choix ultime qui l'engagera, soit sur le chemin de la Lumière, soit sur celui de l'obscurité ; l'important c'est que lui seul ait fait son choix.

Mais, bien des rencontres sur les différents chemins lui permettront, soit d'avancer plus en avant vers la Lumière, soit de prendre conscience que le chemin qu'il a pris n'est pas celui qui lui convient et, fort de cela, il prendra le chemin inverse pour revenir vers la Lumière, car le Père veut sauver tous Ses enfants pour qu'ils puissent revenir vers l'Amour et la Lumière resplendissante de l'Unité Suprême pour l'éternité. »

❦

Dimanche 12 février 2012. Message N° 107

« Dans la vie, il faut savoir où est l'essentiel, et à partir de là organiser votre vie de telle manière que vous restiez sur le Chemin ; ce Chemin vous ouvrira les portes de votre évolution. Vous pourrez y avancer avec l'aide de la Toute-Puissance Divine qui vous accompagnera vers l'ultime but, et vous pourrez y rencontrer l'Amour même. De là, votre vie sera dans la Lumière malgré tous les aléas qui vous entoureront.

Sa présence en vous consciente, vous ouvrira la septième Porte, celle de la béatitude dans la Gloire de Son Amour pour les siècles à venir, dans l'Unité des Trois qui forment l'Unité Suprême d'où tout découle et d'où nous sommes issus.

Le retour dans la Maison du Père est la dernière étape à franchir, et elle ne se fait que dans la conscience du Fils qui nous conduit au Père. »

Lundi 13 février 2012. Message N° 108

« Entends-tu ce cri qui vient de l'invisible, entends-tu ? *"Aidemoi à sortir de l'obscurité pour trouver la Lumière."*

Il te faut aider les âmes à revenir vers la Lumière Divine, afin de les libérer du joug des ténèbres. Les hommes se détruisent et perdent leur âme, et ne se rendent même pas compte que le prince des ténèbres les fait plonger de plus en plus dans l'obscurité.

Les temps à venir vont être difficiles. Il te faut donc faire entendre la Parole Vivante de l'Amour même, afin de freiner cette descente aux enfers inconsciente, tout cela par peur de perdre tout ce que vous possédez sur Terre, et qui pourtant vous fait vivre une misérable vie, faite de mensonges, d'escroqueries, d'argent et de pouvoir.

Tout cela vous semble tellement plus simple, plutôt que de faire l'effort de modifier ne serait-ce qu'un peu votre comportement. Et pourtant il est facile de modifier peu à peu ses comportements ! Si vous le faites jour après jour, ce sera comme un flocon de neige qui, petit à petit, fait un manteau blanc ; alors changement après petit changement, la Lumière commencera à éclairer votre Chemin.

Il te faut le leur faire comprendre pour le salut de leurs âmes, et pour que l'humanité puisse se ressaisir et se sauver. »

Message reçu en présence de la statue de la vierge pèlerine Rosa Mystica.

Mardi 14 février 2012. Message N° 109

« Je vais de maison en maison pour rappeler la misère qu'a vécue mon fils, malgré tout peu d'entre vous avez conscience de ce qu'il a vécu, et de ce qu'il fait aujourd'hui à cause de vous.

Reprenez-vous mes enfants, car il est temps.

Plus vous vibrerez dans cette énergie d'Amour, plus vous permettrez à l'homme d'avancer sur le chemin de l'éternel salut qui vous mènera à l'ère messianique celle de la paix et de l'Amour, plus de haine, de discorde, de guerre. Seulement de l'Amour, de la tolérance ; imaginez un seul instant ce paradis qui, un jour verra le jour sur cette terre.

Commencez mes enfants, posez ces pierres qui fermeront la porte à toute cette souffrance, que l'humanité vive enfin dans ce monde de paix et d'Amour. »

« Tous les jours, Dieu s'installe sur le trône de la justice pour juger le monde. Mais quand il s'aperçoit que le monde mériterait tout à fait d'être détruit, il abandonne alors ce trône pour aller s'asseoir sur celui de la Miséricorde. » (Le Talmud)

Mardi 14 février 2012. Message N° 110 (EMP)

« Par Ma Miséricorde, Je vous apprendrai ce que vous devez savoir pour aider les personnes qui viendront vers vous, cela Je le ferai dans un but bien précis.

Il vous faudra savoir reconnaître ceux qui ont spécialement besoin d'une aide particulière pour les ramener vers Moi. Je serai toujours près de vous, tant que l'Amour et l'Humilité régneront dans vos cœurs.

Ces personnes sont sur le Chemin de l'Amour, il leur manque

simplement de rencontrer la personne capable de parler avec un cœur débordant d'Amour, simplement, sans artifice. Chaque parole emplie de lumière qui sortira de votre bouche portera vers ces personnes la parole de Mon Amour, et cette parole touchera leur cœur qui s'ouvrira pour M'accueillir dans la joie, l'Amour et l'allégresse, et Mon Coeur Infini les recevra avec toute la tendresse qui est en Moi. »

✤

Mercredi 15 février 2012. Message N° 111 (EMP)

« Vous devez démontrer et faire comprendre que tout passe par la puissance de la Foi, qui est au plus profond de vos âmes. Rien ne sert de prier, invoquer et demander, il ne sert à rien de faire semblant ; si vous Me servez, il vous faut avoir en vous l'Amour, l'Humilité, le Pardon, sinon la foi n'y est pas. »

✤

Mercredi 22 février 2012. Message N° 112

« Dieu seul a tout pouvoir et Lui seul accorde les grâces et les dons, car Lui seul connaît chaque âme. Lui, on ne peut Le tromper. »

✤

Samedi 25 février 2012. Message N° 113

« Tu sais Mon enfant, que le temps est venu de faire prendre conscience à ceux qui viennent vers toi, qu'il reste peu de temps avant l'assaut final des forces du mal. Tu dois le leur faire savoir, Je te le demande, car tu es la servante de Mon Fils. Il faut, et cela devient impératif, qu'ils arrêtent de se fermer, et de refuser d'entendre ce que Je te demande de leur enseigner.

Ne comprennent-ils pas la grâce qui leur est accordée de se sauver, s'ils entendent et mettent en pratique ce qui leur est demandé ? Est-il si difficile d'aimer et de pardonner ? Arrêtez Mes enfants d'être sourds et aveugles, arrêtez de vous éloigner de Moi. Vous priez, mais votre cœur est fermé ; ouvrez votre cœur à l'Amour, c'est par l'Amour que vous viendrez à Moi, car les prières sans Amour sont pour Moi, lettres mortes.

Je vous accorde qu'il vous est difficile de tout changer, vous êtes englués dans votre vie matérielle, votre petit moi, et vous oubliez l'essentiel de la vie ; si on vous interpelle vous ne faites que rejeter, cela vous dérange-t-il tant de vous ouvrir à l'Amour, aux autres ? Mettez de la Lumière en vous et autour de vous ; plus il y aura de la Lumière, plus les forces du mal s'éloigneront de vous, car là où est l'Amour se trouve le Père.

Par la Puissance de Sa Miséricorde, Lui le Père Notre Dieu attend de vous le changement, ce changement tant attendu qui amènera Sa Clémence aux peuples de la Terre. Alors, ne tardez pas. Si vous L'aimez comme vous le prétendez agissez, afin que Mon Fils se réjouisse, et que Mes larmes cessent. »

« Être toujours et partout comme le Sourire et la lumière de Dieu. » (Saint Pio)

Samedi 25 février 2012. Message N° 114 (EMP)

« Par la grâce de la Divine Providence, Mes enfants, vous pourrez apporter la Paix et la guérison chez vos frères qui le désireront du plus profond de leur âme, car beaucoup demandent, mais, au fond d'eux, refusent la délivrance.

Vous verrez venir vers vous beaucoup de vos frères, sachez voir en chacun d'eux Mon Fils ; vous les servirez avec le même Amour, et c'est par cet Amour que vous sera donné pour eux ce que vous demanderez. Tant que l'Amour sera en vous, il vous sera accordé pour vos frères sincères, leur délivrance.

Soyez Mes enfants les serviteurs du Seigneur, restez humbles, n'oubliez pas les 3 roses : Amour, Charité et Humilité. Que cela soit pour vous le porte-étendard de votre foi, et ne l'abandonnez jamais, car cela vous lie à Moi.

Que la Paix soit dans vos cœurs. »

❦

Dimanche 26 février 2012. Message N° 115

« Liberté, liberté pour le peuple de Dieu !

Je Suis Celui par Qui arrive la Rédemption. Chaque être humain est libre de ses choix, nul ne peut lui imposer sa volonté.

J'ai fait l'homme à Mon image et comme Je Suis libre, il l'est aussi ; nul ne peut le juger, car pour juger il faut être parfait, et nul n'est parfait.

Respectez-vous, aimez-vous, acceptez la différence, sachez donner, sachez aider, sans contrepartie. Que tout ce que vous faites soit fait dans un seul but, un seul désir, un seul mot : Amour. »

❦

Dimanche 4 mars 2012. Message N° 116

« Si la Loi est le Verbe qu'Il a créé, le Verbe s'étant fait chair, la Loi est la parole vivante dont tout découle. Mais cette Loi n'est pas celle des hommes et elle ne doit pas être transgressée.

Seulement, l'homme ne connaît pas la Loi de Dieu, il ne connaît que la sienne et ne connaissant pas la véritable Loi, il commet beaucoup d'erreurs aux conséquences dramatiques pour l'humanité. Seule la conscience qui s'ouvrira à l'Amour connaîtra la véritable Loi, afin de permettre à l'humanité de sortir de l'obscurité dont elle est prisonnière.

Ouvrez-vous à la Lumière de l'Amour, donc à la Loi, cela dans le but suprême de la connexion avec le Divin ; cette connexion permettra à celui qui a atteint ce degré d'Amour d'avoir la Connaissance, dans le seul but de la transmettre pour apporter l'ouverture à une autre dimension, afin que les hommes puissent enfin prendre conscience que tout est un Tout et que nous sommes unis au Père. »

ꕥ

« Ce n'est pas en regardant la lumière qu'on devient lumineux, mais en plongeant dans son obscurité. Mais ce travail est souvent désagréable, donc impopulaire. » (Carl Gustav Jung)

Mercredi 7 mars 2012. Message N° 117

« Par l'Amour qui est le Mien, Celui qui a façonné l'Univers, tout a été créé pour chanter Ma Gloire. Du lever au coucher, Je Suis Présent et Vivant en vous.

Alors interpellez-Moi et demandez-Moi, et si votre cœur est ouvert au Mien, vous M'entendrez.

Faites le Chemin qui mène jusqu'à Moi, et vous comprendrez ce qu'est la Magnificence de Dieu. Votre vie sera différente, vous sentirez tout le temps Ma Présence et Je vous conduirai sur le Chemin de la Béatitude Éternelle.

Pourquoi Mes enfants ? Pourquoi ne comprenez-vous pas ? Pourquoi souffrir, alors qu'il vous suffit de venir à Ma Rencontre pour tout transcender et vivre dans la Béatitude de Mon Amour ? »

ꕥ

Lundi 19 mars 2012. Message N° 118

« Mon enfant, les hommes sont de plus en plus dans le nonsens. Ils commettent de plus en plus d'exactions, et bien souvent se servent de Mon Nom pour accomplir des actes de plus en plus cruels.

Comment peuvent-ils continuer ces actions dans un monde dit "évolué", où les connaissances sont de plus en plus avancées ?

Comment ne prennent-ils pas conscience que le mal seul peut leur faire accomplir tant de méfaits ? Ne savent-ils pas que Je ne peux plus supporter de voir ce qui s'accomplit sur Terre ?

Réveillez-vous et prenez conscience qu'il ne faut plus tarder, le changement c'est maintenant, n'attendez pas qu'il soit trop tard, attention au point de non-retour ! »

✤

Balestrino. Mont de la Croix, lieu d'apparition de la Vierge Marie où je m'étais rendue avec des amis.

Samedi 24 mars 2012. Message N° 119

« Que de mirages, que d'illusions dans vos esprits ! Revenez dans la réalité, posez-vous simplement sans faux-semblants ; redevenez des petits enfants comme vous l'étiez au commencement, dépourvus d'ambition, d'égoïsme, de peur, de jalousie, d'ego et d'envie. Redevenez des petits enfants, repartez de zéro, et venez vers Moi dépouillés et purs et Je vous habillerai de bonté, de charité, d'humilité, de compassion, tout simplement d'Amour, pour que s'accomplisse ce que Mon Fils est venu vous enseigner, et Son Règne n'aura pas de fin.

Soyez, Mes enfants, de tous les combats pour que triomphe Son Amour, mais faites-le dans le discernement, dans la sagesse et dans le respect de l'autre, des autres. Il est venu le temps de la libération du Bien, il faut combattre pour éradiquer le mal pour la plus grande de Gloire de Mon Fils.

Si vous saviez simplement ce que veut dire le mot Amour ! Si vous le sentez en vous, c'est que vous avez réveillé cette part de Dieu qui est dans chacun de vous. Alors vous comprendrez où se trouve l'essentiel de la vie, et votre vie prendra un autre sens, une nouvelle voie, celle de Celui qui Est. Maintenant, à partir d'aujourd'hui, faites l'effort d'analyser votre vie et commencez à mettre en place le changement nécessaire pour trouver la Présence de Dieu en vous. »

✤

« Je veux faire de l'Amour et de la Bonté la base de la vie humaine ! Je veux ouvrir grande la porte du monde à l'Amour Divin, au Calme et au Bonheur pour toutes les âmes ardentes. » (Pythagore)

Dimanche 25 mars 2012. Message N° 120

« Par la grande mansuétude que Je vous octroie Moi le Seigneur des seigneurs, Je vous demande de prendre en considération les paroles suivantes qui, si elles sont mises en application, vous permettront de prendre le Chemin de Ma Demeure, et de Me retrouver dans le plus profond de votre être, là où siègent votre âme et votre esprit qui sont le lien indéfectible entre vous et Moi.

À qui Me le demande avec sincérité, J'accorde le Pardon ; celui-ci ne sera effectif que si vous êtes capables de pardonner avec sincérité. Je ne ferai que ce que vous, vous êtes capables de faire ; que ces paroles atteignent votre cœur et que votre esprit en prenne bien note. Ces paroles sont valables pour tous les péchés pour lesquels vous Me demandez la grâce de vous pardonner, et il n'y a pas que ce que vous, vous considérez comme des péchés, qui sont des péchés ; il y en a bien d'autres que vous ne voyez même pas !

◇ Le manque d'Amour envers tous Mes enfants.

◇ Les paroles blessantes et injurieuses envers les plus faibles.

Mais comme vous êtes "courageux", vous évitez ceux que vous jugez plus forts que vous, alors que bien souvent ils sont plus faibles ; en blessant les plus faibles vous blessez ceux qui sont dans l'Amour, et ils vous le prouvent par leur comportement empli de sagesse, mais votre cœur est fermé !

Arrêtez les mensonges, arrêtez les rumeurs qui font du tort à vos frères. Au contraire, apaisez-les. À ceux qui vous le disent et qui vous induisent en erreur, faites comprendre qu'ils doivent cesser et faire attention, car cela peut amener de grands préjudices à ceux que vous critiquez.

Il faudra Me rendre compte de tous vos actes, de toutes vos paroles. Alors Je vous demande de changer, et de redevenir des petits-enfants pour Ma plus grande Gloire. »

Lundi 2 avril 2012. Message N° 121

« La Lumière est éternelle, elle luit dans le firmament, rien ne peut l'éteindre, elle est la Lumière du Père qui éclaire les Univers. Du plus profond des ténèbres, sa lueur est présente, ce qui est l'espoir de la Rédemption.

Je ne peux laisser détruire ce que J'ai créé, par des hommes que J'ai créés et qui ne sont que poussière !

Homme, si tu crois être Mon égal, tu te trompes, car rien ne peut M'égaler, et si l'homme prétend l'être, il se ment à lui-même, car il n'est rien d'autre, et bien mal lui a pris d'y croire, aucun homme ne peut M'égaler. Seul, celui qui est dans l'Amour s'approche de Moi. Mais lui, il sait qu'il n'est qu'un homme, un simple homme, sinon il ne peut venir vers Moi.

◇ Je suis Celui par qui tout arrive.
◇ Je suis celui qui Est.
◇ Je suis Celui qui ne peut être égalé.

Redevenez humbles Mes enfants, et vous serez dignes de laver Ses pieds. »

Mercredi 11 avril 2012. Message N° 122

« Maintenant que vous avez écouté Ma Parole, il Me faut vous faire savoir que nul ne vient à Moi si son cœur ne contient pas l'Amour que J'ai mis en lui le jour de sa création. N'oubliez pas que vous êtes tous Mes enfants et que Je vous ai tous créés avec le même Amour.

Beaucoup de ceux qui se disent être Mes serviteurs sont de mauvais serviteurs ; au lieu d'enseigner l'Amour ils enseignent la haine. Je vois chaque jour mourir un grand nombre de Mes enfants, pour le pouvoir de ceux qui se disent Mes serviteurs. Ô Ma fille, que de souffrances on a infligées à Mes enfants au long des siècles, tout cela pour le pouvoir, l'argent et, le pire, tout cela en

Mon Nom, Moi qui Suis l'Amour même. Que de fous qui pensent Me servir ! Tout cela pour asservir leurs frères !

Ma colère est grande, comment peut-on penser que cela vient de Moi ! Je vous aime, Je Suis votre Père, et vous faites de Moi un bourreau ! Alors que je suis l'Amour même, Je Suis la Vie et Je vous attends dans la véritable Église, celle où la Vie se trouve à l'intérieur.

Je vous le dis, écoutez Ma Parole, aimez-vous et aimez-Moi, respectez-vous et respectez-Moi. »

Samedi 5 mai 2012. Message N° 123

« Par-delà le Chemin, il y a la Vie, celle dont rêvent les hommes. Dans la nuit l'obscurité luit, l'homme ne voit pas la Lumière. Le chemin que parcourt l'homme est le chemin de la nuit ; il ne voit pas la Lumière et de là, il court à sa perte.

Il faut qu'il comprenne que tant qu'il ne sortira pas de la nuit, il ne pourra pas atteindre la Lumière. Il te faut donc les aider, afin qu'ils trouvent la Lumière qui mène vers le Père.

Dans la multitude et la diversité des êtres humains un lien nous unit : Ils sont tous divins, car ils sont unis à Moi par l'esprit. »

Mercredi 30 mai 2012. Message N° 124 (EMP)

Ce message s'adresse à tous ceux ou celles qui désirent prendre le chemin qui mène à Lui.

« Dans l'Amour de Dieu et seulement dans Son Amour, je Le servirai aujourd'hui et toujours.

Par delà la route Je me trouve. Si tel est votre désir, prenez ce Chemin et venez Me rejoindre. Par la grâce Divine que Je vous accorderai, tout vous sera donné pour le bien-être de Ma Création. Vous devrez avancer jusqu'à Moi, et là vous Me rencontrerez.

“Par le Tout-Puissant que j’invoque aujourd’hui, à Qui je demande la grâce de pardonner tous mes péchés pour que l’Amour seul régisse ma vie, j’accepte aujourd’hui de Te servir, Toi le Seigneur des seigneurs, Unique Créateur de l’Univers.”

“Par ces mots, sois le serviteur, la servante de Celui qui Est, et ranime en toi la flamme d’Amour pour Lui.”

“Mets en moi Seigneur la flamme de Ton Amour, et fais éclore la flamme de mon Amour qui siège au plus profond de mon âme ; que ces deux flammes se rejoignent pour ne plus en former qu’une, afin que l’Amour de cette unique flamme puisse rejoindre les âmes de tous ceux qui veulent faire jaillir en eux les flammes enfin réunies qui se trouvent enfouies au plus profond de leur être.”

Plus vous serez nombreux, plus la Lumière éclairera le monde agonisant. Seigneur, que la puissance de Ton Amour m’inonde tout entier, tout entière et que Ton Amour se reflète au-delà même de ma personne. Je suis le serviteur, la servante du Seigneur des seigneurs, Seul Créateur de l’Univers. »

Lundi 4 juin 2012. Message N° 125

« Par l’Unité des Trois qui forment l’Un, le monde sera sauvé, après la prise de conscience que seule compte la Vie Éternelle. Tout sera vaincu et la paix sera dans le coeur des hommes.

Mais avant, que de souffrances, que d’injustices avant le grand cataclysme qui sauvera l’homme de lui-même, incrédules que vous êtes !

Quand comprendrez-vous que sur Terre tout est éphémère, et que vous n’êtes que de passage, pour grandir ?

Au lieu de cela, vous vous détruisez, vous mettez des freins à votre évolution.

Si vous n’amorcez pas le virage nécessaire, le mal dominera ; mais si vous ouvrez vos yeux au-delà de la Lumière vous Me verrez et, de vous-mêmes, vous vous sauverez.

Le temps est venu de prendre le Chemin de la Libération qui vous conduira vers le Mien. Venez à Ma rencontre et vous trouverez l'énergie nécessaire qui vous permettra de combattre, avec l'Amour que J'ai mis dans vos cœurs.

Ranimez cette flamme, elle est l'arme de la victoire ; prenez donc la voie de l'Amour, du respect et de la joie, alors on se rencontrera ; sinon, si le changement ne vient pas de vous, il viendra de Moi, dans un grand fracas, et alors que d'effroi !

N'attendez plus ! Je vous attends, Mes enfants. »

⁂

Jeudi 7 juin 2012. Message N° 126 (EMP)

« Le jour bénit qui verra l'ère de la paix, de l'humilité, en ce jour béni, Dieu aura atteint le but suprême qu'Il a bien voulu pour Sa création ; l'homme, l'âme, l'esprit dans son unité divine.

Le libre arbitre est un passage obligatoire et c'est un cadeau d'amour de notre Père, Dieu est grand et Sa Divinité éternelle.

Par cela, vous avez le libre arbitre, mais n'oubliez pas votre discernement, le discernement vous permettra de ne pas vous laisser induire en erreur. Je sais que votre foi est grande et comme vous le savez le divin Père est près de vous. »

⁂

Mardi 26 juin 2012. Message N° 127

« Il y a dans l'Univers bien des choses que vous ignorez, et que vos savants ne peuvent pas savoir. Il est accordé à certains d'entre vous la “Connaissance”, mais pas celle que vous connaissez par les études, celle-ci vient du plus profond de votre âme où elle est enfouie depuis votre création.

Vous pourriez, si tel était votre désir profond, effectuer ce retour à la mémoire originelle, mais vos peurs et votre manque de volonté qui viennent de vos doutes, freinent ce retour. Pourtant, bien des sages vous ont ouvert la Voie, l'Amour inconditionnel pour tout ce qui vit, l'Humilité.

Vous n'êtes rien qu'une énergie parmi l'Énergie, qui doit s'ouvrir, afin de La retrouver et retourner au Principe même de la Création.

Dans les temps anciens, au-delà de vos connaissances, tout était Énergie et par elle tout a été créé dans l'harmonie la plus parfaite. Mais, au cours de l'évolution de l'homme, elle a été détournée du principe même qui était le sien, et cela s'est aggravé au fur et à mesure de l'évolution, par la perte même du Principe, de l'abandon de l'Amour et de l'Humilité, seuls garants de la Lumière de l'Énergie Suprême Créatrice de votre Univers, selon le Principe même qui est le Créateur, le Tout dont la Création fait partie.

Comme Je te l'ai déjà montré, l'Énergie était concentrée en une immense sphère et d'une Intelligence telle que vous ne pouvez même pas la concevoir.

Tout a été créé et une partie de cette Énergie s'est dispersée pour habiter dans l'Univers, et participer à ce Grand Événement. Tout être vivant, en partant du plus petit : minéral, végétal, animal et humain a en lui une étincelle de cette Énergie.

C'est pour cela que tout est lié et forme un Tout qui ne doit pas être séparé, afin d'éviter un déséquilibre qui mettrait en danger le principe même de l'équilibre et déstabiliserait la Création elle-même et la conduirait à sa fin.

Nul ne peut ignorer cela, car tout est en vous et depuis le commencement, qui était l'Alpha, et qui devait durer ainsi tant que la Lumière éclairait l'Univers.

Vous avez vous-mêmes créé la fin, l'Oméga, par l'obscurité que vous y avez amenée par la perte de l'Amour et de l'Humilité.

Vous avez créé l'envie, l'ego, le pouvoir et, le pire, la domination sur l'autre, le privant ainsi du principe même de la liberté.

Dans les temps à venir qui s'assombrissent, il vous est demandé de revoir vos comportements et de modifier tous les fonctionnements qui mènent à la fin même de ce qui est.

Chaque fois qu'une espèce meurt, c'est de l'énergie qui disparaît et qui affaiblit ce qui continue d'exister.

Alors réalisez que vous êtes les maîtres d'oeuvre de votre propre destinée, il vous faut en avoir conscience. Bien des êtres d'une Énergie Divine consciente sont venus vous prévenir et vous montrer le Chemin qui doit vous ramener à Lui, le Principe même dont vous faites tous partie, que vous nommez Dieu, la Force Centrale qui est la Puissance même d'où coule la Puissante Énergie de Lumière d'Amour qui a tout créé.

Par cette puissance même, Il est Celui qui est la Réalité Vivante et Seul Véritable Être Suprême, Maître Absolu, Noyau Central que nous devons rejoindre pour former de nouveau l'Unité Suprême.

Pour cela de nouveau, il vous faut prendre conscience du grand changement qui doit s'opérer en chacun de vous. Allez chercher au plus profond de vous-mêmes, là où siège Son Étincelle Divine, Sa Réalité, Sa Vérité, et tout sera unifié pour l'éternité. »

ꕥ

« À travers ce long voyage à la découverte de soi, certains courent rapidement. D'autres marchent tranquillement. D'autres encore rampent péniblement. Mais un jour ou l'autre, tous arriveront au bout du sentier. » (proverbe chinois)

Samedi 30 juin 2012. Message N° 128 (EMP)

« L'heure du grand Chemin est arrivée, êtes-vous prêts à le suivre, ce Chemin d'Amour et de Vérité ?

Mes enfants venez à moi. Par-delà les chemins se trouve le Mien, Unique Voie qui mène à Celui qui Est.

Prendre cette décision implique pour vous certains renoncements qu'il vous faudra accepter, pour mener à bien la mission que vous avez choisie, et qui apportera de l'aide à tous ceux qui seront sur le Chemin de l'Éveil de la conscience humaine. »

ꕥ

Samedi 30 juin 2012. Message N° 129 (EMP)

« Soyez, vous tous Ses enfants les messagers de Son Amour et de Sa Lumière, que Sa Miséricorde soit la lumière qui vous guide vers l'espace Divin où règne l'Amour de l'Être Suprême, le Miséricordieux, Celui qui est l'Amour Éternel.

Que tous vos actes envers vos frères et sœurs soient faits avec amour, compassion et humilité sans attendre quoi que ce soit en retour. Vous réjouirez le cœur de Dieu qui déborde d'Amour pour tous ses enfants.

Délivrez-leur ce message :

◇ Il vous faut prier pour la guérison de votre corps, de votre âme et de votre esprit, cela vous permettra de prendre le chemin qui mène à l'Amour du Père, ainsi vous vivrez en harmonie avec vous-mêmes : Là, vous trouverez la guérison.

◇ Demandez de vous accorder le discernement qui vous mènera à la réconciliation et la paix avec tous vos frères et sœurs : là, la sagesse vous habitera.

◇ Demandez que du plus profond de votre âme là où siège le temple de Dieu, là où réside l'Amour même, qu'il inonde de Sa Lumière tout votre être : là, l'amour rayonnera en vous.

Soyez dans l'énergie conductrice qui vous fera parcourir le chemin, pour accomplir ce qui doit être par la volonté de Celui qui Est. Par ce chemin vous réaliserez la puissance de l'esprit. Celui qui veut, peut. Alors, faites-le, car en vous se trouve la clé, confiance en Lui confiance en vous. Comprenez enfin, que seul l'Amour véritable véhiculé par vos pensées positives, par vos actions désintéressées et par le respect de tout ce qui vit, tout est un Tout, Dieu est en toutes choses, il est partout. Alors, prenez conscience de cela et votre vie changera, vous serez un disciple de celui qui Est, vous n'aurez de cesse de le servir et vous l'honorerez Lui et toute sa création. Afin que règne le royaume de Dieu :

AMOUR, LUMIÈRE, PAIX, VÉRITÉ.

Que ces quatre mots trouvent leur sens véritable, qu'ils raisonnent dans tout l'univers pour l'éternité.
Que dans votre cœur brûle l'Amour pour toute la Création, afin de tendre au divin, vers Dieu. »

❧

« Nous ne sommes pas sur cette terre pour filtrer des boissons et faire cuire des aliments, mais pour contribuer au perfectionnement de notre âme. » (Sénèque)

Lundi 2 juillet 2012. Message N° 130 (EMP)

« Vous pouvez, si vous le désirez, accomplir la tâche qui vous permettra la libération des âmes, il est important que vous fassiez comprendre la puissance du mot Amour !
Amour libérateur de l'humanité ! Que croyez-vous, qu'il soit simple de se faire croire à soi-même que vous êtes dans l'Amour ?
Ne vous leurrez pas, prenez bien conscience de votre réalité, laissez tomber les masques que vous vous êtes créés et redevenez vous-mêmes. Vivez pour vous et non pour les autres ; que votre nature profonde éclose en vous ; devenez comme les enfants que vous étiez avant de mettre les masques qui ont tué l'enfant que vous étiez. »

❧

Mardi 7 août 2012. Message N° 131

« Penses-tu que tu peux révolutionner le monde ? Crois-tu que cela puisse être possible ? Depuis les temps anciens, nombre de disciples sont venus pour apporter la Lumière, certains les ont entendus, mais bon nombre d'entre eux n'ont pu exprimer ce qui leur a été enseigné.

Aujourd'hui la libération de la parole existe chez vous, vous pouvez encore vous exprimer. C'est pour cela qu'il t'est demandé de prendre conscience de l'importance de te mettre en relation avec Nous, ce qui est essentiel.

Il faut que tu puisses diffuser à un grand nombre de tes frères et sœurs ce que tu vas recevoir, cela est très important, afin qu'il y ait une prise de conscience. Cette prise de conscience doit se faire avant l'ultime événement qui doit arriver et qui remettra en question tout ce qui est établi.

Prends bien conscience qu'il te faut Nous consacrer du temps, tu dois Nous servir, tel est le but ultime de ton incarnation. Mets-toi en marche et sers Celui qui Est, dans l'Amour et l'humilité, ne l'oublie jamais, que cela soit dans ton esprit. Tu pourras atteindre le but et Nous servir. Sois avec Nous, sois Amour.

Tu auras la force et le courage pour affronter les détracteurs, qui seront nombreux, cela tu le sais. Cette fois, mène à bien ta mission, Nous sommes là avec toi pour t'accompagner sur ce Chemin de Délivrance et de Lumière.

Gloire et Lumière à l'Éternel ton Dieu. Aime au-delà de tes possibilités pour combattre pour la victoire du Bien. Amen ! »

Vendredi 10 août 2012. Message N° 132

« L'Univers entier est Ma Création. Si vous étiez capables de comprendre la puissance de l'énergie d'Amour, nul doute que cela serait pour vous une évidence. Au-delà de votre galaxie se trouvent d'autres galaxies, mais vous êtes le peuple le plus primaire. Tant que l'homme tuera l'homme, tant que l'homme tuera l'animal pour le plaisir et non pour se nourrir, votre évolution restera primaire.

Pour sortir de ce monde, seul l'Amour vous y amènera, sachez le comprendre et surtout l'entendre et le faire entendre afin que cela soit mis en pratique. Bien des personnes ont pris conscience que les actes gratuits ne servent à rien, pire ils vous freinent.

Si seulement vous étiez capables de comprendre que pour atteindre la félicité, il vous faut changer et mettre l'Amour sur cette Terre que vous êtes en train de détruire dans le seul but du profit. Révoltez-vous, mais agissez pacifiquement ; nulle violence ne vous est demandée. L'Amour est l'arme qui doit vaincre et elle seule sera victorieuse.

Faites-le entendre et redevenez ce que vous êtes, des êtres de Lumière et d'Amour, revenez à la Maison dans la Lumière resplendissante De Son Amour. »

Dimanche 12 août 2012. Message N° 133

« De tout temps l'homme a voulu ressembler à Dieu, mais le chemin qu'il a pris n'est pas celui de Dieu.

L'homme ayant oublié qu'il est d'essence divine, a cru qu'il était important de posséder, mais posséder quoi, puisqu'en lui se trouve la seule et unique chose qu'il possède : sa divinité !

Mais de cela, il n'a plus conscience ; alors il a cherché ce qu'il possède, mais ne l'a pas trouvé. La route fut longue, le chemin tortueux pour nombre d'entre eux, et le mal fut créé.

Il y a parmi vous des êtres conscients de leur divinité qui essaient de vous faire prendre conscience que la Force d'Amour qui est en vous doit éclore pour vaincre le mal, qui n'est qu'une illusion, et l'illusion doit être détruite. Posséder les biens matériels n'est qu'un mirage, car rien n'appartient à l'humain, tout ce qui est matière redeviendra matière. Seule, la puissance de l'Énergie d'Amour vivra et ramènera au Principe même l'âme et son esprit. Débarrassée de sa prison qu'est l'homme, l'âme retrouvera sa divinité première.

L'histoire de l'évolution de l'homme, et de la perte de son identité suprême, vient du fait de la fracture qui est advenue, par la prise de conscience du principe de la liberté. Dans les temps anciens, la plus parfaite harmonie régnait dans l'Univers, quand tout fut bouleversé par la notion même du pouvoir.

“Je suis créé et je suis libre, pourquoi ne pas posséder l'autorité suprême, pourquoi, puisqu'en moi se trouve une partie de Lui. Je vais donc Le combattre et posséder, mais que possède-t-

Il ? Tout, et je veux ce tout, donc je dois combattre et vaincre. À partir d'aujourd'hui, je crée l'envie et de là découle le mal."

Que de souffrance depuis ce jour maudit où le chaos de ce combat a précipité sur Terre nombre de ces combattants qui ont expié pendant des siècles, de vie en vie, l'erreur commise par la réflexion d'un seul.

Toutes ces âmes perdues loin de la Source même d'où elles sont issues, les voici en errance, prisonnières dans le corps de celui que l'on nomme homme. Réveille-toi, ô mon âme, réveille-toi et retrouve ton essence divine et combats le mal, l'injustice. Réveille-toi, réveille toutes tes sœurs et détruit le mal par l'Amour et la Lumière qui est l'Esprit qui siège dans votre âme.

Beaucoup d'êtres d'essence Divine sont venus vous enseigner le Chemin du retour. Mais tout a été détourné pour le pouvoir de certains hommes qui ont exploité et détourné les enseignements d'Amour et d'Espérance. Ils vous ont enfermés dans des carcans, dans des dogmes, rien que pour leur pouvoir personnel et financier, mais, le pire, c'est la main mise sur tous les pauvres hommes. Mais le temps est venu de prendre conscience des manipulations que vous endurez depuis des siècles ; libérez-vous et prenez le Chemin qui mène à la victoire finale de l'Amour et de la Lumière, afin que vos soeurs qui sont toujours dans l'obscurité se réveillent et prennent le Chemin du retour vers la Lumière et l'Amour qui leur permettront de retrouver leur essence divine, pour la plus grande joie du Père. »

« Lorsque l'intelligence et le cœur sont unis dans la prière et que l'âme n'est troublée par rien, alors le coeur s'emplit de chaleur spirituelle, et la lumière du Christ inonde de paix et de joie tout l'homme intérieur. » (Saint Séraphim de Sarov)

Mercredi 15 août 2012. Message N° 134

« Tout le monde attend toujours que l'autre commence, mais cela ne peut pas fonctionner ainsi ; chacun de vous doit prendre en mains son propre destin dont le but suprême est de vous ramener au Père.

Travaillez pour cela, car c'est dans le changement que vous voudrez bien amorcer que tout se mettra en place ; œuvrez dans le sens de la Lumière et de l'Amour comme Il l'a enseigné et comme Ses premiers disciples. Devenez les disciples de la dernière heure, ceux qui vont ouvrir la Voie que bien d'autres au cours des siècles ont ouverte pour vous. Certains, par l'orgueil qui les a habités, ont cru les avoir tous anéantis, mais cela ne se peut. Il y a toujours eu de par le monde des hommes dont les âmes pures ont fait entendre leur voix, sans jamais éteindre cette Lumière et la Foi présentes dans leur âme depuis le commencement.

Maintenant, elles doivent continuer à grandir et vous conduire sur le Chemin de la Renaissance Spirituelle. Cela passe aussi par le changement que vous allez mettre dans vos cœurs en conduisant les âmes tièdes à ce renouveau, car la flamme d'Amour ne peut mourir. Tant qu'un seul homme portera cette flamme, elle vivra et brillera pour d'autres hommes.

La Terre doit rejeter les ténèbres pour laisser la place à la Lumière du Monde pour l'éternité. »

Jeudi 16 août 2012. Message N° 135

« Je veux vous faire comprendre l'importance de la matière sur l'homme, l'importance que l'on accorde à la matière.

La matière est nécessaire, mais elle ne doit pas prendre le pas sur l'antimatière, grande erreur commise par l'homme. Son attachement est tel, que l'humain s'est éloigné de sa Force première, pour se perdre dans une frénésie de possession qui l'a conduit à des exactions d'une grande ampleur, telles que des assassinats sous de faux prétextes qui n'avaient rien à voir avec l'Énergie Suprême.

Le seul but était de posséder et posséder toujours plus, et sa cruauté a été sans limites ; la vie n'avait que la valeur que ses ambitions démesurées voulaient bien lui accorder. Que de massacres d'une cruauté que vous ne pouvez même pas imaginer, et cela venait de ceux qui pensaient Me servir et qui ne servaient en vérité que leurs propres ambitions.

"Ils ont massacré en Son Nom."

Je vous demande de prendre conscience de ce que vous êtes avant tout, des êtres possédant en vous la Divinité du Père ; vous devez avant tout accorder plus d'énergie pour combattre le mal par l'Amour, l'obscurité par la Lumière, mettre en avant que la matière permet d'avoir une croissance et un confort, mais qu'elle ne peut en aucun cas vous permettre une évolution spirituelle.

Accordez de l'importance à votre énergie d'Amour, et diffusez-la tout autour de vous par la parole et l'Enseignement de Celui qui est venu vous apporter la Bonne Nouvelle.

Mettez dans vos cœurs toute l'ardeur nécessaire et transmettez, pour que soit mis en pratique ce qui a été enseigné depuis le commencement : *"la Lumière qui doit chasser l'obscurité"*. Pour cela, prenez-en bien conscience et mettez en pratique Ses Commandements :

◇ Le respect de tout ce qui vit.
◇ Que l'envie disparaisse.
◇ Que la charité soit présente.
◇ Que le mensonge ne sorte plus de votre bouche, car d'elle, beaucoup de mal peut jaillir.

Accordez et accueillez ceux qui viendront entendre la Bonne Nouvelle, car le temps est venu de mettre en pratique : *"Aimez-vous les uns les autres, comme Moi-même Je vous aime, pour la plus grande Gloire de Celui qui est."*

Il vous faut vous battre avec l'arme la plus puissante qui est en vous, afin de détruire à jamais le prince de ce monde qui a régné depuis des siècles, a tout corrompu et vous a asservis par la matière.

Redevenez des enfants du Père, et conduisez-vous comme Il le désire, envers vous-mêmes et envers les autres. Il faut faire grandir en vous cette puissance d'idéal en un monde sans guerres, actes toujours gratuits au profit de la puissance de certains.

Le moment est venu, prenez en mains le flambeau de tous ces sacrifiés qui sont tombés sans renier l'idéal d'Amour qui les a portés au sacrifice de la mort physique, pour continuer à combattre de vie en vie, pour enfin voir luire dans les yeux de tous les hommes cette Lumière de Vie et de liberté, pour la Renaissance de l'humanité.

Que le combat pacifique commence, car, en vous, ces âmes vaillantes continuent de vivre pour atteindre le but suprême de la Rédemption des âmes de leurs bourreaux.

Que la Lumière détruise les ténèbres et que l'Énergie Suprême règne sur la matière, afin que toutes les âmes soient sauvées pour vivre dans la plénitude pour l'éternité. »

❦

Lundi 20 août 2012. Message N° 136

« Si Je vous dis que l'âme, l'esprit et le corps ne doivent faire qu'un, comprends-tu ? Comprenez-vous ?

Il faut donner à l'âme et à son esprit un corps le plus près possible de la Lumière, pour alléger le poids de la prison dont ils sont prisonniers.

Plus vous serez dans la démarche de la recherche de votre véritable identité, plus votre conscience s'ouvrira, et plus vous vous ouvrirez à la Voie qui mène à votre âme, afin de percer le secret de la libération de l'être et, tel un enfant tout heureux de ce nouvel événement, vous ouvrirez la porte du changement intérieur.

“Dois-je te retrouver ô mon âme ? Dis-moi quel est le dessein que je dois accomplir afin d'aider mes frères ? Si je ne peux te rejoindre, aide-moi à trouver le Chemin, montre-moi le signe qui me fera comprendre le Chemin que je dois prendre.”

(Que la volonté de Dieu soit.)
Accorde-moi la paix, le discernement et la connaissance dans le seul lien du Père. Je te bénis et te remercie. »

Vendredi 24 août 2012. Message N° 137

« J'accorde à chacun de vous la paix.
J'accorde à chacun de vous le pardon.
J'accorde à chacun de vous la vérité.

Voilà trois mots qui doivent raisonner au plus profond de vos âmes où siège Mon Étincelle Divine.

Tout cela vous sera donné si vous prenez en mains votre vérité, pour la regarder en face ; là vous découvrirez tout ce que vous vous cachez à vous-mêmes. Surtout soyez honnêtes envers vous, sans cela vous ne pourrez jamais trouver la Voie de Ma paix, de Mon pardon, et de Ma vérité.

Mais si vous acceptez de voir et d'assumer ce que vous êtes en réalité, et non ce que vous voulez montrer aux autres, alors la Porte s'ouvrira devant vous pour vous conduire sur le Chemin de l'infini ; cela mettra un terme au cycle des incarnations, et vous Me rejoindrez pour connaître Ma vérité et Ma réalité.

Enfin, la Porte de la Connaissance vous sera ouverte et vous découvrirez en même temps tous les mystères de la Vie, et la Puissance de Celui qui Est.

Ô fous que vous êtes, de ne pas avoir su rester ce que vous étiez en réalité, tout cela pour vous faire valoir aux yeux des autres ! La vie n'est pas un jeu, mais combien d'entre vous passez votre vie à jouer, combien de masques successifs avez-vous portés ? Laissez tomber tous ces masques, redevenez ce que vous étiez et ouvrez-vous à la Vie pour que la grande aventure commence, sur le chemin de la liberté de l'Amour qui vous conduira à l'Être Suprême, afin d'être de nouveau réunis, dans la magnificence de Son Amour et de Sa Lumière.

Que de temps perdu Mes enfants ! Vivez simplement. Si vous êtes Amour, tout se déroulera dans l'harmonie la plus parfaite en union avec l'Univers, en union avec Lui, en union avec la Création dont vous faites tous partie. Votre esprit aura retrouvé le Chemin de la Demeure du Père d'où il est issu.

Chacun d'entre vous peut accéder à la Porte et la franchir, si vous prenez pleinement conscience de votre réalité et si vous prenez la décision de redevenir de ce que vous êtes vraiment, sans faux-semblants.

Alors la Porte s'ouvrira sur des dimensions encore inconnues, impensables même. Surtout n'ayez pas peur, car, à la minute même où votre décision sera prise avec foi, avec une motivation réelle du changement pour retrouver votre véritable réalité : être ce que vous étiez au commencement : purs de toutes souillures que vous avez amenées avec vous au cours des incarnations successives, dont il est temps de vous libérer, cela se fera dans la sincérité absolue et la foi dans la nouvelle aventure de la vraie vie. N'attendez plus, avancez vers la Porte de la Liberté et de l'Amour obtenus. »

Dimanche 23 septembre 2012. Message N° 138

San Damiano. Vers sept heures, au moment où les cloches de l'église se sont mises à sonner pour annoncer la première messe. Ce jour-là, comme il nous est demandé par Notre Sainte Mère, je m'étais rendue au petit jardin du paradis à cinq heures pour assister au Rosaire, et comme chaque fois après le départ des autres pèlerins, je reste souvent assise sur le banc face à la statue représentant Notre Seigneur Jésus-Christ.

Aux sons des cloches, je me suis levée pour partir et dès mes premiers pas j'ai entendu ces mots : « Que la paix soit avec vous. Amenez avec vous Ma paix. »

Je me suis arrêtée et faisant demi-tour je me suis assise de nouveau sur le banc, j'ai pris le cahier et le stylo qui sont toujours avec moi, et les premiers mots m'ont été redits. Je vous les livre.

« Que la paix soit avec vous.
Amenez avec vous Ma paix.

Que vos cœurs emportent l'Amour qui vit en Moi, ne repartez pas avec un cœur vide. Vous êtes venus Me demander tant de choses terrestres ! Demandez-Moi plutôt de vous accorder la paix de votre esprit, demandez-Moi de vous donner de Mon Amour, avec cela vous partirez d'ici comblés de longs jours qui vous conduiront à la Rédemption.

Quand comprendrez-vous que vous devez faire éclore Ma Divinité qui est en vous, afin que Je puisse vivre en conscience avec vous ! Vous verrez alors que plus rien n'encombrera votre esprit, votre vie, et d'un pas léger avec un cœur plein d'Amour vous continuerez votre Chemin, celui qui mène jusqu'à Moi.

Tant que vibrera en vous Ma Présence consciente, vous serez les acteurs de Mon Histoire qui, même si elle est restée inconsciente à votre esprit, illuminera ceux qui viendront chercher près de vous Ma Présence.

Tant de malheurs à venir Mes enfants, réveillez-vous ! Je vous le dis, si vous continuez sur le chemin de l'égoïsme, de la perversion, de la délation, de la méchanceté, vous encombrerez de plus en plus la Terre de noirceur.

Je vous le dis, le mal vous le créez par les actes, par la parole, alors inversez les actes ; que tout ce que vous ferez soit fait avec Amour, que vos pensées véhiculent le Bien, l'Amour et la Lumière. La Terre a besoin de Lumière pour que Mes Serviteurs, le moment venu, puissent combattre l'obscurité et vaincre le serpent qui s'ingénie à mettre en vous le mal.

Demandez-Moi, demandez Mes enfants, laissez-Moi habiter en vous, ne laissez pas le serpent habiter en vous.

Commencez les modifications nécessaires à la survie de l'humanité, ce n'est pas si difficile de changer ! N'oubliez jamais que Je suis là, qu'il suffit d'une parole sincère et Je faciliterai l'accès de l'ouverture de la Porte de la Renaissance du Bien.

Merci Mes enfants, de venir prier Ma Mère en ce lieu, ce lieu bien souvent désert ! Ranimez la flamme qui s'éteint dans le cœur de bien de Mes enfants, faites-leur comprendre que c'est pour Elle, pour Moi, qu'ils doivent venir et non pour eux, car Je sais Moi, la raison de leur venue ; mais s'ils viennent tout simplement pour Elle, et pour Moi, Je leur accorderai les grâces qu'ils auront oublié de Me demander, car Moi Je sais. Plus vous viendrez vers Moi avec un cœur pur, plus l'Amour grandira dans le cœur des hommes, car voyez comme la haine des uns enflamme le cœur des autres, l'Amour de même enflammera le cœur des hommes.

Travaillez pour cela afin que la Terre jouisse enfin de la paix et retrouve le jardin de l'Eden ; alors régnera sans fin l'ère Messianique, tant attendue. Soyez Mes disciples, souvenez-vous de Mes premiers disciples, ah s'ils n'avaient pas été là ! Ils se sont battus. Combien d'entre eux ont subi des tortures pour Me renier, combien sont morts pour que Je continue d'exister, pour que Mes paroles viennent jusqu'à vous... Ma Parole !

N'oubliez pas, Je Suis la Voie, la Vérité et la Vie.

Je ne vous demande pas de vous battre pour Moi avec des armes, de périr pour Moi, Je vous demande seulement de vous battre avec l'arme la plus puissante qui est en vous, l'Amour, non pas pour Moi, mais pour vous. N'oubliez pas Mes premiers disciples, ils se sont battus avec cette arme, ils avaient tant d'Amour en eux ! C'est pour vous qu'ils l'ont fait, pour que Ma Vérité vienne jusqu'à vous. Alors, continuez le combat pour les générations futures, car Mon Amour doit vaincre, ne laissez pas l'ennemi de l'Amour vaincre. Aimez-Moi, aimez-vous, la clé de la victoire est là ! »

Une fois que ce message me fut dicté je me suis rendue à l'église, la messe venait de se terminer, je me suis dit que j'irai à celle de dix heures, ce que j'ai fait. Lors de notre retour, j'ai expliqué aux pèlerins la raison de mon absence à l'office du matin et je leur ai lu le message que j'avais reçu au petit jardin, pendant qu'eux se trouvaient à écouter, et j'espère vivre leur messe. Des réactions rapides ont fusé à la fin du message : *« Mais ce que tu viens de nous lire correspond à l'homélie de ce matin !!! »*

Vendredi 28 septembre 2012. Message N° 139

Balestrino. Je me trouvais devant la statue de Saint Pio quand un orage a éclaté et j'ai été obligée d'interrompre la dictée de ce message. Je me suis rendue dans la chapelle rejoindre mes amis.

« Mes enfants, ne pensez pas que ce sont des paroles insignifiantes que vous entendez dans les messages que l'on transmet, prenez-en bien conscience ! On vous le dit, et on vous le répète depuis des siècles, si vous ne voulez pas le comprendre, on ne pourra pas vous venir en aide, car, voyez-vous, l'obscurité envahit de plus en plus la Terre.

Vous qui Me priez, vous n'entendez pas ! Vos prières sont lettres mortes si elles sont dites sans Amour, si vous n'arrivez pas à mettre en vous cet Amour qui est le Sien. L'Amour ne se trouve pas uniquement dans la prière, il doit s'étendre à chaque heure, à chaque minute, à chaque seconde de votre vie. Pensez-y Mes enfants, pensez-y. Seuls l'Amour et la Lumière permettront la venue des Anges Célestes pour combattre les ténèbres.

Alors prenez le temps, prenez le temps de méditer sur ces paroles : *"Il est l'Amour-même, pour faire partie de Lui, il faut être Amour."* Quel avenir voulez-vous pour vous, pour vos enfants ? N'est-il pas temps d'arrêter ce mal qui détruit, cette obscurité qui envahit le coeur des hommes, ne les voyez-vous pas ? Vous pensez être civilisés, mais vous n'êtes que des barbares ! Mes enfants, plus de haine, plus de discorde, aimez-vous les uns les autres comme Il vous aime, et le monde sera sauvé, et la Lumière de 1000 feux éclairera à jamais l'Univers. (Saint Pio) »

Samedi 29 septembre 2012. Message N° 140

Je suis venue à Balestrino accompagnée de deux amis qui ont été les témoins de l'événement qui s'est déroulé ce jour-là ; la voyante Catherine se trouvait aussi avec nous dans la petite chapelle du mont de la Sainte-Croix où elle vient tous les jours prier le chapelet. Avant de vous relater cet événement, je tiens à vous préciser que lors de notre visite annuelle du 14 juillet 2015 avec le groupe de l'association les trois roses de mai, nous avons eu la surprise de voir en ce lieu de paix la construction d'une église. Lieu où la vierge, lors d'une de ses apparitions, a demandé que lui fût dédiée une chapelle. Nous étions déçus par les travaux, mais heureux de cette reconnaissance. Alors, j'ai pensé à toutes les personnes qui ont contribué financièrement et spirituellement à la construction ou naissance de ce lieu de prières (Mlle Zanette, Mme Martini, le commandant Lanfray qui fut guéri d'un cancer de la gorge, Diane, ma mère et tous les anonymes qui sont venus prier en ce lieu, pendant des décennies).

Nous étions dans le silence et dans la prière quand nous avons vu le visage de la statue représentant Notre-Dame de la réconciliation et de la Paix changer et passer d'une grande tristesse à la colère, nous fûmes surpris, il est toujours difficile d'exprimer ce que l'on peut ressentir lors de tels événements. Chacun regardait l'autre pour être sûr que ce n'était pas une hallucination, et soudain les éléments se sont déchaînés au fur et à mesure que je recevais ce message.

« Ô mes enfants, ne voyez-vous pas Mon cœur de Mère ? Il est brisé par tant d'intolérance, de dénigrement et de souffrances.

Louise regarde-Moi et vois aujourd'hui, jour de la Saint Michel. Vois Mon visage, dis-leur combien il est triste, regarde-Moi ! Dis-leur qu'il est temps de Me montrer combien ils M'aiment, qu'il est temps de changer. Changer ! Ici nous ne pouvons plus supporter ce que Mes enfants font supporter aux autres de Mes enfants.

Entends mon cri, entends le tonnerre, entends la force du vent, tu les entends Louise ? Entends Notre colère ! Il faut vous réveiller, M'entendez-vous ? Réveillez-vous, arrêtez de ne penser qu'à vous, toujours vous, étriqués que vous êtes ! Cela suffit, entendez-vous ? Cela suffit ! Réagissez si vous M'aimez sincèrement, avec votre cœur ; vous ne pouvez que changer, vous Me demandez tant ! Moi Je vous demande d'être dans l'Amour, le vrai, celui qui disperse les ténèbres.

Entends Louise, entends Ma colère, la Mienne ! Tu leur diras que Je souffre trop ! Montrez-Moi votre Amour, Soyez sincères et dites-Moi du fond du cœur : *“Oui Marie je t’aime et je te le montrerai aujourd’hui et demain pour la multitude des temps.”* »

❧

Mercredi 3 octobre 2012. Message N° 141

« Par le pouvoir de l’Unité Suprême, la Seule à qui l’on doit allégeance et dont tout sera unifié, il vous est demandé de prendre en considération ce qui va vous être dit, dans le seul but de sauver l’humanité. Si vous vous entêtez à ne pas vouloir comprendre et à ne pas entendre, ces messages vous sont envoyés dans le seul but, et Je le répète, le seul but de vous faire prendre le Chemin de la libération de vos misérables vies, basées sur le profit, le mensonge et la domination sur l’autre.

Tel que Je L’ai déjà dit, le salut de l’humanité dépend de chacun d’entre vous, car à Nous tous Nous formons l’Unité Suprême qui sauvera l’humanité.

Il vous faut savoir et entendre, que nul ne vient au Père sans la prise de conscience de sa propre réalité, car elle seule permettra cette libération que vous venez chercher. Pour cela, il vous faut vraiment et sincèrement prendre conscience que tout se trouve dans un unique mot, que l’on nomme Amour.

Pour recevoir l’Énergie d’Amour du Père, empruntez dès maintenant la Voie qui mène à Lui, car Elle seule vous ouvrira la septième Porte, celle qui donne accès à la connaissance de ce qui Est.

Arrêtez d’avoir peur, de douter. Faites confiance et accueillez en vous l’Énergie d’Amour qui fusionnera avec votre propre moi, avec votre énergie pour ne former plus qu’une seule Énergie, et d’énergie en énergie d’Amour tout sera inondé d’un océan de la Divine Providence qui sauvera l’humanité du néant dans lequel vous vous trouvez. Pauvres habitants de la Terre, miséreux que vous êtes, toujours en train de vous détruire pour des idéaux qui ne vous appartiennent même pas, car ils font le jeu de gens habiles qui ne servent que leurs propres intérêts.

Alors réagissez enfin, et ouvrez-vous à la Lumière de Celui qui a tout créé. Si vous devez servir un maître, servez au moins Celui que vous nommez Dieu, la Force d'Énergie Vivante et Éternelle Lumière des Mondes, Puissance inégalée pour l'éternité des éternités.

Je vous le dis, Moi Son serviteur, Je veux vous instruire, mais pour cela ouvrez-vous à Sa Lumière et à Son Amour, pour être dignes d'entendre et de recevoir, sinon tout ce qui vous sera enseigné restera lettre morte pour votre plus grande perte. À ceux qui font l'effort d'écouter et d'entendre, à tous ceux qui voudront entendre et comprendre, la réponse sera donnée à chacun d'entre vous. Questionnez si vous n'avez pas compris et la réponse vous sera donnée ; participez à ce grand changement, à ce grand virage que les habitants de la Terre doivent prendre, pour rester unis à tous les autres mondes qui constituent l'Univers créé par Un Seul, qui détient en Lui la plus puissante énergie d'Amour que nul ne peut concevoir.

À vous donc de comprendre l'attitude que vous allez adopter pour amorcer ce Chemin ou pour vous en détourner. Réfléchissez bien, car il n'y aura pas de retour possible à cette Grande Unité Salvatrice pour l'Univers tout entier.

Je vous laisse prendre conscience de cela, à vous maintenant de réfléchir. Merci à ceux qui ont bien voulu écouter ; maintenant le temps des questions et de la réflexion est venu. »

« Dieu nous aime et nous a créés pour avoir une relation avec Lui. La liberté nous a été donnée d'accepter ou de rejeter cette relation. Notre péché et notre rébellion contre Dieu et ses lois ont érigé un mur de séparation entre Lui et nous. Bien que nous méritions le jugement éternel, Dieu a payé la totalité de notre dette par la mort de Jésus à notre place. » (Blaise Pascal)

Mardi 9 octobre 2012. Message N° 142

« Par la diversité des événements à venir, il vous faut être très vigilants, de cela ne doutez pas ! Il vous faudra prendre en compte de nombreux paramètres, et les résoudre.

Si seulement vous étiez à l'écoute de ce Divin qui est en vous, vous éloigneriez toutes les difficultés que vous rencontrez.

Montrez l'exemple, montrez combien vous êtes capables d'aimer au-delà de vos différences. Combattez la haine, elle ne vous mènera à rien sinon à votre propre destruction. Quand prendrez-vous conscience que si vous respectez les autres, vous serez respectés à votre tour ? Faites-le comprendre, et ouvrez le chemin de la tolérance et du bien, car seulement cela peut ouvrir la première porte de la délivrance, et la première étape sera franchie.

De porte en porte, vous finirez par atteindre la septième Porte celle qui vous mènera à la plénitude de votre être, à la spiritualité, à la voie de l'ultime paix, délivrés des torts de la Terre, et ainsi la paix de votre être retrouvée, fera de vous le disciple de Celui qui Est. Alors pensez, réfléchissez, et décidez-vous à ouvrir cette Porte qui vous conduira à la félicité et à la rencontre de Celui qui Est. Venez jusqu'à Lui, retrouvez votre propre identité et libérez-la afin de vivre avec elle dans le seul but, celui d'encourager vos frères à faire le même Chemin de Paix, d'Amour et de Lumière qui vous mènera au but suprême de la Rédemption.

Tel est le Chemin de chaque être humain : retrouver sa véritable identité, sa réalité et sa vérité afin que tout s'accomplisse.

Enfin de retour dans la Maison du Père, et avec cette connaissance, vous pourrez Le faire connaître tel qu'Il Est : l'Amour même personnifié, et quel bonheur sera pour Lui de voir tant de Ses enfants, enfin, Le reconnaître dans la Lumière resplendissante de Son Amour et de Sa Vérité, et non de ce que certains prétentieux ont voulu et veulent montrer de Lui.

Il ne juge pas, Il pardonne. Il n'a jamais demandé que l'on persécute quelqu'un pour Lui. Il nous a faits libres, et nous sommes asservis par des hommes qui se disent Le représenter, Le servir ! Si vous désirez les servir, faites-le ; mais pour bien Le servir, il faut aimer et respecter l'autre dans sa diversité. Personne n'est meilleur que l'autre, ne vous hâtez pas dans le jugement ; de plus, vous n'avez pas le droit de juger, car Lui ne le fait pas. Ne condamnez pas l'autre, il est peut-être déjà plus avancé que vous, ou en peu de temps il vous aura bien devancé. Alors, ayez plus de bon sens, arrêtez de mettre des masques, soyez vous-mêmes, ouvrez donc les yeux sur vous-mêmes et vous y verrez plus clair ! Occupez-vous de vos propres démons, vos propres défaillances, et dégagez-vous de tout ce qui n'est pas vous.

Alors, vous verrez les autres différemment, car c'est votre propre aveuglement envers vous-mêmes qui ne vous permet pas de voir les autres autrement. Je vous le dis : vous n'acceptez pas que l'autre soit si différent de vous ! Vous êtes tous Ses enfants, Il est l'Unique Créateur, et en chacun de vous siège Son Esprit, Sa Divinité. Quand vous jugez un frère pensez que c'est Lui que vous jugez. Alors du bon sens, réveillez-vous et accordez-vous le changement nécessaire qui vous rapprochera de Lui ; vous serez comblés de la grâce de Son Amour qui illuminera à jamais votre propre réalité pour les siècles à venir, et pour l'éternité des éternités, car vous êtes tous immortels en âme et esprit, essences divines qui vous lient à Lui pour les temps à venir, et cela depuis le commencement.

Apprenez à écouter, apprenez à entendre, car vous avez la chance de faire partie de ceux qui, aujourd'hui, ont accès à Ses Paroles, ne les laissez pas mourir faites-les vôtres et grandissez pour venir Le rejoindre.

Louise, fais entendre que l'Amour seul vaincra.

Je demande à Louise de vous dire l'heure : il est 3 h 15, et ce matin elle va travailler, il lui reste 3 heures de sommeil. Si je lui demande de vous le dire, c'est pour que vous puissiez comprendre afin de faire l'effort d'écouter et de remercier de tout le temps que Nous vous donnons. »

Si vous vous demandez la raison de cette phrase, car ils ont vraiment insisté pour que je l'écrive et surtout, que je la lise lors de nos pèlerinages, c'est parce que certaines personnes qui se trouvaient avec nous dans le car, n'arrêtaient pas de parler, de bouger. Comme me l'a dit une des pèlerines : « *Tes messages me dérangent, car ils disent des vérités que je ne veux pas entendre.* » Il m'a fallu beaucoup de patience ; quand je désespérais, j'entendais : « *Il suffit d'un seul qui entende et c'est gagné.* » Mais heureusement qu'ils étaient plus nombreux !

❧

« *Les yeux de l'Esprit ne commencent à être perçants que quand ceux du corps commencent à baisser.* » (Platon)

San Damiano
Dimanche 28 octobre 2012. Message N° 143

« Regarde ce lieu, que vois-tu ? Demande-leur qu'ils te parlent de leur ressenti, ont-ils conscience des événements à venir ? Dis-leur d'ouvrir leur cœur à l'Amour.

Comme ce lieu est triste ! Où sont passés Mes serviteurs, ceux qui menaient vers Moi de nombreuses âmes désireuses de Me rencontrer ? Vous vous faites de plus en plus rares ! Plus votre Terre a besoin de l'Amour et de la Lumière de vos Divins Serviteurs, plus vous désertez ces lieus bénis par Ma présence, Notre présence.

Comprenez que chaque fois que vous venez, vous ramenez avec vous l'Énergie Bienfaitrice que nous vous avons laissée dans ce Lieu béni. Emportez avec vous de sa Lumière afin d'éclairer un peu vos frères dont la foi s'est ternie faute de Lumière, car l'homme est de plus en plus dans l'obscurité. C'est par cette Lumière qui vous accompagnera, même s'ils n'en ont pas conscience, qu'ils seront bénis en votre présence ; cela les interpellera et ils se poseront des questions, ce qui leur permettra de réaliser que l'on peut quitter le royaume de l'obscurité, en allant vers des Lieux bénis par Ma Présence.

Alors Mes enfants, devenez Mes serviteurs, servez-Moi comme, Nous, Nous vous servons depuis tant de siècles. Chacun de vous peut Me servir ; celui qui prend conscience de l'imminence des événements présents et à venir, celui qui voit plus loin que sa propre petite personne réalisera le changement qui s'opère en lui, afin d'ouvrir la voie à tous ceux qu'il croisera, et il les ramènera vers Celui qui Est.

Maintenant vous êtes avertis et vous ne pourrez pas dire que vous ne le saviez pas. Si vous acceptez de devenir les disciples de Celui qui Est, faites donc le Chemin, et le seul Chemin se nomme Amour, se nomme Humilité. Quand vous aurez accédé à ce Chemin, dépouillés de toutes les entraves terrestres, vous réaliserez tout le temps perdu dans des futilités, tout cela pour conforter votre ego, car l'ego ne peut que vous fermer la porte de la prise de conscience de votre propre réalité.

Ouvrez les yeux, ouvrez les oreilles, n'ayez pas peur, avancez, remettez en question ce qui vous a construits, redevenez des petits enfants et la Lumière célébrera le chemin de votre retour vers la Maison du Père, afin de vous unir à Lui comme au commencement où tout était unifié et ne formait qu'Un.

Je vous demande, vous qui venez ici, de prendre conscience que seul le changement que vous opérerez en vous permettra aux autres de changer et de sauver ce qui peut être sauvé. Prenez-en bien conscience. C'est pour vous le seul Chemin de la libération de votre être, pensez à votre âme, rien qu'à votre âme, car elle seule est immortelle.

Écoutez-la dans le silence, elle vous guidera. Alors, trouvez le chemin qui mène à elle.

Je vous bénis, emportez avec vous Mon Amour et Ma Présence.

J'attends, ne Me faites plus attendre, car beaucoup de tristesse dans ce lieu vide de Mes enfants, vide de votre présence.

Je vous aime, aimez-Moi. »

« *Douter de Dieu, c'est y croire.* » (Blaise Pascal)

Jeudi 1er novembre 2012. Message N° 144 (EMP)

« Si vous devez vous mettre à Notre service faites-le avec Amour, humilité et simplicité. Vous serez toujours aidée et accompagnée dans toutes vos démarches.

Le temps est venu de prendre votre bâton et de guider vos frères vers la Lumière resplendissante de Mon Amour. »

✣

Vendredi 2 novembre 2012. Message N° 145

« Le monde de demain doit être un monde où seul l'Amour règne ; pour cela préparez-vous à atteindre cette étape qui vous mènera à la rédemption de vos péchés, afin de permettre de libérer le peuple de Dieu du serpent qui rampe sur terre pour le détruire, pour l'éternité. »

✣

« *Il y a, dans le cœur de l'homme, un vide à la grandeur de Dieu que rien ni personne à part Dieu ne saurait combler.* » (Blaise Pascal)

Mardi 13 novembre 2012. Message N° 146

« De tout temps, l'homme a eu conscience de la réalité de la présence d'une Force Suprême Vivante qui domine, par sa Puissance, toute force vivante. Comme l'homme est doté d'un pouvoir que nul autre ne possède, qui est la puissance de son esprit, il a pensé à chercher à connaître cette Force, ce mystère que l'homme d'aujourd'hui continue de chercher à rencontrer.

Cette Force prend pour chacun un visage différent, un nom différent, mais tout le monde se rejoint pour le nommer Dieu, Force Vivante Éternelle qui, par la Puissance de cette Force, a tout créé dans l'harmonie la plus parfaite qui contient la vie dont tout est immuable, se transforme et continuera à se transformer, car telle est la Vie : naissance, croissance et fin. Seule vivra éternellement l'Énergie Créatrice qui continuera son cycle d'évolution qui permet la continuité de la vie.

Des mondes parallèles existent où la mémoire de l'humanité est inscrite et continue d'exister.

Vous allez chercher bien loin des repères, alors que tout est inscrit dans votre mémoire cellulaire. La science vous permet de comprendre la grande aventure de la Création et de son évolution, mais Je reste Le Maître d'œuvre de cette humanité et Je n'ai de cesse de vouloir lui faire entendre raison. Il est difficile pour les humains de comprendre que tout est dans la simplicité, que le fil conducteur de leur lien avec la Force Vivante est la Puissance de l'Énergie d'Amour qui se trouve en chacun d'eux, et doit se libérer pour leur prise de conscience, que tout est relié et ne peut se séparer, car le chaos découlerait de cette séparation.

Prenez donc conscience que seuls l'Humilité et l'Amour vous conduiront à la prise de conscience de ce lien indéfectible qui vous lie au Maître Créateur et Absolu de vos vies. Réfléchissez, n'ayez pas peur d'analyser, essayez de comprendre par vous-mêmes, n'avalez pas tout ce que l'on essaie de vous faire entendre comme la vérité suprême. N'oubliez jamais que l'Énergie Suprême n'est qu'Amour et rien d'autre ; alors séparez d'Elle tout ce qui n'est pas Amour et donnez-Lui sa véritable réalité dans l'Amour et non dans la destruction et la haine que seul l'humain a créées pour sa propre gloire.

Il a beau prôner le libre arbitre, c'est lui-même qui le brise en imposant sa loi, sa force et sa vérité et non Celles du Créateur qui a fait l'homme libre et seul décideur de sa vie, à qui Il a donné la force de vaincre toutes les difficultés s'il met en pratique sa pensée, sa réflexion et sa reconnaissance dans un Dieu d'Amour et non dans un Dieu de vengeance. N'ayez pas peur de Dieu, faites vibrer en vous la Puissance de son Énergie d'Amour, continuez la vie dans l'Univers.

Ne soyez pas les artisans de la mort de l'humanité, faites appel à l'Amour qui est en vous, demandez, priez avec la plus grande force qui est en vous pour ramener la Lumière sur votre planète Terre, sinon vous allez la conduire à la fin de tout ce qui vit, car vous alimentez les forces contraires qui vont vous précipiter dans un océan de feu.

Alors prenez conscience, réalisez par vous-mêmes ce qui est à nettoyer, ce qui vous a été inculqué depuis des années, la haine ne Lui appartient pas, tout acte contraire à l'Amour ne fait pas partie de Lui, ses vrais serviteurs sont dans l'Amour Créateur et non dans la destruction. Alors pensez par vous-mêmes et regardez en face votre propre réalité. »

Samedi 8 décembre 2012. Message N° 147

« La Révélation Divine vient de la relation directe avec Dieu, car Lui siège en Nous, et il suffit de s'ouvrir à Lui, à cette partie divine qui siège en vous et qui est le lien indéfectible qui vous lie pour l'éternité. Dans la solitude de votre vie, Il Est Celui qui est toujours présent. Sans cesse, Il rallume la flamme de l'Amour Éternel qui ouvre la Porte de l'éternité. Que de merveilles à découvrir dans le tréfonds de votre âme !

Sens jaillir en toi cet Amour qui vient de Moi, sens Ma Présence, la splendeur de Mon Amour. Je mets en toi plus que ce que tu ne peux imaginer, Je te choisis pour ranimer la flamme de Mon Amour dans le cœur des hommes.

Revenez vers Moi, redevenez ce que vous êtes : une partie de Moi. Que l'Amour à jamais règne en toi, fais grandir cette flamme et mène Mon troupeau vers la Lumière qui éclaire l'Univers et les mondes qui constituent Ma Création, il y a tant de mystères à découvrir ; mais si tu ouvres ton cœur à Mon Amour, Je t'apprendrai les secrets de l'Univers et tu les diffuseras à Mes enfants. Dispense toujours avec bienveillance Mon Amour.

Le seul véritable lien qui te lie à Moi, c'est cette parcelle de Ma Divinité qui est en toi. Viens La rejoindre, afin que Nous puissions toi et Moi ouvrir la porte de la pleine conscience de Ma

Réalité, et tu comprendras la Toute-Puissance de Mon Amour envers la splendeur de Ma Création. Tu es incarnée pour Me servir, alors sois présente tous les jours, car tu dois mener à bien ce qui doit être. Dis-leur que la grandeur de Mon Amour pour eux n'a d'égale que la splendeur de Ma Création. Qu'ils regardent l'immensité de l'Univers, et ils y verront la Toute-Puissance de Mon Amour pour eux ; dis-leur que s'ils sont capables eux aussi de donner, ne serait-ce qu'une parcelle de leur Amour à toute Ma Création, ils illumineront la Terre. Mais que cela est dur !

Quand vont-ils arrêter de tout détruire ? Qu'il est difficile de leur faire comprendre que l'Amour peut tout sauver, tout guérir et ne donner que du bonheur ! Que cela est difficile ! Il est grand temps de changer, de regarder la réalité en face. Il faut cette prise de conscience pour prendre le Chemin de la Renaissance de l'humanité, comme aux temps bénis des jours heureux avant le grand cataclysme provoqué par la révolte de celui qui voulait devenir ce que Je Suis ; mais nul ne peut M'égaler, car Je Suis Celui par Qui tout est arrivé. Je Suis l'Unique Créateur, car Je Suis l'Amour même, et c'est là que réside Ma Toute-Puissance, car seul l'Amour peut vaincre.

Ah, s'ils peuvent entendre Mon Appel, ils se sauveront et ils sauveront la Terre. Ils ne réalisent même pas qu'ils sont sur Terre et que c'est à eux-mêmes qu'ils portent préjudice. Non, il leur faut le pourvoir, l'argent et la toute-puissance sur les autres ! Eux, toujours eux, tout pour tout ce qui est éphémère, fous que vous êtes ! Profit ! Toujours le profit au prix de grandes souffrances et de morts inutiles. Arrêtez, Arrêtez !

Comprends-tu maintenant pourquoi il est urgent de faire entendre Mes Paroles, Ma Parole ? Alors sois toi-même consciente qu'il ne faut plus t'attarder dans les détails du quotidien. Sois à Notre écoute, prends ton bâton de pèlerin et sois un disciple de Celui qui Est. C'est pour Son Amour que tu dois diffuser à tous tes frères les Enseignements, afin de les accompagner sur le Chemin qui mène à la Rédemption de l'humanité. »

« L'homme n'est jamais si grand qu'à genoux devant Dieu. » (Napoléon Bonaparte)

Mardi 11 décembre 2012. Message N° 148

« Je Suis Celui qui crie dans le désert, Je Suis Celui qui apporte la Bonne Nouvelle. Mais, vois-tu, ils ne comprennent pas, ils ont peur, peur de perdre tout ce qu'ils possèdent, surtout leur puissance. Ah la puissance, le pouvoir, garder ses privilèges ! Peu importe la misère des autres, du moment qu'on les laisse vivre dans l'opulence, dans leur monde à eux, il ne faut surtout ne pas les déranger avec nos plaintes, nos cris de désespoir !

Ils détruisent tout ce qui se trouve sur leur passage, ils n'ont aucun respect, pas même celui de la vie ! Vois-tu, le Père a envoyé un Être d'une Pureté, d'une Puissance Divine peu égalées ; Il a mis en Lui toute la Puissance de Son Amour pour faire comprendre que l'Amour Seul amènera la délivrance de tous les maux de la Terre ; mais vois-tu, ils n'ont rien compris, pire, ils ont détourné tous Ses Messages à leur profit, rendant un peu plus esclaves les autres. Cela doit prendre fin, unissez-vous pour faire entendre Sa Parole. Soyez les guerriers de l'Amour, Véritable Sauveur de l'humanité, aimez-vous comme Il vous aime !

Allez à Sa rencontre au plus profond de votre âme pour Le retrouver, faites le Chemin avec Lui pour reconquérir les hommes et les ramener dans Sa Lumière. Avec Lui, tout est possible. Il est grand temps de mettre en place la dynamique qui conduira vers toi les disciples de Celui qui Est, pour le combat pacifique de l'Amour et le retour dans la Lumière du Père.

Tu dois faire comprendre que vous avez tous en vous les capacités d'avancer sur le Chemin qui est le Sien. Pour cela redevenez des petits enfants humbles et pleins d'Amour, la Clé est là. Surtout aimez-vous, respectez-vous et grandissez en sagesse pour L'accompagner sur le Chemin de la Reconquête de l'Amour perdu. Prenez-en conscience et décidez-vous à prendre la Voie de la Libération du mal qui règne dans le cœur des hommes, et à tout jamais Je vous le dis : l'Amour sera la Lumière des mondes.

Tout est en vous, tout est en vous, réagissez, ne perdez plus de temps !

Vois, le silence, rien que le silence pour devenir Un avec Lui et entendre Son Appel, ce n'est pas si difficile, il faut le vouloir. Attache-toi à le faire quotidiennement et tu recevras les Enseignements nécessaires pour te guider et mener à bien ta mission, tel est Notre désir ; tu es choisie et tu es d'accord, alors prends cela en mains. Nous sommes toujours près de toi, n'aie pas peur, sois toi-même, tu vas savoir et tu réaliseras l'ampleur de la tâche qui t'attend, mais cela tu le sais déjà. À toi maintenant de prendre le Chemin de la délivrance de l'humanité, sois un maillon de cette chaîne qui accrochera d'autres maillons, et cette chaîne vous conduira tous à la Source, votre Véritable Demeure, rejoindre Celui qui Est dans la Gloire Resplendissante de l'Un jamais Égalé, et qui ne sera jamais Égalé pour l'éternité des éternités.

Courage Mes enfants, ne résistez plus à l'Appel de Celui qui Est, avancez sur le Chemin qui vous conduira à Lui, et n'oubliez pas Seul l'Amour vous y conduira. »

III
Année 2013

« Nous sur la terre, nous ne connaissons de Dieu, de l'architecte de tous les mondes, que cette image empreinte sur le voile qui nous cache la splendeur. Cette image est la nôtre et il veut que pour nous elle soit la sienne. De ce fait, nous le connaissons sans le connaître. Il nous apparaît (quand il nous apparaît) comme étant une forme sans contour. Nous disons symboliquement qu'il est un vieillard qui n'a pas d'âge. Il est assis sur un trône merveilleux. De ce trône s'échappent éternellement des millions d'étincelles et il leur dit de devenir des mondes. »

« Sa chevelure rayonne et laisse tomber d'elle des étoiles. Les univers gravitent autour de sa tête. Les soleils viennent baigner dans sa lumière sans fin. »

(Rabbi Siméon bar Yohaï)

Vendredi 15 février 2013. Message N° 149

« Comment pouvez-vous penser que nul ne vient au Père s'il a péché ? Qui peut se permettre de parler à Ma Place, de prendre des décisions en Mon Nom, alors que vous ne connaissez même pas Mon Nom ! Ai-je simplement un nom ?

Tant de paroles, tant d'actes qui sont dits être de Moi ! Comment peut-on dire que telle est la vérité, comment peut-on tromper tant d'êtres sur cette Terre alors que tout est écrit, mais que nul ne sait ? On vous tait les éléments qui pourraient vous éclairer, afin que vous ne puissiez pas comprendre et surtout ne pas changer.

On vous garde dans l'obscurité afin de vous faire prendre des directions différentes et de vous tenir dans la dépendance, dans la peur, et de vous dominer pour faire de vous des aliénés, car, seuls le pouvoir, l'ego, l'argent conduisent une poignée d'êtres à dominer les autres.

Réveillez-vous et ouvrez-vous à la Pensée Universelle. Elle seule vous conduit sur la Voie et vous permet d'acquérir la Connaissance qui vous ouvrira la Porte de la Vérité de l'Univers Infini, afin d'être ce que vous êtes : des êtres libres de toutes les chaînes et de toutes les emprises de la matière qui vous retiennent prisonniers.

Vous êtes des êtres d'une énergie qui, si vous en prenez conscience, vous libérera de cette prison qui vous maintient dans la dépendance de dogmes erronés créés pour le profit de certains, qui s'ingénient depuis des siècles à vous induire en erreur.

Tout être vivant est lié à Lui, Lui est relié en permanence, et Lui appartient.

La mémoire de ce que vous êtes est morte en vous, car enfouie, écrasée depuis vos incarnations successives, afin de faire de vous des esclaves fidèles de manipulations qui vous conduisent sur le chemin de l'obscurité. Débarrassez-vous de ces enseignements, et ouvrez de nouveau votre mémoire à la Lumière si présente en vous ! Éclairez de nouveau vos vies comme au commencement dans l'Unité de l'Un, car tout est là en vous, présent et attendant que vous appuyiez sur le bouton, afin d'éclairer vos existences terrestres et d'amener la Paix et l'Amour en vous, pour les étendre jusqu'à l'infini et rejoindre l'immensité de l'Univers.

Tout revient à Celui qui Est l'Énergie Suprême et le Créateur de nos vies et des mondes. Prenez-en conscience, posez-vous les bonnes questions et vous trouverez, si vous voulez participer à la Libération de votre être et de toute l'humanité.

Il est temps de vous mettre en chemin pour vaincre la noirceur de certains êtres qui n'ont qu'un seul but : vous détruire par la domination de vos esprits et de vos vies, car en eux le mal règne et vous détruit.

Alors ranimez la flamme de l'Amour Éternel perdu au centre de votre âme ! Libérez votre esprit, et là il saura de nouveau qui il est et d'où il vient. Alors l'Amour seul sera le Maître et la Guidance de son parcours sur Terre, pour l'unir à jamais à la Source Lumière des mondes, afin de faire partie du Tout, dans la conscience retrouvée de sa propre identité ; du Tout qui forme l'Un, Puissance inégalée pour l'éternité, car nul ne peut Le vaincre. Soyez les chevaliers pacifiques et libérateurs des pensées et des actes nocifs, destructeurs de votre réalité, afin de pouvoir semer les germes d'une autre conscience dans le respect de la Loi d'Amour du commencement des commencements, qui nous reliera de nouveau au Tout, afin de vivre éternellement auprès de la Nature de l'Incréé, Créateur des mondes et des vies.

Enfants de la Terre, réveillez-vous afin d'accéder à la connaissance des autres, dans l'Amour et le respect de vous-mêmes et de tous vos frères reliés par l'Énergie Suprême Créatrice du Tout. »

« Dire que l'homme est un composé de force et de faiblesse, de lumière et d'aveuglement, de petitesse et de grandeur, ce n'est pas lui faire son procès, c'est le définir. » (Denis Diderot)

Mercredi 20 mars 2013. Message N° 150

« Dis-leur que le Chemin qui mène à Lui n'est pas un Chemin facile, il est semé de nombreuses embûches. Les écueils sont nombreux, mais ils sont là aussi pour tester votre véritable volonté de changement ; ce n'est pas un jeu, c'est avant tout une réelle prise de conscience de votre divinité et de celle des autres.

Nul n'est supérieur ou inférieur aux autres, nous sommes tous égaux devant Lui. Ne cherchez plus d'excuses à vos actes, à vos paroles. Comprenez que c'est envers Lui et non envers vos frères que ces actes et ces paroles sont exprimés, puisqu'Il est présent en chacun de nous.

Ce qui vous est demandé c'est pour vous-mêmes, pour votre libération afin d'être dans la pleine conscience de l'Incréé et de vous mettre au service de tous vos frères, afin qu'ils puissent à leur tour rejoindre la grande famille des initiés et sauver ce qui peut encore être sauvé.

Si vous écoutez ce message et entendez ces paroles, c'est que vous êtes sur le Chemin ; laissez de votre humanité, avancez sans crainte, sans peur avec courage et bravoure, vous ne serez jamais seuls, car Il est présent en vous et plus vous avancerez, plus vous sentirez Sa Présence.

Nul ne peut L'anéantir, Il Est la Puissance même. Il éliminera tous ceux qui essaieront de vous faire tomber, si votre foi en Son Amour, qui est Lui-même, fait partie intégrale de vous et vous unit dans la conscience retrouvée de votre divinité.

Je vous le dis, le mal n'est qu'illusion et il disparaîtra de vos vies, pour que vous puissiez le faire disparaître autour de vous. Alors combattez-le, mais avant tout combattez vos propres démons pour votre propre délivrance. Tout s'efface devant la foi retrouvée, nul ne peut vous atteindre si vous ne laissez pas avoir prise sur votre propre conscience. L'ennemi sournois est toujours là, pour mettre en vous les pensées contraires à votre propre raisonnement et vous induire en erreur, car, lui, sait que votre droit primordial est d'être libres, que vos choix vous appartiennent, et que le Père n'ira pas à l'encontre de ce droit.

Prenez bien conscience que c'est là qu'il agit pour vous nuire et vous garder dans la dépendance, qui n'est que souffrance pour vous ; alors combattez-le, vous en avez tous en vous la Force, faites appel à cette Force Salvatrice pour les autres.

Revenez dans l'Unité de l'Un et sauvez Sa Création, votre création, car vous étiez Un quand l'Univers a été créé ; alors sauvez ce qui peut être encore sauvé.

Réfléchissez bien à ces paroles. Maintenant, à vous de persévérer dans cette voie ou bien d'arrêter là ou vous en êtes. Je le répète : le Chemin est difficile, car c'est un combat avec vous-mêmes.

Sachez que le bonheur retrouvé, au bout du chemin, est égal à mille soleils en fusion. Alors libre à vous de prendre la route de la splendeur de la vie retrouvée dans l'Unité de Celui qui Est, pour l'éternité des éternités.

Merci à vous pour le chemin déjà parcouru. »

« Accepte tout ce qui vient à toi et qui est tissé dans la trame de ta destinée, car quoi d'autre pourrait convenir le mieux à tes besoins. » (Marc Aurèle)

Jeudi 4 avril 2013. Message N° 151

« Tout doit se transformer avant le commencement de votre réalité, ainsi vont les choses. Tout se transforme sans arrêt, tout est en mouvement, ainsi tout évolue. »

Concernant ce message je dois une explication, je ne suis pas dans le jugement ni la critique, mais il est vrai que des événements se sont produits à plusieurs reprises et cela a amené des réactions vives et non comprises, encore bien présentes dans la mémoire de nombreuses personnes. Cela fait partie de notre humanité.

Lundi 15 avril 2013. Message N° 152

« Dis à Mes enfants que, non seulement ils doivent prier pour les prêtres qui sont en grandes difficultés dans leur mission, et qu'il ne faut pas les critiquer, mais qu'il faut les aider en allant vers eux et leur insuffler la foi qu'ils ont perdue, en leur montrant la vôtre et que, vous, vous êtes capables de comprendre leurs difficultés dans leur ministère. Sur leur chemin de la foi, les doutes les assaillent et petit à petit ils perdent certains de leurs repères.

Allez vers eux avec tout l'Amour de Mon Fils. Celui qui porte en lui cet Amour resplendit de Sa Lumière et Il saura la leur transmettre, car cette Lumière est pour eux. Alors, prenez bien conscience du comportement d'aide que vous devez avoir envers eux. Si vous vous sentez incompris, eux le sont d'autant plus, car il leur manque l'essentiel de vrais bergers.

Mes enfants, indulgence et prières pour eux. »

✣

Lors d'un pèlerinage à Paray-le-Monial, je parle de cette prière à un prêtre, je la lui lis, il est surpris par la dernière phrase : Donne à Mon Cœur l'ardeur pour T'aider. « Dieu n'a pas besoin d'aide. », me dit-il ! Je lui réponds : « Mais que faites-vous tous les jours, vous aidez Dieu à Se faire connaître, vous permettez à l'autre qui Le cherche de s'associer à Lui, et si un autre ne Le connaît pas, car pour lui ce Dieu est lointain, abstrait, comment peut-il L'accueillir, si personne ne lui parle de Lui ? Comment va-t-il trouver l'éveil qui va lui dire qu'Il est là tout simplement en lui et non perdu dans l'immensité sans limites des univers ? Qui, sinon ceux qui L'ont trouvé, donc ses serviteurs. »

Dimanche 30 avril 2013. Message N° 153

On m'a demandé de dire cette « prière » tous les jours.

« Seigneur, donne à mon cœur l'Amour qui lui manque.
Seigneur, donne à mon cœur la Charité qui lui manque.
Seigneur, donne à mon cœur la Liberté de T'aimer.
Seigneur, donne à mon cœur l'Ardeur pour T'aider. »

✣

Jeudi 23 mai 2013. Message N° 154

« Accordez à votre cœur la paix.
Accordez à votre âme la paix.

Quand comprendrez-vous qu'il faut avant tout se respecter soi-même ! Il est important que vous puissiez comprendre cela, car le respect que vous aurez pour vous-mêmes vous ouvrira la grande Porte de la Paix retrouvée dans l'Unité de vous-mêmes.

Si vous pouviez trouver ce Chemin-là, vous vous sauveriez ; sachez que le respect de soi entraîne le respect de l'autre, des autres, et de toute la Création.

Il y a si longtemps que l'homme a perdu le sens du respect de lui-même, de lui découlaient tant de vertus, et la plus importante était la paix avec soi-même.

Faites ce Chemin mes frères et sœurs. Cela n'est pas facile, mais il vous faut prendre cette Voie ; chassez de vous vos peurs, elles sont si nocives pour vous et pour les autres ; ouvrez-vous à la Lumière, car elle seule vous fera prendre conscience de vos écueils. Puisse-t-elle vous éclairer sur vous-mêmes afin de vous permettre de retrouver votre réalité. »

« Et Dieu dit : Je me cacherai dans le cœur des hommes ; c'est le seul endroit où ils oublieront de me chercher. » (proverbe indien)

Mardi 4 juin 2013. Message N° 155

« De par le monde, il y a des êtres humains qui souffrent de l'indifférence de leurs frères. Quand comprendrez-vous que cette indifférence est votre propre indifférence envers vous-mêmes ?

Regardez-vous : comment vous comportez-vous avec vous-mêmes, combien de fois êtes-vous vraiment attentifs à vous-mêmes ou indifférents à ce que vous êtes, à ce que vous faites ? Reprenez- vous en mains et aimez-vous ; si vous n'êtes pas capables de vous aimer, comment voulez-vous aimer les autres ?

Il y a tant de souffrances que vous pourriez éviter, si vous étiez simplement attentifs à Notre appel, à Nos signes que vous ne pouvez voir ou que vous ne voulez pas voir. Mais sachez qu'il est grand temps de vous libérer de cette noirceur qui est en chacun de vous, car voyez et comprenez que le Paradis comme l'enfer siègent dans vos âmes : vous êtes en enfer quand vous faites preuve de manque de tolérance, quand vous refusez de pardonner, quand la haine est en vous, la méchanceté, l'hypocrisie, et je pourrais vous en citer encore bien davantage. Débarrassez-vous de cet enfer et ouvrez- vous à l'Amour et à la Lumière, aimez-vous en tout premier lieu et vous verrez comme il vous sera facile de vous ouvrir à l'Amour des autres et de la Vie. Retrouvez en vous une âme d'enfant qui s'émerveille de tout ce qu'il voit ; émerveillez-vous, regardez en face votre réalité et ouvrez-vous à la Lumière Étincelante du Père, pour le rejoindre dans la Lumière Resplendissante de Son Œuvre, pour l'éternité des éternités. »

« Prendre conscience, c'est transformer le voile qui recouvre la lumière en miroir. » (Lao Tseu)

Vendredi 7 juin 2013. Message N° 156 (EMP)

Ce message a une signature : San Pio de Pietrelcina.

« Il vous faut avant tout prendre conscience, que dans le silence et la vraie prière intérieure vous serez reliés à Celui qui Est.

Retrouvez la sagesse dans vos paroles, soyez l'acteur de votre vie et soyez ceux que vous avez choisi d'être dans cette vie ; n'oubliez pas que si vous êtes là, c'est pour que s'accomplisse le désir du Père.

Prenez bien conscience que si vous voulez prendre cette Voie, il vous faut être en relation avec nous.

Écoutez, entendez et voyez :

"Je suis là. Vous devez avant tout prendre conscience qu'il vous faut être à l'écoute pour avancer, dans l'Amour qui, Lui, vous conduira sur le chemin. Toute épreuve est là pour vous faire grandir ; il vous faut prendre conscience de la véritable

foi, foi qui est le chemin de Lumière du Fils et de l'Amour du Père ; faites confiance à la Mère de celui qui fut le Fils."

"Prenez bien en mains votre vie Mes enfants, car l'approche de votre vérité est là ; il est temps que tout se mette en place. Amour, Amour Mes enfants, Amour, toujours Amour." »

ꕥ

Samedi 8 juin 2013. Message N° 157

« Par Lui et avec Lui tout peut être magnifié. Que par le monde l'Amour règne, et alors vous verrez le Fils dans la Gloire Resplendissante du Père.

◇ Que de temps de souffrances !
◇ Que de temps perdu !
◇ Que de temps d'erreurs !

Ô Mes enfants, ne voyez-vous pas tout le mal que vous vous faites à vous-mêmes, alors que si votre cœur vibrait d'Amour pour tout ce qui vit vous seriez sauvés ?

◇ Que de temps de Lumières !
◇ Que de temps de sagesse !
◇ Que de temps de victoires !

Quand comprendrez-vous cela ? La peur Mes enfants, toujours la peur meurtrière de vos pensées, de vos doutes, chassez-la de votre existence terrestre pour vous ouvrir à la Vie dans la Lumière retrouvée de votre conscience du début de vos existences terrestres. Prenez donc le Chemin de l'Amour partagé entre vous, pour reconquérir le Royaume du Père Créateur, pour l'éternité des éternités. »

ꕥ

Dimanche 9 juin 2013. Message N° 158

« Dans le silence, oui dans le silence et seulement dans le silence vous Me rejoindrez.

Au plus profond de votre âme se trouvent Ma Présence et celle de Ma Divinité qui fait de vous Mes enfants, lien indéfectible qui vous lie et relie à Moi depuis le commencement des commencements.

Quand J'ai séparé ces étincelles d'Amour de Mon Être Suprême Créateur de l'Univers visible et invisible, Je les ai offertes à tout l'Univers pour que Ma vérité existe, éternellement. Prenez le temps de rejoindre Ma réalité qui est en vous, ne fuyez plus, ne courez plus après des chimères, car la vérité est en vous.

Alors prenez et donnez-vous le temps de partir à la recherche du Chemin qui mène jusqu'à Moi ; ce Chemin ne vous coûtera que peu de temps quotidien, juste un peu de temps qui est un trésor inégalé si vous le trouvez, si vous le rencontrez, si vous vivez avec lui, car c'est dans le silence que vous trouverez Ma Présence.

Je ne Peux ni vous forcer, ni vous condamner, mais sachez que c'est pour vous, seulement pour vous. Je Suis dans l'attente de cette rencontre à un point que vous ne pouvez même pas imaginer ! »

« Celui qui par quelque alchimie sait extraire de son cœur pour les refondre ensemble : compassion, respect, besoin, patience, regret, surprise et pardon, crée cet atome qu'on appelle l'amour. » (Khalil Gibran)

Lundi 10 juin 2013. Message N° 159

« Bien des événements à venir vont déstabiliser les pays, car vous n'avez pas encore compris que vos pensées et vos actes, qui ne sont pas dans l'Amour et le respect des autres, conduisent l'humanité terrestre à la destruction de ce qui est.

Trop de haines, d'envies, de jalousies, de mensonges, de perversions, d'oppressions... et la liste est bien longue ! Tant que vous n'aurez pas compris qu'il vous faut changer vos pensées et vos actes destructeurs de l'humanité, la Terre s'enfoncera de plus en plus dans le chaos de la souffrance et du malheur. Rien ne sert de prier si vos pensées et vos actes ne suivent pas vos prières !

Ne pensez pas avoir bonne conscience parce que vous priez, n'oubliez pas que le paradis ou l'enfer se trouve en vous. Chaque fois que vous êtes en accord avec la Parole de Celui qui est venu vous enseigner le Chemin de l'Amour, et que vous mettez en pratique Son Enseignement, vous êtes avec Lui. Chaque fois que vos paroles sont dans la haine, dans le mensonge, dans l'agressivité et dans tant d'autres choses, vous êtes avec celui qui est dans l'obscurité. Je vous le dis, en vous peut se trouver l'enfer ou le Paradis.

À vous de choisir votre Chemin !

Aimez-vous, aimez tous vos frères, respectez toute forme de vie, et si vous ne prenez pas conscience de cela, continuez et restez avec "l'autre" dans l'enfer, avec la haine, la méchanceté, l'envie, la jalousie, le non-respect de vous-mêmes, de vos frères et de tout ce qui vit. N'oubliez pas que vous n'êtes que de passage sur cette Terre et un très court passage dans cette vie, et que le chemin continue après, très longtemps, éternellement. Prenez-en bien conscience, prenez le temps de la réflexion, n'oubliez pas que le corps n'est qu'un véhicule, faites bien la distinction entre lui et l'âme, entre le matériel, la futilité, tout ce qui régit ce bas monde, et la Lumière Étincelante de l'Amour du Père Créateur de nos vies.

Je vous le dis et vous le répète, vous seuls et vous seuls devez prendre la décision du Chemin. Je ne puis rien pour vous, à vous seuls de décider et d'amorcer ce grand virage dans vos vies terrestres, pour gagner la vie Éternelle. Cela seul arrêtera le cercle infernal de vos incarnations sur Terre, pour enfin vous unifier à la Nature même de l'Incréé et vivre dans la plénitude de l'Amour retrouvé.

Aimez, aimez, aimez, et si vous L'aimez comme vous le prétendez, montrez-le-Lui.

Entendez Ses paroles :

"Que Mon Amour vous guide et vous accompagne. Trouvez le silence qui vous accompagnera vers Moi ; ce silence vous fera prendre conscience de votre propre réalité, de votre propre vérité. La seule qui vous mènera à Moi, ne porte qu'un seul nom Amour, Amour. Alors, que tous les actes et toutes les pensées de votre quotidien ne reflètent que l'Amour qui est le Mien." »

« De mémoire de rose, il n'y a qu'un jardinier au monde. » (Bernard Le Bovier de Fontenelle)

Dimanche 30 juin 2013. Message N° 160

« Il faut comprendre qu'il est important d'être maître de sa destinée. Sachez que, bien que nous soyons près de vous, vous êtes les maîtres de votre destin : prenez en mains votre vie, soyez à l'écoute afin de pouvoir franchir le pas, le moment venu. »

« Le bien ne suffit pas à assurer le bonheur, mais le mal suffit à assurer le malheur. » (Aristote)

Mercredi 10 juillet 2013. Message N° 161

« Pour toujours, l'Amour vaincra au-delà de ce que vous pouvez imaginer, car, seul, le Règne de l'Amour sauvera l'humanité. Mais que de désespoir avant ce jour terrible qui mettra fin à l'obscurité ! Alors, la Lumière scintillera de mille feux dans toute la Galaxie. Enfin, Celui qui Est sera, pour l'éternité des éternités, le Seul Serviteur et Maître de Sa Création, car Lui, et uniquement Lui, de par Sa Puissance qui ne sera jamais égalée, apportera la Paix dans l'Univers.

Par Sa Sagesse, par Son Amour et la Puissance de Sa Lumière, la Paix régnera dans l'Univers. La conscience de tous, les hommes de la Terre, les enfants des autres mondes, seront unis dans la Conscience retrouvée, dans leur dignité et dans l'Amour et reliés à tout jamais à Celui qui Fut, qui Est et Sera. Réveillez-vous et prenez conscience que Seul l'Amour triomphera du mal.

Chassez de vous tous ces événements qui vous polluent ; l'envie, la jalousie, l'ego, le pouvoir, la perversion, la haine, le mensonge, la méchanceté qui vous entraînent dans un perpétuel enfer qui se trouve en vous : chassez tout cela, toutes ces forces destructrices de votre âme, de votre vie, pour y mettre l'Amour, la Charité, l'Humilité, la Compassion, et là vous serez au Paradis ! Comprenez enfin que vous, et vous seuls, êtes les maîtres de votre destinée. Prenez-en bien conscience, car cela sera pour vous sur ce Chemin, soit la Lumière, soit l'obscurité, et c'est vous, vous seuls, qui vous conduirez sur ce Chemin. Alors, faites votre choix.

Que la Paix et l'Amour soient le fil conducteur de votre réalité. »

✤

« Dans la vie spirituelle, il faut toujours aller de l'avant. Ne reculons jamais, sinon il en serait comme d'une barque : si elle s'arrête au lieu d'avancer, aussitôt le vent la fait repartir en arrière. » (San Pio)

Balestrino
Dimanche 14 juillet 2013. Message N° 162

« Lieu de souffrance, lieu d'Amour, voici la Terre planète verdoyante nourricière, planète sacrifiée pour le profit des hommes. Que de désolation, que de tristesse ! Ne voyez-vous pas toute cette souffrance autour de vous : misère financière, misère psychologique là, tout autour de vous ?

Non, vous ne voyez rien, et c'est là sous vos yeux. Prenez-en conscience, ouvrez les yeux et aidez vos frères dans la misère, n'attendez pas d'entendre qu'ils aient contracté une maladie, qu'ils se soient suicidés, pour réaliser qu'ils étaient en souffrance. Bien sûr vous allez prier, demander que l'on prie pour eux et voilà, mission accomplie ! Eh bien non, c'est maintenant qu'il faut agir et aider avant qu'il ne soit trop tard.

Et vous qui êtes en souffrance, ne vous occupez pas de ce que pensent les autres, agissez pour la délivrance de votre souffrance, car c'est vous qui la vivez, et c'est vous qui déclencherez la maladie. Alors prenez en mains votre vie, en route pour le changement et la liberté de votre esprit ; décidez-vous, car il s'agit de vous, de votre vie, un point c'est tout ! Les autres ont fait de leur vie ce qu'elle est, faites la vôtre comme vous le voulez. Tout doit être en harmonie pour que la souffrance s'efface et que vous renaissiez à la Vie. »

❧

« La conscience est le meilleur livre du monde que nous ayons ; c'est celui que l'on doit consulter le plus souvent. » (Blaise Pascal)

Lundi 29 juillet 2013. Message N° 163

« Par la puissance des Trois qui forment l'Un, le monde sera sauvé si vous prenez en considération que le mal règne sur cette Terre qui fut créée pour le bonheur.

La prise de conscience que vous devez avoir, c'est de comprendre que vous n'êtes que des pantins entre les mains d'une soi-disant élite. Ce ne sont en vérité que des serpents à la solde des maîtres régnant sur votre Terre, que je nomme les ennemis de l'Amour et du Père, et qui ne font qu'un dans leur ignominie. Ces êtres n'ont qu'un seul but : vous rendre esclaves de leurs désirs.

Vous n'avez pas encore pris la mesure de leur pouvoir sur vous, et de quelle façon ils vous manipulent pour votre destruction. Je vous le dis, chaque jour vous perdez un peu plus de votre liberté, vous êtes encore en état de vous en rendre compte. Sachez que cela ne va pas durer, bientôt ils contrôleront vos esprits, vos vies. Réveillez-vous et réagissez, il en est encore temps. Ayez le courage de prendre en mains votre histoire, votre vie, pour sauver votre humanité dans le seul but de continuer à être des hommes libres, et non des esclaves dépourvus de pensées. Ne perdez pas ce bien si précieux, car cet esclavage fera de vous des automates au service des forces destructrices de votre humanité, de votre réalité, pour leur seule soif de puissance : être les maîtres du monde avec pour dieu le maître des enfers.

Je vous le dis, si vous ne changez pas, si vous ne vous réveillez pas et si vous n'amorcez pas le chemin de la compréhension des autres, le respect de tout ce qui vit, si vous ne rejetez pas tout ce qui est éphémère, qu'on appelle la matière, vous irez droit dans le mur et la belle histoire de l'homme libre disparaîtra de la surface de la Terre.

Redonnez de l'espoir aux Forces du Bien, montrez-leur que vous êtes prêts à les accompagner dans cette lutte pour le bien-être de l'humanité, pour votre bien-être. Réveillez-vous pour que le combat commence avant que les trois jours de ténèbres n'arrivent. Je ne veux pas vous faire peur, mais que de détresses, que de désespoirs, que de morts, que de souffrances avant ce premier jour et pendant ces trois jours !

Alors, Je vous le dis : réveillez-vous pour alléger ce fardeau, aimez-vous, faites de ces deux mots votre "mantra" quotidien pour vous en imprégner et ne plus faire qu'un, et là le monde sera sauvé et prendra fin la souffrance de l'humanité. Éloignez-vous de ces jours de ténèbres, vous le pouvez encore...

Accompagnez par des prières d'Amour tous ceux qui désirent prendre ce Chemin libérateur de vos pensées et de vos vies, car, si ces trois jours arrivent, l'humanité vivra les pires jours de son histoire, et ceux qui seront vivants désireront être morts. N'oubliez pas que le plus important est de changer pour changer les événements à venir, dont vous seriez tous les victimes ; de cela, il vous faut en avoir conscience.

Stop à la destruction de vos vies, Oui à la Lumière des mondes.

Que le Règne de l'Amour du Père illumine la Terre comme au commencement des commencements et pour l'éternité des éternités, dans la conscience retrouvée de votre propre réalité, en lien avec Celui qui Est, Le Créateur de toutes les galaxies, dans l'Amour retrouvé de votre identité d'enfants de Dieu.

Ne soyez pas apeurés, mais ne rejetez pas ces paroles, faites-les vôtres et avancez sur le Chemin de la Rédemption de toute l'humanité, et de la vôtre. Évitez le cataclysme final, vous le pouvez encore si votre cœur s'ouvre au Sien dans l'Amour retrouvé de votre réalité.

Vous dites : "Nul ne vient au Père s'il a péché.", tous viennent au Père s'ils se sont pardonnés, pour que Lui pardonne. N'oubliez jamais qu'Il Est l'Amour même, et qu'Il vous aime. Alors changez pour Lui montrer que vous L'aimez !

Amour, toujours Amour et vous serez sauvés. »

❧

Lundi 5 août 2013. Message N° 164

« Sans détour, nous pouvons affirmer que, seul, l'Amour sauvera l'humanité. Vous devez comprendre que, quoi que vous décidiez de faire, cela pourra changer le cours des événements à venir.

◇ Si vous continuez sur la voie du non-Amour, cela vous conduira vers la destruction de vous-mêmes.

◇ Si vous prenez la Voie de l'Amour, cela vous sauvera de vous-mêmes.

Ouvrez les yeux et prenez enfin conscience de la réalité de la situation dans laquelle vous êtes, au-delà de vous-mêmes : chaque jour, vous perdez un peu plus de votre liberté d'être ; chaque jour, vous devenez un peu plus prisonniers des classes dirigeantes qui vont vous mener à un esclavage que vous ne pouvez même pas imaginer, et cela pour leur seul profit et votre destruction.

Vos esprits sont formatés par un incessant lavage de cerveau dont vous n'avez même pas conscience tant il est subtil, mais prenez le temps de la réflexion et réalisez que vous êtes guidés dans vos pensées, vos réflexions et vos décisions, par la plus grande manipulation qu'il soit au monde au service de la puissance et la domination de certains êtres, qui ont la main mise sur tous les médias et imposent leurs informations transmises par leur propre puissance.

Vous n'êtes que des pantins entre les mains de ces bien-pensants qui n'ont qu'un seul objectif : dominer vos esprits et diriger vos vies pour atteindre le seul but de la domination du mal.

Refusez cette aliénation mentale, ne vous laissez plus manipuler, vous perdez chaque jour un peu plus de liberté ; tout est pour eux l'occasion de vous surveiller soi-disant pour votre protection, nous vous disons Non, c'est simplement pour votre domination.

Faut-il que Nous vous montrions des exemples ? L'un des mensonges de votre époque, est celui qui a déclenché la guerre en Irak. Nous vous le disons chaque jour, on vous ment pour déclencher en vous des réactions émotionnelles qui vont leur permettre de resserrer autour de vous un peu plus leur étau, et de surcroît avec votre aval !

Nous vous le disons, écoutez et regardez avec discernement, et faites en sorte de réfléchir avec une analyse froide déchargée d'émotion et là, vous réaliserez à quel point vous êtes des jouets, des marionnettes entre leurs mains.

Prenez conscience qu'avec toutes les technologies actuelles ils savent tout de vous. N'oubliez pas ce que Jean a dit dans l'Apocalypse : *"Les hommes porteront sur eux le signe de la bête."* Eh bien cela a déjà commencé, certains de vos frères portent déjà sur eux, dans leur chair, la puce, et ils sont déjà devenus leurs "choses". Comprenez que, quoi que puissent faire les porteurs de la puce, rien n'échappe à l'oppresseur.

Alors, pour vous et pour vos enfants, ne les laissez pas faire. Prenez la Voie de l'Amour et vos réactions seront différentes face à la manipulation de vos esprits. L'Amour seul sera le rempart à leur haine, à leur soif de domination. Nous vous le disons :

arrêtez de vous laisser conduire sur le chemin de la perte de votre identité, de la perte de vous-mêmes. Prenez le Chemin du changement de vos habitudes, de vos pensées, ouvrez les yeux et laissez l'Amour être le conducteur de votre vie ; ne laissez pas le mal vous envahir, il vous conduit à la fin de tout ce que vous êtes : des hommes et des femmes libres.

N'oubliez jamais que vous avez été créés libres et que bien de vos semblables sont morts, se sont sacrifiés au nom de cette liberté que vous laissez chaque jour un peu plus derrière vous, bien sûr sans en avoir conscience.

Écoutez votre cœur dans le silence, laissez-le vous parler dans la sérénité que vous apporte le silence, là vous allez entendre l'Appel du Père : *"Mes enfants libérez-vous du joug de Mes ennemis, redevenez Mes enfants, aimez-vous, respectez-vous : respect des autres et respect de vous-mêmes."* Comprenez que chaque être doit être libre de ses pensées et de ses actes : lui seul doit prendre les décisions et mener sa vie selon ses choix, selon ses décisions, sans aucune influence ou manipulation de qui que ce soit, dans le respect de sa propre identité, de sa vérité qui n'est pas forcément la vôtre. N'oubliez jamais que chaque être est libre de droit, car tel a été et est Son désir Suprême. Nul n'a le droit de décider pour lui, car Lui le Père vous a donné ce droit. Respectez-le déjà vous-mêmes. Commencez Mes enfants ce grand changement libérateur, sinon la Terre sera un enfer pour vous et vos enfants si vous ne réagissez pas, prenez-en bien conscience : le changement c'est maintenant, demain il sera trop tard.

Je vous dis, moi qui vous transmets ce message au Nom de Celui qui Est, que seul l'Amour que vous ferez jaillir du plus profond de votre âme, là où il est enfoui depuis votre création, vous sauvera et sauvera les autres. N'hésitez pas à appeler cette Énergie d'Amour, car elle seule sera le rempart contre les forces destructrices de votre humanité. »

« *Chacun, parce qu'il pense, est seul responsable de la sagesse ou de la folie de sa vie, c'est-à-dire de sa destinée.* » (Platon)

Mercredi 7 août 2013. Message N° 165

« Comprenez que ce qui vous est demandé est de faire le Chemin libérateur de votre âme, faites donc ce voyage et venez Me rencontrer là où Je réside.

Ce voyage vous mènera au centre de votre âme là où se trouve Mon Amour Libérateur. Je vous le dis, si vous ne prenez pas conscience que la clé de votre destinée et celle de toute l'humanité se trouve là en vous, en chacun de vous, l'humanité basculera dans les ténèbres.

Sachez que là se trouve la connaissance qui va vous ouvrir la porte sur la révélation de votre identité et de celle de l'humanité, et croyez-Moi votre vie changera : la peur disparaîtra et laissera la place à la confiance absolue en Celui qui Est. Toutes les barrières s'effaceront et l'espace infini sera votre royaume, la Source Suprême de Lumière et d'Amour éclairera votre vie, dans la paix retrouvée dans l'unité de l'Un et le grand voyage d'enfants de Dieu continuera dans l'Amour retrouvé qui vous libérera du joug des hommes et du mal qui gouvernent vos vies.

Je vous le dis, vous devez changer pour Le trouver, Lui, le Seul et vrai Maître, Créateur de notre Univers. Trouvez-Le et vous serez sauvés. *"Combien de temps Mes enfants allez-vous Me faire attendre, combien de temps ?"* Je vous le dis et Je vous le répète, il reste peu de temps avant que les ténèbres n'arrivent sur Terre ; réagissez vite pour que la Lumière de la Vie se dresse devant les ténèbres, ne laissez pas l'obscurité envahir vos âmes.

Ouvrez vos âmes à la Lumière étincelante de l'Énergie Suprême d'Amour du Père pour que Son Règne de gloire s'établisse sur Terre et chasse le serpent destructeur de vos vies et de votre Terre. À vous maintenant de prendre la décision, votre décision, mais surtout ne L'accablez plus de tous vos maux, car c'est vous qui choisissez votre destinée. Sa voie est dans l'Amour retrouvé. L'autre voie, celle du serpent, est dans la peur et le malheur.

Si vous ne faites pas l'effort du changement, sachez que viendra sur la Terre un malheur tel que l'humanité n'en a jamais subi. »

✣

Jeudi 8 août 2013. Message N° 166

« Arrêtez cette descente aux enfers, le seul salut viendra de vous et de vous seuls. N'oubliez jamais que vous êtes des hommes libres, libres de vos choix, mais cela vous ne pouvez pas l'entendre. Si vous pouviez enfin comprendre que vous êtes les maîtres de votre destinée et réagir, car en vous se trouve la Force, Ma Force ! Alors Mes enfants, faites le chemin, venez à Ma rencontre pour qu'ensemble Nous libérions votre Terre, Ma Terre, de la noirceur de certains êtres qui vous conduisent à votre destruction, pour leur propre gloire et votre gouvernance.

Je vous le dis et J'insiste, ne vous laissez plus manipuler par les adeptes du serpent destructeur de vos vies et ennemi héréditaire de Ma Gloire ; soyez Mes défenseurs sur Terre pour accéder à Mon Royaume de Paix et, quand le moment sera venu de la victoire finale dans Ma Gloire retrouvée, vous serez près de Moi.

Soyez les défenseurs de votre liberté, vivez pleinement en conscience de votre propre identité, de votre réalité et tout sera unifié pour l'éternité.

Ne vous laissez plus conduire par ceux qui Me combattent depuis des siècles et qui vous maintiennent dans la dépendance de dogmes erronés, pour leur seule puissance et leur soif de destruction et de sang ! »

✣

« Choisis toujours le chemin qui semble le meilleur même s'il paraît plus difficile : l'habitude le rendra bientôt agréable. » (Pythagore)

Mardi 13 août 2013. Message N° 167

« Au nom de la Liberté, au nom de l'Amour, qui furent le règne, les fondements de la Création, et qui illuminèrent les premiers temps de la vie sur Terre.

Où sont passés les enfants créateurs de cet Univers, ces enfants dont l'âme était pure, dont la pensée était libre et conscients de leur identité ? Dans quel monde se sont-ils perdus ? Dans un monde de peur, de violence, d'égoïsme, d'ego démesurés, de doute, de haine et surtout de manipulation.

Réagissez Mes enfants, bannissez de vos vies tous ces adjectifs négatifs ; combattez-les pour votre délivrance, redevenez des êtres libres de vos choix, de vos idées, simplement de votre destinée et respectez la liberté des autres, les choix des autres et le droit à la différence.

Faites de nouveau appel à l'Amour qui est là en vous, enfoui au plus profond de votre âme où siège l'Amour Pur de Celui qui Est, qui Fut et qui Sera ; là est votre liberté, là se trouve le droit d'être ce que vous êtes. Tout ce que vous faites, faites-le en votre âme et conscience, arrêtez d'agir en fonction des autres, soyez vous, seulement vous.

Oubliez ce que les autres pensent, les bien-pensants, les donneurs de morale qui ne s'applique qu'aux autres, mais pas à eux. Je vous le dis faites ce que vous, vous voulez ; arrêtez d'avoir peur, car l'Amour peut tout transcender et faire évoluer votre esprit vers d'autres dimensions ce qui vous reliera à l'Être Suprême et votre vie ne sera plus la même.

Combattez vos pensées négatives, vos paroles désobligeantes, aimez-vous au-delà de vos différences, car, seule, cette arme vaincra la noirceur de tous les êtres dont les pensées et les actes conduisent la Terre à sa fin et à votre esclavage. Alors libérez-vous de toutes ces influences négatives qui obstruent vos esprits et vous mettent à la merci de tous ces êtres qui vous dominent et vous maintiennent dans la violence, la peur et l'agressivité.

C'est pour cela qu'il faut prendre le chemin du changement ; réalisez que cela est à votre portée, car vous êtes les enfants de Dieu, et avez en vous toutes les capacités pour vaincre le mal, et vous apporter ainsi qu'aux autres l'Amour et la Lumière. Vous êtes des êtres exceptionnels qui pouvez transcender le mal en Bien, car tout est là présent en vous pour vaincre la noirceur.

Mes enfants sauvez-vous et sauvez les autres ; devenez les disciples de Celui qui est venu vous enseigner que l'Amour seul doit être le Règne sur cette Terre et dans l'Univers. Mettez en pratique ces deux enseignements suprêmes : *"Aimez Dieu plus que tout et aimez-vous les uns les autres."*, de là découlent tous les autres. Son Enseignement est celui-là, et seulement celui-là, le reste appartient à l'homme.

Si vous prenez pleinement conscience de cela, vous tous Ses enfants, vous appliquerez Sa Parole et le Règne de l'Amour Pur sera la Lumière des mondes qui illuminera la Terre et l'Univers, mettra fin à la peur, à la manipulation de vos esprits, et vous rendra libres. Tel est le désir de Dieu, pour que vous puissiez accomplir votre destin tel que vous, et vous seuls, l'aurez choisi, en pleine conscience de vos actes, dans l'Amour et dans votre identité retrouvée, pour votre bien-être et celui de l'humanité.

Chassez la peur mauvaise conseillère, mauvaise conductrice de vos pensées et de vos actes ; faites place à l'Amour qui vous ouvrira la porte de la conscience, de la Vérité, de la Lumière des mondes de Celui qui Est l'Incréé, Dieu de l'Univers, Énergie Suprême dont, sans exception, vous faites tous partie.

Aimez-vous, vous êtes et vous faites partie de ce Tout, accomplissez ce qui doit être accompli pour que le Règne de Gloire de Celui qui Est, Soit. »

Mercredi 14 août 2013. Message N° 168

« Dans le plus profond de votre âme, là où vous n'allez jamais, siège l'Amour le plus Pur qui soit. Cet Amour c'est Lui, Il est là et vous n'en avez pas conscience, car vous l'évitez en permanence par peur ou par ignorance. Pourtant Il vous attend, accordez-Lui un peu de votre temps ; quand vous priez, votre esprit souvent s'égare, car vos pensées sont dirigées vers l'extérieur de vous. Ramenez vos pensées à l'intérieur de vous et guidez vos prières vers Lui, vers votre âme, là où Il vous attend pour rencontrer Son Amour, Sa Lumière. Cette rencontre illuminera votre vie et vous deviendrez les nouveaux disciples, les nouveaux chevaliers combattant pour une unique vérité, Sa Vérité, qui vous conduira en ayant à la main la seule épée qui sera victorieuse contre les forces du mal.

Il vous donnera, Il mettra en vous toute la Force de Son Énergie, de Son Amour, et cette Énergie d'Amour combattra, avec la puissance de mille soleils, les forces d'énergie destructrice qui règnent sur cette Terre et dans le cœur de bien des hommes. Si vous ne réagissez pas, ils vous asserviront pour leur seul profit. Alors devenez les combattants, les chevaliers dont la seule arme sera l'Amour, l'Amour retrouvé du Père qui vous conduira à la victoire finale sur les forces du mal. Le mal est illusion, nous le créons par nos pensées, par nos actes ; inversons nos pensées et nos actes, ainsi nous rejoindrons l'Armée de Celui qui Est, pour combattre avec Lui toutes ces formes de pensées destructrices de Sa Création et de l'humanité.

À vous maintenant de savoir ce que vous désirez, combattre le mal par l'Amour ou continuer à alimenter les forces du mal régnant sur Terre. Ne sous-estimez pas la Puissance de l'Énergie d'Amour, c'est par l'Amour que tout a été créé, par la puissance de l'Énergie Suprême d'Amour de l'Incréé, Dieu Maître de l'Univers visible et invisible. Alors réfléchissez et décidez-vous, car le temps est accompli. »

Lundi 19 août 2013. Message N° 169

« Vous devez réfléchir et vous poser la question : pourquoi êtes-vous ici ?

Pour libérer vos énergies. Lumière... obscurité, Maison de Dieu, Amour.

Canal obstrué, énergies dispersées, canal en danger trop martyrisé, pieds attachés obstrués.

La page est écrite en sens inverse, écrite avec du sang, le sablier est retourné. »

✤

« Dieu a aussi son enfer : c'est son amour des hommes. » (Friedrich Nietzsche)

Mardi 20 août 2013. Message N° 170

« Il faut que vous preniez le temps nécessaire à la réflexion sur vos vies. Quel sens a votre vie ? Regardez le temps qu'il vous reste pour accomplir ce qui vous a amenés à vous incarner.

Vous allez Me dire : "Nous n'en avons pas conscience." Bien sûr que vous n'en avez pas conscience, car vous restez fermés à l'appel de votre Moi, vous fermez systématiquement la porte ; pourtant si vous étiez capables d'oser affronter vos peurs vous feriez la plus grande découverte sur la réalité de votre vie et de l'Univers.

Alors Je vous dis : allez chercher au plus profond de votre âme les réponses, afin d'accomplir la raison de votre incarnation, et de ce fait, vous mettrez un terme aux incarnations pour vivre éternellement dans d'autres dimensions avec la conscience retrouvée de Celui qui Est. »

✤

Mercredi 21 août 2013. Message N° 171

« Mes enfants, le temps est venu de prendre en considération les avertissements des prophètes ; ne croyez pas que vous serez épargnés, nul ne le sera, car les éléments se déchaîneront de façon telle que la Terre entière sera ébranlée.

Cela fait des siècles que les prophètes vous ont avertis et que vous ne prenez pas au sérieux les avertissements qui vous ont été délivrés ; vous ne prenez même pas conscience que les prémices sont déjà là et que le châtiment a commencé jour après jour. N'attendez plus, changez Mes enfants, redevenez ce que vous êtes, des êtres d'une énergie de Lumière et d'Amour comme vous l'étiez au commencement des commencements ; faites jaillir en vous cette flamme libératrice de tous vos maux. Devenez les enfants du Très-Haut, ceux du début d'il y a des millions d'années, qui ont créé avec Lui votre humanité.

Ne soyez plus les moutons des puissances qui gouvernent vos pays, et qui sont elles-mêmes entre les mains d'une plus grande puissance qui les gouverne et les dirige ; ce sont aussi des pantins, mais à la différence de vous, ils les connaissent et œuvrent pour eux, et n'hésitent pas à sacrifier leurs peuples simplement pour leur soif de puissance, de pouvoir, servis par des ego surdimensionnés qui les conduisent à la fin de ce qui est.

Mais voilà, la peur est la gouvernance des nations, et par elle le mal en découle. Attention à l'obscurantisme, attention à tout ce qui n'est pas Amour, attention à tout ce qui n'est pas pardon, le reste vous fait descendre de plus en plus aux enfers.

Vous n'arrivez pas, non plus, à faire vôtres ces deux mots : Amour et Humilité. Si vous les mettez en pratique, ces deux mots seront les libérateurs de votre existence sur Terre, et ils vous accompagneront au-delà de cette vie terrestre, vers Celui qui Est l'Énergie Suprême d'Amour, Celui que l'on nomme le Très-Haut, l'Incréé, car Il Fut, Il Est et Sera, et c'est par Sa Force, par Son Énergie d'Amour Suprême que tout fut et doit être pour les siècles à venir, dans la reconnaissance de Son identité d'Être Suprême,

Énergie d'Amour bienveillante pour son Grand Œuvre qui n'a pas fini de vous étonner, car ceux qui savent, et ils sont nombreux, vous taisent la réalité pour vous maintenir dans la dépendance. Si la vérité vous était révélée, ils ne seraient plus les maîtres conquérants corrompus de ce monde.

Le temps est venu de prendre en mains vos vies et de les conduire avec lucidité sur la Voie qui est la Sienne, dans la conscience retrouvée de votre identité qui sauvera l'humanité. Pour cela remettez en question les fondements mêmes de ce qui vous a construits, comprenez bien que seuls l'Amour et l'Humilité doivent régner en vous, comme vous l'a enseigné Celui qui a été envoyé par le Père Éternel : Jésus le Christ. Deux mille ans sont passés et rien n'a changé, Son Enseignement n'a pas été entendu et si peu mis en application par ceux qui disent Le servir !

Réagissez et servez-Le pour la plus grande Gloire de Celui qui Est depuis les éternités des éternités. Que la Vérité Soit pour tous les enfants de la Terre qui sont, dans la grande majorité, ignorants de la réalité et à la merci de ceux qui la connaissent et gouvernent le monde pour sa perte, mais pour leur gloire.

Ne vous laissez plus faire, osez prendre le flambeau de Sa Lumière qui vous guidera vers la victoire, soyez Ses disciples avec pour bannière un seul mot : Amour, un seul soleil, car Il Est l'Astre Suprême d'Énergie Vitale, Force vivante qui éclaire les mondes et montre la toute-puissance de Celui qui est le Dieu Vivant et Éternel ; ne Le décevez plus, montrez-Lui que vous L'aimez et accomplissez ce qu'Il vous a enseigné. *"Aimez le Père plus que tout et aimez-vous les uns les autres."*

N'oubliez pas que le Souffle Divin est Énergie, le mot est énergie et tout est énergie. Alors diffusez avec une grande conscience le Verbe ; qu'il accomplisse la résurrection de l'Amour, de la Vie, et ainsi le jardin d'Éden sera pour que nous vivions tous ensemble dans l'Amour retrouvé, avec le Père dans Sa Gloire pour l'éternité. »

Jeudi 22 août 2013. Message N° 172

« Si tu savais, Mon enfant, toute la vérité sur la réalité de tout ce qui est, tu comprendrais combien vous avez été trompés. La source jaillissante de Mon Amour dans la Puissance de Ma force a tout créé dans l'Univers.

Bien des éléments vous manquent pour que vous puissiez prendre la dimension de ce qui est ; ne croyez pas que du jour au lendemain vous avez eu des génies qui ont créé des technologies qui ont fait avancer la science, c'est beaucoup plus simple : ils ont été guidés, inspirés, car le moment était venu d'aller plus loin. Mais Mes enfants, vous n'avez aucune conscience de la réalité de la puissance de certains hommes de votre Terre, de ce qu'ils possèdent entre leurs mains, vous prendriez peur ; pourtant, il ne le faut pas, car vous créeriez alors des énergies de destruction : ils ont la possibilité de détruire la Terre, pas seulement par le nucléaire, ils ont des moyens "qu'ils pratiquent déjà" : la manipulation génétique non seulement sur les animaux, mais aussi sur les hommes.

Ô Mes enfants, si vous saviez les atrocités que certains hommes font subir à vos frères, à vos enfants ! Ne comprenez-vous pas que l'on vous cache la vérité, que vous êtes manipulés par certains médias qui sont à leur solde, comme vos politiques à la solde des grandes puissances financières qui gouvernent la Terre ! Ils sont sans pitié envers les pauvres humains ignorants de leurs activités perverses et destructrices ; ils ne veulent qu'une seule chose : vous asservir, vous dominer tous par la peur ; ils créent des conflits, ils vous dressent les uns contre les autres pour arriver à une seule fin : votre domination, pour faire de vous et de vos enfants des esclaves.

Si vous saviez tout ce que l'on vous tait depuis tant de siècles ! Prenez-en conscience, comprenez que chaque jour vous perdez un peu plus de votre liberté, regardez tout ce qui se passe autour de vous, ne fermez plus les yeux, ne fermez plus les oreilles, acceptez de voir et réveillez-vous, il est temps que le combat commence, il est temps de dire STOP ! N'attendez pas le châtiment de Dieu, il aura lieu avant que Dieu ne le déclenche, car ils ont tout en mains pour créer des catastrophes et vous laisser croire que cela vient de Lui.

Le châtiment viendra-t-il de Dieu, ou bien de la manipulation inconsidérée de forces que l'homme a créées, et dont vous ne pouvez même pas imaginer la puissance destructrice ; l'homme est un apprenti sorcier, et tout peut lui échapper !

Prenez le flambeau de la Lumière de l'Amour et partez défendre vos vies, car seule la Lumière de l'Amour que vous allez mettre en place sera le bouclier contre ces fous avides de pouvoir, dont le cœur est cruel et froid, et qui vous considèrent comme une sous race ; n'oubliez pas tous ces fous inconscients qui ont voulu tout dominer, que de destructions que de malheurs !

Ne croyez pas que l'On vous dise cela dans le but de vous faire peur, mais dans un seul but : celui de la prise de conscience de ce qui se trame autour de vous. Ne perdez pas confiance, battez-vous avec l'arme la plus puissante qui est en vous : l'Épée de Lumière et d'Amour de Celui qui est Dieu, le Maître de l'univers, qui détient toute la Puissance, et si cette Lumière d'Amour est menée avec la foi inébranlable en Lui, vous sauverez votre humanité.

Mes enfants prenez-en bien conscience, car de là découle la victoire, car de là découle la liberté retrouvée. Qu'Amour, Lumière, Liberté, Humilité et Foi soient les mots d'énergie qui règnent sur Terre pour la libérer de la noirceur des serpents qui veulent la dominer. »

Vendredi 23 août 2013. Message N° 173

Ce message est différent, c'était une voix juvénile qui criait le manque de l'Être, la conscience de s'être rempli de la matière, de ne pas Lui avoir laissé sa place, puis la voix de l'Enseignant se fit entendre.

« Je voudrais tant vous parler de beauté, de joie, d'espérance et d'amour ! Qu'il était beau le temps jadis dans la Lumière de l'Amour de Celui qui Est le Très-Haut, Dieu d'Amour dont la présence illuminait l'Univers, où chacun pouvait Le percevoir, L'entendre et Le recevoir en lui. Ô quels temps bénis, que Sa Gloire était grande, que Son Amour Nous nourrissait, comme Nous nous aimions en ce temps-là !

Que sommes-nous devenus ?

Perdus loin de Lui, ignorant tout de Lui, pourtant toujours si Présent, mais tant Oublié de nous ! Comment pouvons-nous de nouveau Le retrouver, vivre de nouveau dans Son Amour retrouvé ?

Ô combien de fois j'ai crié vers Lui, combien de fois je l'ai supplié d'entendre mon appel, combien de fois, ô Mon Dieu, combien de fois ! Je sais ô mon Père que c'est moi qui ne t'entends plus, c'est moi qui ai fermé les oreilles, c'est moi qui ai fermé les yeux.

Père qu'ai-je fait, pourquoi Père me suis-je éloigné de toi, pourquoi alors que je possédais tout, tu nous avais tant donné, la Force de Ton Amour me portait, quelle folie ai-je faite ! Ô mon Père j'ai tout perdu, je t'ai perdu Toi qui es mon tout, mon essence, mon énergie vitale et mon soleil, lumière éclatante de chaleur que j'ai perdue. J'ai froid Seigneur, j'ai froid de Ton Amour. Éclaire-moi de ta Lumière, donne-moi l'Énergie qui insuffle la Vie, ouvre mes yeux, ouvre mes oreilles, que je sois de nouveau avec Toi, que je Te perçoive de nouveau et que Ton Amour me nourrisse de nouveau.

Que le temps béni de Ta Gloire et de Ta Conscience soit de nouveau en moi comme au commencement des commencements, dans l'unité de l'Un, dans l'Amour retrouvé.

Je n'aurai pas assez de l'éternité pour te demander pardon, pardon pour moi, pardon pour mes frères, pardon pour toute l'humanité, pardon pour T'avoir oublié, pardon de T'avoir rejeté et pardon pour tous nos péchés qui T'ont tant blessé, car Tu ne pouvais pas imaginer leur cruauté, Toi qui nous avais tout donné, Toi qui nous avais tant aimés ! Comment pouvais-tu imaginer que Tes enfants pourraient se retourner contre Toi et oublier tout l'Amour que Tu leur avais donné, tout l'Amour qui était en eux ! Comment ont- ils tout effacé pour T'offenser et détruire tout ce que Tu leur avais donné par Amour !

Je peux aujourd'hui prendre conscience de ce que nous avons fait et que nous continuons de faire. Viens mon Seigneur, mon Dieu, mon Père, Viens nous sauver, Réveille nos consciences, Inonde-nous de toute la Puissance de Ton Énergie d'Amour, qu'elle se déverse en nous, sur nous, sur toute la Terre, sur toute l'humanité ; que la puissance de Ton Amour nous donne la force de combattre pour Toi, avec Toi pour notre liberté, pour T'aimer, Te servir et jouir de Ta Présence, dans Ton Amour retrouvé pour l'éternité. »

« Ne pensez pas que je vous ai oubliés, c'est vous qui n'entendez plus Ma Voix ; Elle était pourtant si douce à vos oreilles si tendre à votre cœur. Réveillez vos consciences et tout cela vous sera de nouveau donné si vous le désirez. À vous de choisir de revenir vers Moi ou de continuer sur la voie du désespoir et de la destruction, vous êtes libres de vos choix, mais Je vous le dis : ne M'accusez plus de vos malheurs et de tous les méfaits qui sont sur Terre, vous êtes les seuls artisans de votre vie ; vous pouvez tout changer si votre cœur s'ouvre au Mien dans l'Amour retrouvé du commencement des commencements, dans l'Unité de l'Un. »

✤

Lundi 26 août 2013. Message N° 174

« ◇ Les hommes sont devenus complètement irresponsables !
◇ Il y a ceux qui sont dans la destruction et l'autodestruction.
◇ Il y a ceux qui laissent faire, ceux qui subissent, et aucun d'eux ne réagit à cette violence.

Jusqu'à quand allez-vous laisser le mal dominer votre planète ? Je vous le dis, si vous ne réagissez pas, si vous ne changez pas, le mal triomphera et vous serez anéantis au-delà de ce que vous pouvez imaginer.

Réveillez vos consciences à l'Amour. Je vous le dis, Lui Seul peut vaincre le mal. N'attendez pas d'être sauvés par les puissants de ce monde, ce sont eux les marionnettistes, ce sont eux les créateurs de ce désordre mondial, ils vous divisent pour mieux régner. Prenez-en bien conscience, n'écoutez pas certains médias qui manipulent vos esprits avec leurs commentaires, leurs analyses, ils sont pour la plupart à la solde des manipulateurs de vos gouvernements. Faites vous-mêmes l'analyse, soyez critiques, ne croyez pas tout ce que l'on vous dit, tout ce que l'on vous montre, les films sont bien souvent des montages, tels que le désire le pouvoir mondial en place. Prenez du temps pour réfléchir, faites vous-mêmes votre analyse, la vôtre et pas celle des autres.

Relisez les Évangiles ou lisez-les avec une grande attention ; gardez toujours à l'esprit que c'est à vous de les interpréter avec votre sensibilité, avec votre intuition, vous serez guidés si vous êtes ouverts à Son Amour. Ne lisez pas les interprétations des autres, même si ce sont des lettrés, car s'ils n'ont pas l'ouverture de la conscience de l'Amour, leurs interprétations seront intellectuelles et très éloignées de leurs véritables messages. C'est à vous seuls de comprendre les Écritures, cela aura d'autant plus de force et vous en serez imprégnés, tout votre être vibrera à l'unisson avec les énergies des mots, du Verbe. Quand Dieu désire faire entendre Sa Voix qui mène à la compréhension des Écritures, nul n'est besoin d'être un philosophe, un théologien, car Dieu parle à l'âme, et si l'Amour est activé au centre de votre âme vous recevrez la compréhension de tous les textes sacrés de l'humanité, car Dieu a caché le sens sacré des Écritures qui ne peut être révélé qu'aux âmes pures, ne s'achète pas, et ne se gagne que dans l'Amour. Alors vous aurez l'ouverture sur la connaissance de la réalité de Celui qui Est.

C'est comme la prière : la prière a une grande importance, elle possède un puissant égrégore d'une énergie salvatrice. Si la prière est dite avec Foi, avec Amour, dans la conscience de la portée de ce que vous allez psalmodier, de l'appropriation de l'intensité des vibrations du verbe émis, elle va atteindre le cœur de Celui ou Celle vers qui votre prière est destinée ; alors comprenez qu'elle doit vibrer, chaque mot doit avoir une note de musique, une vibration d'une puissante énergie d'Amour telle que Celui ou Celle qui la recevra ne pourra rien vous refuser, car cette note de musique transportée par votre foi aura atteint et enflammé Son Cœur qui déversera sur vous et sur l'humanité l'énergie de la puissance de Son Amour. De ce fait vos demandes seront exaucées sans toucher à ce qui doit être.

Alors réalisez que plus il y aura de paroles, de pensées guidées par l'Amour, plus elles seront transportées vers ceux à qui elles sont destinées ; de même, les paroles et les pensées guidées par le mal seront elles aussi transportées vers ceux à qui elles sont destinées.

Prenez-en bien conscience et entendez ce que je vais vous dire : quand vos paroles, quand vos pensées sont dirigées vers une personne, vers un animal, vers la Terre et tout ce que votre Terre-Mère Gaïa porte en elle et qui est nécessaire à notre vie, vers l'Univers et vers vous-mêmes, si ces paroles et si ces pensées sont des paroles et des pensées d'Amour vous servez le Plan de Dieu et vous vous sauvez, mais si vos paroles et vos pensées sont conduites avec la haine envers tout ce que je viens de vous nommer, vous servez le plan de Satan et vous vous détruisez.

L'Amour est l'élément nécessaire pour combattre la noirceur qui règne sur Terre pour la perte de vos âmes.

Réveillez-vous afin que chaque parole émise par votre bouche soit Lumière, soit Amour, soit Musique pour atteindre le Cœur de Celui qui Est le Très Haut et qui attend l'avènement de la conscience retrouvée de tous Ses enfants, afin que le Règne de l'Amour soit dans le cœur de tous Ses enfants et que revienne le Règne de l'Amour sur Terre, comme au commencement des commencements, dans l'Unité retrouvée pour vivre pleinement l'Ère Messianique qui amènera la Paix, la Lumière, l'Humilité, la Sagesse, l'Empathie, la Compassion, et tout simplement l'Amour.

Mais ce temps-là est loin, loin de vous, tout est enfoui au fond de vos âmes.

◊ Comment avez-vous pu quitter le jardin d'Éden ?

◊ Comment avez-vous pu instaurer et semer tant de haine, de désespoirs ?

◊ Comment ?

Vous avez choisi le chaos, vous êtes allés vers tout ce qui est éphémère plutôt que de rester dans la sécurité d'un lieu où vous aviez tout comme tous vos frères ; mais voilà, il vous fallait la richesse et la gloire et surtout ne plus partager, plus d'égalité, surtout pas oh que non ! Il vous fallait le pouvoir, dominer les autres pour accumuler des richesses et soumettre les autres à vos désirs, les privant du libre arbitre qui vous avait été donné par Amour, pour l'Amour et, le pire, croire pouvoir devenir Lui, quelle illusion !!! Devenir Lui !

Quelle grossière erreur avez-vous commise ! Comment avez-vous pu penser devenir Lui ! Pourquoi avoir suivi ce serpent envieux de puissance et surtout créateur du mal, destructeur de vos vies pour atteindre le Seigneur des Seigneurs ? Qu'a-t-il cru, ne sait-il pas qu'un élève peut dépasser le maître qui l'a enseigné, mais que nul ne peut dépasser le Créateur de toutes choses ? L'homme peut créer, mais il ne créera jamais ce qui a déjà été créé, et il ne sera jamais Celui qui a créé.

Il est temps de revenir à la Source Suprême dans la conscience retrouvée de Celui qui Est ; redevenez des petits enfants purs de toutes souillures et là vous Le retrouverez, Lui, Celui qui Fut votre Créateur, qui est votre Dieu et qui Sera éternellement votre Père. Il sera vainqueur, car nul ne peut Le vaincre. Accompagnez-Le dans ce combat contre les forces du mal, avec une seule arme : l'Épée de Lumière et d'Amour, la seule arme qui vaincra le moment venu les forces du mal. Commencez dès maintenant, que le chant mélodieux de vos prières dans la foi de vos paroles et la musique de vos actes préparent le chemin, et qu'ils accompagnent les trompettes célestes quand sera venu le moment du grand combat pour la survie de l'humanité et pour la Gloire et le Règne de l'Amour de Celui qui Est.

À vous de prendre pleinement conscience de ce qui se joue et se passe sur votre Terre ; Je vous le dis et vous le redis haut et fort : ne fermez plus les yeux, ouvrez-les bien grands et regardez en face la réalité de ce qui se vit actuellement autour de vous et sur tous les continents. Maintenant faites votre choix : l'Amour ou la Haine, la Possession ou le Partage, le Pouvoir ou l'Égalité, la Paix ou la Guerre.

Vous êtes les maîtres de votre destinée, vous êtes libres de vos décisions, mais Nous espérons de vous un sursaut de bon sens et vous voir prendre la bonne résolution qui sera pour vous libératrice de toutes vos peurs qui sont mauvaises conseillères de vos actes et de vos décisions, afin de vous ramener à Lui dans l'Unité de l'Un et dans Sa Gloire retrouvée, pour l'éternité des éternités. »

✣

« L'amour, c'est l'aile que Dieu a donnée à l'homme pour monter jusqu'à lui. » (Michel-Ange)

Lundi 26 août 2013. Message N° 175

« Dans l'obscurité, même dans l'obscurité Je règne, sinon il y a bien longtemps... »

✣

Vendredi 30 août 2013. Message N° 176

« Il faut comprendre qu'il est important d'être maître de sa destinée. Sachez que bien que nous soyons près de vous, vous êtes les maîtres de votre destinée. Désormais, prenez en mains votre vie, soyez à l'écoute afin de pouvoir franchir le pas le moment venu. Ne crois pas que tout cela peut se faire sans douleur, mais tel un accouchement la délivrance au moins aura lieu pour le service de tes frères.

Que la Paix et l'Amour soient avec toi. »

✣

« Chaque fois que vous ne suivez pas votre guidance intérieure, vous sentez une perte d'énergie, une perte de puissance et un sentiment de vide spirituel. » (Shakti Gawain)

Vendredi 6 septembre 2013. Message N° 177

« Le principal dans la vie est de savoir qui vous êtes et la raison pour laquelle vous êtes là. Ne pensez pas qu'il n'y ait pas de lien avec ce que vous êtes et ce que vous allez devenir, bien au contraire tout est relié depuis le commencement, car rien n'est dû au hasard, tout a un sens ; il vous faut cependant en prendre conscience et vous poser les bonnes questions.

Je vous le dis, il vous faut absolument vous ouvrir à Notre dimension pour accéder à plus d'élévation dans l'aide que vous allez apporter aux autres ; bien sûr vous allez Me demander comment faire, c'est à vous de prendre les décisions qui vous incombent.

Vous allez Me demander : "Quelles décisions ?" Cherchez et vous trouverez, et vous aurez la clé pour l'ouverture de la porte sur d'autres dimensions.

Le moment est venu d'accéder aux connaissances qui sont en vous. Accomplissez ce qui doit être, le temps est venu de l'écoute, tout est en vous, vous avez la clé.

Alors la porte s'ouvrira sur des dimensions encore inconnues, impensables même ! Surtout n'ayez pas peur, car, à la minute même où votre décision sera prise avec foi et avec une motivation réelle de changement pour retrouver votre véritable réalité (être ce que vous étiez au commencement : purs de toutes souillures, souillures que vous avez amenées avec vous au cours des incarnations successives, et dont il est temps de vous libérer), cela se fera dans la sincérité absolue et la foi dans la nouvelle aventure de la vraie vie de votre conscience retrouvée. N'attendez plus, avancez vers la Porte de la Liberté et de l'Amour obtenus. »

Dimanche 8 septembre 2013. Message N° 178

« Il y a bien souvent en vous une lucidité face à votre réalité, mais d'un geste vous balayez cet instant fugace qui vous dérange. Acceptez de le retenir et allez plus loin, n'ayez pas peur, (la peur est un frein à votre prise de conscience), ouvrez-vous à cette dimension qui ne peut qu'ouvrir votre conscience à votre réalité.

Mes enfants, aujourd'hui, en ce jour béni du 8 septembre et en présence de Celui qui Est, Je viens vers vous pour que vous entendiez Mes Paroles. Si Je viens vers vous, c'est pour vous rappeler qu'il est temps de prendre en considération tous les messages qui sont transmis depuis de longues décennies par ceux que J'ai choisis.

Je vous en prie, il est temps Mes enfants de mettre en pratique les paroles de Celui qui fut Mon Fils et qui, par Son Essence Divine, fait partie des Trois qui forment l'Un.

Dois-Je vous redire Ses Paroles : *"Aimez-vous les uns les autres comme Lui vous aime."*

Je sais que cela est très difficile, pourtant il vous est demandé de laisser un peu de votre humanité, et de voir en votre prochain Celui qui est venu se sacrifier pour chacun d'entre vous. N'attendez pas qu'il soit trop tard, réveillez votre conscience pour pouvoir déjouer les plans des forces occultes régnantes sur votre Terre.

L'Amour est l'arme la plus puissante qui se trouve en vous. Réveillez cette arme et faites-la jaillir du plus profond de votre âme et, tous ensemble dans un égrégore d'énergie d'Amour tel que l'humanité n'en a jamais vu, nettoyons la Terre des forces du mal, ces forces qui règnent et vous conduisent à la fin de ce qui existe pour la gloire de celui qui fut le serviteur de Celui qui Est avant que sa soif de puissance ne le fasse devenir l'ennemi du Bien et le traître qui déclencha la chute de bien des serviteurs du Dieu de Gloire, le Très-Haut, et de ses créatures les hommes qui se sont perdus à leur contact et qui continuent dans cette voie. Dites non à cette voie et prenez le chemin inverse de celui que vous avez emprunté. Aujourd'hui redevenez des serviteurs du Très-Haut, redevenez ses véritables enfants, redevenez

"Amour" comme Il le désire, afin de combattre avec Lui la noirceur qui habite la Terre et qui L'envahit de plus en plus. Stop à cette invasion, ralliez-vous à Son Étendard "la Croix Lumineuse de la Victoire", pour effacer "la croix de la souffrance, la croix de la mort".

J'habite l'Univers, J'habite en vous, J'habite en tous vos frères, Je Suis l'Un, Celui qui unit tout ce qui vit ; Je relie tout, car tout est lié à Moi depuis le commencement des commencements. Comment pouvez-vous croire que rien ne fut, alors que Tout fut par Moi !

Dans l'immensité du Tout Je Règne, Ma Puissance n'a d'égal que Mon Amour, et depuis le commencement Je vous donne le Tout. Croyez-vous que Je Sois loin de vous ? Détrompez-vous, Je Suis en vous. Je vous le dis, prenez conscience de cela, c'est un avertissement, soyez unis en Moi, pour Moi. N'oubliez jamais que tout a une utilité, personne n'est inutile, tout a une raison et tout est lié ; ne rompez pas la chaîne qui vous lie à Moi, ne pensez pas que vous êtes supérieurs aux autres parce que vous êtes plus riches, plus instruits ; à quoi cela vous sert-il si vous n'entendez pas, si vous ne recevez pas ! Celui qui est riche, celui qui est instruit, c'est celui qui Me reçoit et qui connaît la véritable Voie et la Réalité de ce qui est, car à quoi servent toutes vos connaissances livresques, si vous n'avez pas accès à Ma Connaissance, à Ma Vérité et à Ma Réalité !

Chaque être humain est choisi en fonction et doit continuer à former la chaîne de la vie qui perpétue la race des hommes ; mais jusqu'à quand cette chaîne reliera-t-elle tous les hommes à Moi ? Ne laissez pas briser la chaîne de la vie, car la fin arrivera pour tous les hommes de la Terre dans un grand fracas tel que l'humanité n'en aura jamais vécu !

Prenez en mains l'Étendard de la Croix Lumineuse et conduisez les hommes sur le chemin de l'Amour retrouvé, dans l'unité de l'Un, pour tous les siècles à venir dans l'Amour unifié de tous les hommes avec leur Créateur, le Très-Haut notre Dieu. »

Mardi 10 septembre 2013. Message N° 179

« Pouvez-vous Me dire si vous croyez en l'Espérance Divine ? Si tel est le cas, vous devez comprendre qu'il est important de savoir qu'Il ne peut qu'espérer voir l'humain devenir raisonnable, et prendre conscience qu'il est en train de défier les éléments, car il est maltraitant envers la Nature.

Dans ce domaine aussi la loi de cause à effet agira : tout ce que l'homme fait souffrir se rebellera et les éléments déchaînés modifieront la face de la Terre.

Vous croyez en la toute-puissance de l'humain, mais l'humain n'est rien sinon un élément parmi d'autres éléments qui devraient se montrer pacifiques, mais tout a ses limites ! Attention ! Il est grand temps de réagir pour sauver ce qui peut être encore sauvé. Si le temps le permet, pour vous le temps est important alors que le temps n'existe pas ; la pluie, le soleil, le vent et la neige ça c'est le temps, c'est du concret ; ce qui doit compter c'est le présent et le présent détermine le futur : l'avenir dépend de vos actes ! »

« N'essayez pas de devenir un homme qui a du succès. Essayez de devenir un homme qui a de la valeur. » (Albert Einstein)

Vendredi 13 septembre 2013. Message N° 180

« Entendez et écoutez ! Quand vous aurez compris que vous êtes indivisibles, que vous faites partie du Tout, vous prendrez conscience de votre vraie nature dans l'Unité de l'Un, et au-delà des apparences, que vous êtes issus de cette Unité Première, Lumière d'Énergie d'Amour qui est l'Increé, le Très-Haut, Celui que vous nommez Dieu depuis des temps immémoriaux. Dans cette Unité Première tout fut créé.

Vous terriens, vous n'avez pas encore toutes les connaissances de cet Univers, vous terriens, ceux que l'on nomme le commun des mortels, car certains d'entre vous détiennent des éléments qui vous relient à tout l'Univers.

Il y a dans l'Univers différentes civilisations et des êtres bien différents de vous, bien plus évolués, ayant des technologies et des connaissances bien plus avancées que les vôtres et qui ont été les artisans de votre évolution, et cela depuis des milliers de siècles. Tout vous parle d'eux et si vous y prêtiez attention, si vous réfléchissiez par vous-mêmes et si vous vous posiez les bonnes questions, cela devrait être d'une évidence éclatante et, croyez-Moi, ils sont nombreux ceux qui savent, mais se taisent. Ils ont peur de voir s'écrouler tout ce qu'ils ont bâti depuis des siècles, tous les fondements de vos civilisations, de vos dogmes, et peur de remettre en question tout ce qui est établi ; faire connaître la vérité est trop dangereux pour eux et quels bouleversements ! Ils perdraient le pouvoir sur tous les hommes, un pouvoir pourtant bien éphémère.

L'homme de cette Terre ne pense qu'à la matière, tout ce qui ne fait que passer et ne dure qu'un instant dans la vie de l'infini. Stupides créatures, quand allez-vous transmettre la réalité, la réalité et la vérité de ce qui est ? N'attendez pas la destruction de votre planète par la folie meurtrière de certains, avides de pouvoir et de manipulations cérébrales ; ils sont dans une telle folie qu'ils n'ont même pas conscience que la destruction des autres est aussi leur propre destruction, car tout sera détruit, tout prendra fin, mais cette fin sera aussi la vôtre. Brisez les chaînes qui vous lient entre vous depuis tant de générations et de générations, laissez éclater à la face de la Terre sa réalité et sa vérité pour l'unir à la grande famille de l'Univers et rejoindre, dans l'Amour et la Lumière, le Très-Haut.

Je m'adresse à tous ceux qui savent, à tous ceux qui se taisent : ne vous croyez pas plus puissants que les autres, car vous êtes dans les ténèbres ! Vous croyez avoir la connaissance suprême, vous en êtes en réalité bien loin sinon, depuis longtemps, vous auriez crié à la surface de la Terre sa réalité et sa vérité, car c'est pour vous votre salut éternel et votre retour dans votre Demeure. Alors n'attendez plus, osez bousculer ce qui est établi, pour vous et pour le salut de tous les hommes de la Terre. Vous vivez sur cette Terre depuis des générations et des générations, elle vous a reçus, elle vous a nourris et elle a fait de vous ses enfants, ne la laissez pas périr rendez-la à ses enfants ; rendez-leur leur vérité pour qu'ils soient de nouveau unifiés à leur Créateur, pour vivre dans Sa Lumière, dans Son Amour et mettre fin à la misère, à la haine et à l'injustice. Donnez aux hommes la possibilité d'être ceux qu'ils sont en réalité : les enfants de Celui qui est le Très-Haut, et non les enfants du destructeur de l'humanité. Par ce geste libérateur vous vous sauverez vous-mêmes ; écoutez la sagesse qui est en vous, écoutez et prenez conscience que les uns sans les autres vous n'êtes plus rien ! L'Unité ne peut se faire que dans l'Amour et la Lumière de la Vérité et de la Réalité de ce que vous êtes, dans l'Unité retrouvée de Celui qui est le Très-Haut, Créateur de tout l'Univers et Seul Maître qui ne sera jamais égalé, car Il fut Le Premier.

Il est le Tout et le sera pour l'éternité des éternités, car Lui Seul détient la Puissance, Sa Puissance se nomme Amour, se nomme Lumière. Seul celui qui détient en lui cette puissante énergie qu'est l'abnégation même de tout ce qui est et qui détient en lui la Puissance de cette Énergie Suprême qu'est l'Amour, aura alors la conscience éveillée de voir le Règne de Celui qui Est illuminer tous les Univers, tel que tout fut au commencement dans son Unité, pour le bonheur de tous les êtres des Univers. Il le verra dans la Lumière de Sa Gloire et dans Son Amour.

Je vous le dis, bien des secrets pourraient être révélés, mais c'est à vous et à vous seuls, vous qui savez, de prendre votre décision et de les dévoiler aux hommes qui sont aussi vos frères, car vous êtes libres de votre décision, mais vous ne pourrez plus dire que vous ne le saviez pas, et surtout n'oubliez pas qu'en sauvant les autres vous vous sauvez vous-mêmes ; Je vous le dis, prenez-en bien conscience avant qu'il ne soit trop tard. »

Lundi 16 septembre 2013. Message N° 181

« Il y a bien longtemps que nous essayons de vous faire comprendre l'importance pour votre âme d'être aujourd'hui sur Terre, l'évolution qui lui est demandée d'accomplir pour pouvoir progresser, afin d'aller sur des plans supérieurs et de continuer l'ascension vers Celui qui est le Très-Haut, car le but suprême de chaque âme et de rejoindre le Tout dans l'Amour retrouvé de sa véritable nature ; tout cela peut vous paraître tellement fou ! Pensez-en ce que vous voudrez, l'important est de travailler pour votre âme et non pas pour la matière qui, elle, est éphémère. Pensez-y, vous n'êtes sur Terre que de passage et tout ce qui appartient à la matière redeviendra poussière, alors que vos âmes sont immortelles et doivent continuer le Chemin.

Nous comprenons très bien que vous vivez dans la matière et nous comprenons tous vos besoins. Je vous le dis, quand on possède l'essentiel, pourquoi continuer à vouloir toujours plus de profit, au détriment des autres ? Apprenez à donner, apprenez à partager si vous voulez que votre âme reçoive en récompense le partage et la donation ; tout doit être fait par Amour, sans attendre quoi que ce soit en héritage ; étudiez bien la question, et souvenez-vous des paroles dites par Celui qui est venu vous donner le plus beau des messages d'Amour, Celui que l'on nomme Jésus le Christ Fils du Dieu Éternel : *"Aimez-vous les uns les autres."* et n'oubliez jamais que pour trouver Dieu il suffit de faire le Chemin intérieur, ce Chemin vous mènera à Lui dans cette vie et cela vous permettra d'accomplir Sa Parole et de vous ouvrir à la Lumière des mondes, dans la conscience retrouvée de Sa Réalité et de votre réalité. Ainsi, vous aurez accès à la Connaissance qui ouvrira les sept Portes qui mènent à Celui qui Est le Très-Haut pour l'éternité des éternités.

Nous savons que cela est difficile, mais pour accéder à ce Chemin il vous faut commencer par changer, par voir les autres autrement, par essayer de les comprendre et non les critiquer ou les rejeter ; chaque jour il vous faudra vivre différemment dans le respect de l'autre et des autres, il vous faudra accorder à chacun de l'empathie, de la compréhension face à leurs souffrances, à leur désarroi et leur apporter l'aide nécessaire. Bien d'autres choses doivent être faites avec désintéressement, avec amour sans jamais reprocher ce qui a été fait à celui que vous avez aidé ; pardonnez à celui qui vous a blessé, ne rejetez pas le pauvre, l'inculte, bien au contraire accueillez-les avec Amour, car n'oubliez pas que Celui qui est venu vous enseigner l'Amour vous a dit que *"ce que vous ferez aux plus humbles, c'est à Lui que vous le ferez"*.

Je vous le dis, avant tout il vous faut prendre vraiment conscience, mais vraiment conscience, du changement qui doit s'opérer en chacun de vous. Quand vous aurez compris que seul l'Amour peut vous sauver et libérer votre âme des réincarnations, et que l'Amour seul l'accompagnera sur le Chemin qui mène au Père, vous comprendrez bien que tout a été créé par Amour et que tout sera sauvé par Amour, car Il Est l'Amour même. Quand comprendrez- vous que c'est cela qu'Il attend de vous, en remettant l'Amour dans vos cœurs et dans votre vie et de la Lumière sur la Terre, est-ce si difficile ? Moi Je ne le crois pas. Alors prenez votre décision maintenant de tout changer et de vous aimer.

Quand vous aurez réalisé tous les changements nécessaires, vous allez voir avec quelle facilité les Portes du Chemin vont s'ouvrir et dans quelle félicité vous allez avancer à Sa rencontre et Le rencontrer dans l'Amour retrouvé du commencement des commencements. »

ஃ

Mardi 24 septembre 2013. Message N° 182

« Tant que vous considérerez que votre petite personne est ce qu'il y a de plus important pour vous, vous ne pourrez pas comprendre ce qui est l'essentiel pour vous, et le sens que vous donnerez à votre vie sera vide de toute substance.

Prenez le temps de vous poser les bonnes questions sans faux-semblants, avec honnêteté envers vous-mêmes, car si cela n'est pas le cas vous faites fausse route. Pensez plutôt à vous construire et à donner du sens à votre vie pour la combler de bien-être. C'est par cette voie que vous trouverez le Chemin qui vous guidera jusqu'au centre de votre âme où se trouve l'Amour de Celui qui Est. Si vous voulez Le rencontrer dans cette vie, là est le Chemin ; nul être sur Terre n'est parfait, mais il doit essayer de le devenir dans le respect de l'autre, des autres et de lui-même.

Je voudrais vous crier de ne plus reculer, d'amorcer le départ de cette nouvelle vie, mais vous êtes libres de vos choix… mais Nous sommes là aussi pour vous guider sur la voie de Son Amour. Je vous le dis, bienheureux celui qui trouvera la Voie et entendra Sa Voix, car il sera sauvé ; Je ne peux que vous encourager à vaincre les peurs qui bloquent l'accès à cette Voie.

Sachez que vous n'avez rien à perdre, mais que vous avez tout à y gagner. Que l'Amour de Celui qui Est vous accompagne et vous protège, pour mener à bien la grande aventure qui vous conduira à votre vérité, à votre réalité dans la conscience retrouvée de votre identité. »

✤

Samedi 28 septembre 2013. Message N° 183

« Il fut un temps où tout resplendissait dans la Lumière et l'Amour, où toutes les consciences étaient ouvertes et où nul n'était dans la dysharmonie, avant que le grand événement de la désunion n'arrive, et voici que le règne du mal fut instauré sur Terre. Nul ne le vit arriver, comme aujourd'hui la passivité qui vous anime vous conduit en enfer. Tout est permis, tout est accepté, plus de réaction, tout le monde est sans réaction : "ce n'est pas son problème" oui, c'est le problème de chacun, vous finirez par vous en rendre compte, mais là il sera trop tard. Alors réveillez-vous, activez vos consciences et surtout n'ayez pas peur, la peur est votre plus grande ennemie, faites confiance, élevez-vous dans l'Amour, n'oubliez pas que tout est énergie et si vous éveillez en vous cette merveilleuse force vous pourrez mettre un terme à tout ce qui se passe pour vous, pour les autres et votre planète.

Ouvrez-vous, ouvrez votre conscience afin de vous unir à tous les Univers et grandir dans l'Amour et la Lumière retrouvés de Celui qui Est. »

« Alexandre, Charlemagne et moi avons reçu l'extraordinaire pouvoir d'influencer et de commander les hommes. Mais notre présence était nécessaire. [...] Jésus-Christ, lui, a influencé et commandé ses sujets depuis dix-huit siècles sans être visiblement présent de corps. Alexandre, César, Charlemagne et moi avons fondé des empires. Mais sur quoi avons-nous basé les réalisations, notre génie ? Sur la force. Seul Jésus-Christ a fondé son royaume sur l'amour. » (Napoléon)

Vendredi 4 octobre 2013. Message N° 184

« Il y a bien longtemps, dans une autre Galaxie, vivait un Être d'exception, qui détenait en Lui toute la Puissance de la Création. Comprenez qu'en chacun de vous se trouvent toutes les connexions qui vous unissent.

Nous avons bien souvent désiré vous rencontrer, vous, ceux qui servent le plan de Celui qui Est, mais votre esprit est tourné vers tant de tâches matérielles pour aider les autres ! Alors on vous le dit : prenez du temps pour vous-mêmes, afin d'entendre ce que l'on a à vous dire et il y aura en vous plus de force à mettre au service des autres.

Enfants de la Terre, ouvrez votre conscience à l'universalité et comprenez que tout est un Tout que l'on ne peut dissocier, tout est relié au Tout. Le grand mystère de l'Univers ne peut être compris que si vous-mêmes prenez conscience de ce Tout, qui est présent en vous. Admirez comme chaque cellule, chaque atome s'imbriquent les uns aux autres, regardez comme tout dépend du tout et vous constitue ce corps, ce véhicule qui est unique pour chacun d'entre vous, mais qui par sa composition vous unit. Vous avez tout en vous, si vous vous ouvrez à Celui qui Est.

Cette connaissance sera la force nécessaire pour vaincre toutes les maladies, par la puissance de votre connexion avec Celui qui siège au centre de votre âme. Faites appel à la Force Christique qui est en vous, et de ce fait vous pourrez détruire en vous et régénérer toutes les cellules malades qui vous détruisent ; cette Force est là, présente en chacun de vous, allez vers Elle, en vous débarrassant de toutes vos peurs, de tous vos manques envers l'Univers, ce qui compose l'autre, les autres, vous-mêmes et la Création en son entier.

Quand vous aurez compris qu'il est temps de changer et de vous ouvrir à la dimension de l'Amour et de l'aide, sans attendre en retour une récompense, quand vous aurez fait le chemin du désintéressement et de l'Amour, vous pourrez enfin faire le Chemin qui vous mènera au centre de vous-mêmes pour vous unir à vous et à Lui. Là est la vraie puissance qui vous rendra maîtres de votre corps, jusqu'au départ de votre âme le moment venu, corps que vous quitterez en toute conscience. Cette ouverture en vous, vous aura permis de changer envers le Tout, ainsi vous aurez accompli la raison de vos différentes venues sur Terre, et vous aurez mis en application le véritable Amour qui ouvre les Portes de la Connaissance et restaure le Plan de Dieu sur Terre.

N'attendez plus, tout est en chacun de vous, on vous le dit et redit : tout est éphémère sur Terre, attachez-vous à ce qui est éternel et accomplissez l'Oeuvre de Dieu : l'Amour rien que l'Amour. »

« Quand le ciel veut sauver un homme, il lui envoie l'amour. » (Lao-Tseu)

Mardi 8 octobre 2013. Message N° 185

« L'important dans la vie est votre réalisation à l'échelle spirituelle et non bassement matérielle. Vous devez prendre conscience que rien ne vit dans vos vies, où est la plénitude ? Où est la confiance en soi ? Où se trouve le sens de votre vie ? Il n'y a que du mal-être, de l'insatisfaction, envie et jalousie ; si vous faites le bilan de votre vie, trouvez-vous de la satisfaction et du bonheur ? Faites-le honnêtement, soyez sincères envers vous-mêmes, prenez la voie du changement. C'est par vous et pour vous que vous devez le faire en premier lieu, et vous verrez tout ce qui en découlera pour votre bien-être et celui des autres. Ne perdez plus de temps, partez à la conquête de votre identité pour jouir enfin des vertus qui sont en vous et les distribuer aux autres dans l'Amour retrouvé de Celui qui Est.

Mes enfants, prenez le Chemin de votre délivrance sur Terre comme au ciel. N'attendez plus, amorcez ce changement libérateur de vos âmes et de vos esprits afin de vous voir de nouveau unis au Créateur des mondes, dans l'Amour retrouvé pour tous les siècles à venir et pour l'éternité des éternités. À vous maintenant de prendre le Chemin libérateur ou de vous fermer la porte qui mène à Lui. C'est votre choix et seulement votre choix qui compte. »

❧

Lundi 4 novembre 2013. Message N° 186

« Par l'Esprit de Béatitude l'Univers sera sauvé. Il est très difficile à l'homme qui s'est éloigné de Dieu d'entendre de nouveau Sa Parole. Si son oreille était ouverte au son de Sa Voix, il entendrait les sons mélodieux conduits par Ses Paroles d'Amour qui illuminent toute vie. Il lui dirait qu'il est temps pour lui de prendre en mains sa vie et de lui donner du sens, qu'il doit arrêter ses pensées et ses actes négatifs qui blessent, et venir Le rejoindre en trouvant le Chemin qui mène jusqu'à Lui. Pour cela il lui faut accepter de changer tous ces comportements qui font ce qu'il est aujourd'hui, pour devenir ou redevenir ce qu'il est réellement : un enfant de l'Amour.

Par cette rencontre avec sa propre réalité, il s'ouvrira les Portes de la Connaissance qui le conduiront vers la Lumière de Celui qui Est, et tout lui sera donné pour qu'il puisse devenir un disciple sur Terre de Celui qui Est, et apporter l'aide nécessaire à ceux qui désireront prendre en mains leur vie et commencer le changement nécessaire à l'accomplissement de leur destinée, dans l'Amour et la Confiance retrouvés de l'identité de fils de l'Univers.

Préparez-vous à ce changement, vous tous qui désirez accomplir la réalisation de votre être et sauver ce qui peut être encore sauvé de votre humanité. Libérez vos esprits de tout ce qui n'est pas vous, et redevenez ce que vous êtes depuis l'éternité : des créateurs de vos vies, puisque vous êtes des êtres libres. Prenez bien conscience que tous vos choix sont déterminants pour la continuité de votre Chemin. Vivez dans l'Amour avec l'Amour, ne le perdez pas de vue, tout doit être Amour et tout deviendra Lumière, et la Terre retrouvera le temps béni du Respect que tous les hommes avaient pour elle. Accomplissez, accomplissez et tout sera. À vous maintenant d'en prendre véritablement conscience, ayez foi en ce que vous faites et réalisez la raison de votre venue dans cette galère. Souvenez-vous, sauvez ce qui peut être encore sauvé, que vous dire de plus ? Agissez ! »

« Chacune de nos pensées, chacune de nos paroles, chacun de nos actes ont des conséquences sur notre avenir. » (Lucien Liroy)

Jeudi 7 novembre 2013. Message N° 187

« Il y a tant d'événements à venir qui vont bouleverser vos petites vies ; rien n'est établi, tout doit changer, ainsi va l'évolution depuis des siècles et des siècles. L'homme franchit des étapes d'évolution comme la Terre elle-même passe d'un état à un autre ; vous devez vous rendre compte que rien n'est figé, ainsi vont les événements. Mais vous, vous êtes tellement persuadés que vous pouvez tout maîtriser selon vos désirs ! Si l'un d'entre vous est capable de me dire qu'il peut tout maîtriser, ne serait-ce que les événements de sa propre vie, qu'il le dise, tel le temps qui nous échappe, que vous voyez passer et que vous laissez vous échapper sans prendre conscience que vous laissez ainsi passer votre vie, sans réaliser qu'un jour vous la laisserez ici sur Terre sans avoir accompli la raison de votre incarnation, non pas que vous n'ayez pas conscience du changement qui doit s'opérer en chacun de vous, mais par peur de ce changement qui pourtant fait partie de ce Chemin libérateur afin de pouvoir accomplir la libération de nouveaux actes passés et accéder à l'ouverture de votre véritable conscience, ce qui vous permettra de réaliser nombre d'œuvres salvatrices pour vous-mêmes et pour votre humanité, et d'accéder à jamais au Royaume de la Paix et de l'Amour.

Ainsi vous aurez accompli vos différents destins sur Terre et vous vivrez à jamais dans la Beauté et la Lumière de l'Incréé, le Maître de tous les Univers. Alors ne reculez plus, ne vous voilez plus la face, chassez vos peurs, la vie est courte : aujourd'hui c'est déjà hier et demain est aujourd'hui. Prenez en mains les jours qui vous restent à accomplir pour réaliser votre destinée sur Terre et prendre enfin conscience de ce que vous êtes et de ce qui doit s'accomplir, uniquement dans l'Amour pour vous et pour les autres. N'oubliez jamais ce que vous a dit Celui que vous nommez Jésus le Christ, car, Lui, Il est la Lumière pour éclairer les hommes ; n'oubliez pas Ses Paroles, faites-les vôtres car nul ne les a modifiées : *"Aimez Dieu le Père plus que tout et aimez-vous les uns les autres."*, cela est le Commandement Suprême si l'on veut être les véritables disciples de Celui qui est le Créateur Absolu de tous les Univers.

Il ne suffit pas simplement de Le prier, Le supplier de vous aider à accomplir toutes vos demandes, de dire que vous L'aimez, si vous n'êtes pas capables de vous aimer ; Son Commandement est le Commandement Suprême car de lui découlent tous les autres, prenez-en bien conscience : *"Je Suis le Chemin, Je Suis la Vie."* Prenez donc le Chemin qui est le Sien, il vous conduira à la vraie Vie dans la Lumière resplendissante de votre réalité unifiée à Celui qui Fut, qui Est, et qui Sera pour l'éternité des éternités. N'oubliez pas que votre vie sur Terre est éphémère et que l'autre est éternelle, réfléchissez-y bien et mettez tout en œuvre pour accomplir votre destin sur Terre, dans la Voie de Son Enseignement qui vous ouvrira les Portes de la félicité le jour de votre départ vers Celui qui est l'Amour et la Lumière des Mondes.

Ainsi, par vos actes conscients, votre nouveau Chemin dans l'Amour retrouvé du commencement des commencements vous conduira à Lui et vous prendrez en fait la mesure de Sa Vraie Nature. Alors dès aujourd'hui demandez-Lui l'aide nécessaire pour vous permettre de réaliser la raison de votre venue ; mais que votre demande vienne du plus profond de votre âme où siège Son Étincelle Divine, et que chaque parole émise touche Son Cœur. Ces paroles doivent être accompagnées d'une réelle envie de changer, qu'elles soient donc chargées de Vérité et d'Amour et vous obtiendrez la Lumière nécessaire qui vous éclairera le long de ce Chemin qui vous ouvrira les Sept Portes de la Connaissance qui vous amèneront à l'Ultime Porte de votre vérité et de la Sienne.

À vous maintenant d'en prendre la décision, car vous seuls êtes les maîtres de vos choix, mais Je veux vous rappeler que ce Chemin est libérateur, car l'autre ne pourra que vous maintenir ou vous conduire dans cette continuelle erreur qui est le destin que des hommes avides de pouvoir vous ont ouvert pour leur propre gloire, mais gloire terrestre. Tout vous avait été donné, mais tout vous a été changé au cours des siècles pour votre asservissement. À vous maintenant de faire le choix... Nul ne peut décider pour vous, car vous êtes maîtres de votre destin dans le choix de vos décisions et de vos pensées. À vous donc de prendre la voie que vous choisirez, mais n'attendez plus, car le temps est compté. »

Samedi 9 novembre 2013. Message N° 188

« Écoute la Parole de Celui qui est venu pour montrer le Chemin qui mène à Celui qui Est Le Très-Haut. Il vous a enseigné que tout homme qui désire rencontrer Celui qui Est, n'a qu'un Chemin, un seul : celui de l'Amour, mais pas n'importe quel Amour. Il lui faut aller Le chercher là où Il a été déposé : au plus profond de son âme, et le faire éclore afin que tout son être vibre à l'unisson avec toutes les énergies d'Amour de tous ceux qui L'ont rencontré, pour qu'il puisse jouir pleinement de Sa Lumière. Comprenez qu'il est important que chacun de vous puisse prendre ce Chemin ; il vous faut être nombreux et de plus en plus nombreux pour que votre rayonnement puisse détruire l'obscurité qui n'existe que par le mal que vous-mêmes véhiculez par votre égoïsme et surtout par vos peurs, alors que se trouve en chacun de vous le germe de l'Amour qui n'attend qu'une seule chose pour éclore. Comme un bourgeon a besoin d'eau pour éclore, ce germe d'Amour a besoin d'actes de charité, d'humilité, de pardon, de compréhension et, arrosé de cet Amour naissant, il fera éclore l'Amour de Celui qui est en vous pour vous joindre aux disciples de l'Amour et de la Lumière, dans un élan de grande grâce afin d'atteindre le Cœur de Celui qui Est. »

« Oh mon Dieu, mon Amour, que de vies déjà vécues sans Te connaître, sans écouter Ta Parole ! Pourquoi me suis-je éloigné(e) de Toi alors que Toi tu étais là présent en moi, attendant patiemment le réveil de Ton enfant ? Que de temps perdu, que de souffrances inutiles, que d'Amour perdu, pourquoi ne T'ai-je pas entendu ? »

« Tant qu'un Ego te limite, tu as plusieurs visages. » (proverbe zen)

Samedi 23 novembre 2013. Message N° 189

« Il y a dans la vie bien des événements qui sont là pour vous faire prendre conscience de vos erreurs, ils sont là pour vous permettre de modifier ces erreurs qui vous détournent de la voie que vous deviez emprunter pour vous élever.

Dans bien des cas vous en êtes responsables, car vous manquez de volonté et vous ne voulez pas changer ce qui est établi, mais qui vous fait stagner ; pourtant bien des fois une petite pensée vient à votre esprit, mais vous la rejetez tout de suite.

Vous Nous demandez Notre aide et quand l'aide arrive vous la rejetez, ainsi va le monde depuis tant de siècles ! Chaque fois que Nous avons voulu vous aider, tout a été rejeté par ceux qui se disent être les puissants de ce monde et qui ne sont en réalité que des êtres pleins de vanité et méprisables. Ils sont ce qu'ils sont, car c'était à leur tour d'être ce qu'ils sont, et ils reviendront dans d'autres conditions, et tant qu'ils n'auront pas compris la leçon, la ritournelle continuera. Ainsi va l'évolution, et plus vite vous en prendrez la mesure, plus vite vous en serez libérés. Prenez conscience de l'importance d'être attentifs à l'appel de ceux qui vont vous accompagner sur la Voie de la renaissance du Bien, afin que tous les hommes de la Terre retrouvent la paix qu'ils ont perdue par leur faute le jour où l'Humilité a laissé la place à la vanité.

Revenez vers votre véritable condition, celle de Fils et Filles du Très-Haut, afin de former de nouveau l'Unité du commencement des commencements. Que cela ne soit pas qu'un rêve, mais une réalité, cela vous seuls pouvez le réaliser !!!

Aujourd'hui, Moi qui vous transmets ce message qui est un message d'Amour envers vous tous qui ne croyez plus en rien, Je vous le dis : réveillez vos consciences à l'Amour, débarrassez-vous de tout ce qui n'est pas vous et venez chercher cette Lumière, cette petite flamme qui est si présente en vous et qui attend un signal de vous pour s'embraser. Imaginez que tous les humains de la Terre fassent cette démarche : alors la Puissance de l'Incréé illuminera les Cieux, vous Le verrez dans Sa Majesté et votre humanité sera sauvée.

Mes frères Je vous le dis, soyez à Notre écoute, Nous sommes là si présents près de vous, mais vous, vous êtes si loin de nous ! Prenez du temps, travaillez à cette rencontre, mais Je vous le dis : avant tout faites l'effort de vous débarrasser de tout ce qui n'est pas l'Amour.

La lumière qui est en vous doit jaillir et vous illuminer, afin que tous vos frères comprennent que la Voie est là. »

« Je déplore le sort de l'humanité d'être, pour ainsi dire, en d'aussi mauvaises mains que les siennes. » (Julien Offray de La Mettrie)

Dimanche 15 décembre 2013. Message N° 190

« Il y a bien souvent dans vos vies des rencontres avec des êtres d'exception. Cela vous est donné et bien souvent, je vous le dis ; ne croyez pas que cela est anodin, ces rencontres sont là pour vous permettre de prendre conscience du Chemin qui doit être le vôtre. Mais hélas, dès que quelque chose de bien se présente à vous, vous avez tendance à le rejeter. Telle est votre façon d'agir au lieu d'entendre, d'écouter le message et de le saisir. Comme il vous dérange et que cela demande des efforts, vous préférez le rejeter et continuer dans cette voie qui ne vous satisfait pas, plutôt que d'essayer d'amorcer le Chemin du changement et de la prise de conscience de votre réalité du moment.

Ainsi va la vie de milliers de gens qui sont toujours dans la méfiance et la peur alors que bien des vies changeraient, mais cela demande des efforts, ils ne sont pas prêts à le faire, et attendent des autres ce changement. N'oubliez jamais que vous êtes les maîtres d'œuvre de votre destin, il vous faut en avoir pleinement conscience.

Et c'est dans le silence de la nuit que Je viens à toi : peux-tu Me servir et Nous aider à faire comprendre qu'il est imminent pour vous tous de prendre conscience que seul l'Amour inconditionnel, celui qui englobe tout, doit régner dans vos cœurs ? Pour cela commencez le nettoyage de vos imperfections afin de pouvoir aller à la rencontre de cet esprit d'Amour qui siège au centre de votre âme, afin qu'il puisse éclairer vos vies, celles des autres et la Terre qui en a tant besoin, car vous n'imaginez pas la noirceur qui règne sur cette Terre ; chaque jour elle s'assombrit par votre propre négativité. Ouvrez-vous enfin à la Lumière, et plus votre Terre se remplira de Lumière, plus Nous serons proches de vous. Vous courez après des chimères alors que tout est en vous, réalisez-le une fois pour toutes, cela est d'une grande importance. Libérez votre âme afin qu'elle puisse accéder à d'autres sphères et atteindre la Sphère Céleste.

Votre Terre est un lieu d'épuration, alors faites-la et finissez-en avec tous vos manques, vos peurs, vos envies, votre égoïsme, votre méchanceté, votre ego, vos rancœurs et vos tentatives de pouvoir sur les autres. Devenez Lumière, devenez Amour, devenez Humilité, devenez Compassion, devenez Sagesse, devenez Tolérance et devenez Pardon. Amenez la Paix en vous et sur Terre dans l'Amour retrouvé du commencement des commencements. Vous êtes les libérateurs de vos âmes, soyez-en les maîtres, sauvez-vous et n'attendez pas que les autres vous sauvent, ils ne le peuvent pas, car ils doivent se sauver eux-mêmes. Arrêtez de croire tous ces faux prophètes qui vous promettent monts et merveilles, ils sont eux-mêmes incapables de se libérer ; comment voulez-vous qu'ils vous aident, ils n'ont qu'un intérêt : le leur. Arrêtez d'être naïfs et d'attendre le miracle, s'ils en faisaient, vous le sauriez.

Vous, et vous seuls, le pouvez par la prise de conscience de ce que vous êtes et la correction que vous déciderez d'apporter à vos fonctionnements actuels, par le changement et le sens que vous donnerez à vos vies, vous vous libérerez ; sinon continuez dans cette voie et recommencez encore et encore une venue sur Terre.

Quand vous avez la chance d'entendre ces paroles et que vous ne les saisissez pas, que vous ne les mettez pas en pratique et que vous ne faites aucun effort pour vous libérer de l'oppression de vos âmes, afin de pouvoir les rendre libres et d'accéder à la Septième Porte pour atteindre, au final, la Neuvième Porte qui sera pour vous l'ouverture sur l'ultime révélation, Nous pensons qu'il n'y a plus rien à vous dire !!! Gens de peu de foi, restez dans votre petit confort qui n'est que mal-être et souffrance, continuez à courir après les marchands de rêves qui ne vous feront pas plus avancer, mais régresser.

Nous vous le disons : vous êtes les maîtres d'œuvre de votre destin et cela depuis le jour où vous avez reçu le cadeau inestimable du Très-Haut : le libre arbitre que vous avez très mal employé et que vous continuez toujours à mal utiliser. Alors inversez tout cela pour atteindre l'ultime Sphère de la grande réconciliation salvatrice, avec tous vos frères auprès de l'Increé, le

Très-Haut, Lui l'Amour et la Lumière des mondes. Que le temps qu'il vous reste à arpenter les chemins de votre destinée sur Terre devienne un seul Chemin pour vous libérer, et n'oubliez pas que ce Chemin se nomme Amour.

Votre corps n'est qu'un véhicule qui subit les cycles comme tout ce qui vit sur Terre : naissance, enfance, adolescence, jeunesse, maturité, vieillesse et mort ; il en est ainsi pour tout ce qui vit sur Terre : deux cellules comme toutes les cellules, vie et mort, tel est votre corps. Mais l'âme, elle, continue son chemin ; prenez-en bien conscience, elle seule vivra éternellement, alors réfléchissez : c'est pour elle et elle seule que vous devez travailler à sa libération, n'oubliez pas que vous ne connaissez pas l'heure du départ, soyez prêts avant qu'il ne soit trop tard. À vous de décider, vous seuls devez faire votre choix, mais vous ne pourrez pas dire que vous ne le saviez pas. Ô Mes frères que de temps perdu ! »

IV
Année 2014

« Je le saisis, mais il n'est pas saisi. Je le capture, mais il n'est pas capturé. Quand je suis rempli de lui, je suis vide. Quand je le tiens, ce n'est pas lui. Et (pourtant) quand je demeure en lui, il demeure en moi. »

(Saint Éphrem le Syrien)

Lundi 3 février 2014. Message N° 191

« Que la Lumière Céleste descende sur vous et qu'elle éclaire vos esprits afin de vous faire comprendre et prendre conscience de l'imminence du changement qui doit s'opérer en chacun de vous. Nous vous observons depuis très longtemps, attendant de vous voir réagir et réaliser pleinement ce qui se joue actuellement autour de vous et en vous. Vous Nous laissez vraiment perplexes en vous voyant sans réaction et tout accepter ; que d'immobilisme, que d'égoïsme face à ce qui se trame et qui va vous conduire dans une spirale descendante !

Nous ne savons plus comment vous dire qu'il vous faut prendre le chemin inverse pour changer et remonter, dans la dignité des enfants de Dieu et le respect de toute la Création, vers la délivrance de vos démons destructeurs de vos âmes. Quand entendrez-vous Nos appels ? Quand réagirez-vous pour cesser cette incessante descente aux enfers que vous créez vous-mêmes ? Jusqu'à quand Nous faudra-t-il attendre pour que vous ayez en vous cette étincelle de lucidité ? Jusqu'à quand ?

Réveillez vos consciences à la vraie Vie, à votre vraie nature, à votre réalité pour retourner sur la Voie qui doit être la vôtre, la seule Voie qui vous conduira vers votre vraie nature, auprès de l'Increé seul Maître de l'Univers visible et invisible, le seul Dieu de tous les hommes, Celui qui est l'Infini, le Tout, Énergie Suprême Créatrice du Tout.

Par Lui tout fut dans la magnificence de Son Amour, par contre en vous tout fut dans l'ignorance et la destruction qui vous conduisent tout droit dans le mur de l'inconscience, et tout droit dans les ténèbres destructrices de vos âmes.

Hommes, qu'attendez-vous ? Réveillez vos consciences à l'Amour, rien qu'à l'Amour ! Arrêtez cette soif de gloire éphémère pour le simple plaisir de vos sens, de votre orgueil ! Ouvrez-vous à la Lumière et à l'Amour, que la Lumière et l'Amour vous pénètrent, laissez-les vous envahir, laissez-les vous habiter, qu'ils vous pénètrent et que chacun de vos mots porte en lui cet Amour, cette Lumière !

Hommes, éclairez votre Univers de cette Énergie Suprême qui est la Sienne, déversez-la sur tous vos frères, étendez-la à toute la Terre et qu'elle immerge l'Univers telle la mer inondant la Terre.

Ô hommes, ne laissez pas s'éteindre en vous cette Lumière, cette étincelle de Vie qui vous relie à Lui, le Très-Haut ! Ô hommes, soyez Lumière, soyez Amour et revenez dans la Maison du Père, Univers de Paix et d'Amour pour l'éternité des éternités ! »

Lundi 24 février 2014. Message N° 192

« Si tous les humains s'ouvrent à la dimension de Dieu, la liberté de tous éclatera, car chacun d'entre vous est un être libre, d'une dimension que vous ne pouvez même pas imaginer.

Laissez votre intellect, ne pensez pas avec votre tête, Je le dis bien, mais avec votre esprit, car si vous pensiez avec votre esprit l'ouverture serait bien plus grande. Le propre de l'homme est de toujours fermer la porte à sa petite voix que vous nommez conscience, pour se laisser envahir par ses pensées bien terrestres.

Alors prenez le temps et posez-vous, laissez passer ces pensées afin de saisir l'essence de votre esprit qui vous apportera une autre vision et une ouverture vers votre propre conscience, car tant que vous n'aurez pas accédé à vous-mêmes vous ne pourrez pas avoir cette étincelle divine, qui vous élèvera à la véritable Connaissance de la réalité de l'Univers.

Vous, humains, vous êtes encore des êtres primitifs, car malgré toutes vos connaissances vous êtes encore loin de Nous. Tant que vous n'accéderez pas à l'esprit il vous sera impossible de vous libérer de cette condition d'humains qui vous caractérise. Quand le génie est en vous, vous le qualifiez de "folie".

Combien de fois sont venus vers vous des êtres qui avaient en eux cette étincelle de Lumière que vous avez rejetée, par peur de sortir de la norme et surtout parce que votre tête, votre raisonnement, la bienséance ne pouvaient l'accepter ! Vous avez fait fi de la petite voix discrète qui pouvait vous dire le contraire ; comme il est facile de se laisser influencer par les autres et difficile d'entendre son esprit, sa petite voix !

Tout en vous doit être en accord ; il faut que tout soit unifié, que le corps, l'âme et l'esprit ne fassent qu'un pour que l'ouverture sur la conscience même se fasse dans l'Unité retrouvée de la Création. Il est important que vous preniez conscience que tout est lié, imbriqué l'un dans l'autre, de l'infiniment petit à l'infiniment grand, car tout est énergie et ce n'est que dans la conscience retrouvée de cette identité que tout sera de nouveau unifié. Nous pensons qu'il est temps pour vous humains de prendre enfin la direction de la sagesse et de la prise de conscience de votre dimension réelle de co-créateurs de l'Univers visible et invisible, car vous faites partie du Tout.

Laissez tomber votre dimension terrestre et ouvrez votre esprit à votre véritable dimension ; cela vous pouvez le faire si vous accédez à vous-mêmes et dès votre véritable prise de conscience du changement qui doit avoir lieu pour vous, car tout commence à votre propre échelle. Laissez votre esprit dominer votre tête et que votre âme retrouve sa véritable identité d'enfant de Dieu, pour vous conduire dans Sa Lumière. Accordez à votre âme, donc à vous-mêmes, cette libération. Faites éclore en vous cette âme prisonnière de votre corps, avant le grand voyage.

Connaissez "qui vous êtes" en étant toujours prisonniers de ce corps, de ce nom qui vous identifie et accédez aujourd'hui à cette conscience, dans ce présent-là, pour vous libérer définitivement de cet enchaînement et avoir accès à la mémoire originelle de l'Univers dans son entier.

Nous sommes là pour vous accompagner dans cette grande aventure, si vous faites le Chemin intérieur qui vous donnera accès à cette liberté d'être ce que vous êtes en réalité ; ouvrez-vous à vous-mêmes et la première Porte sera franchie. Allez, courage ! Ne mettez plus de freins, ne mettez plus d'entraves, chassez de votre tête toutes les excuses qui vous font arrêter sans cesse et reculer. Allez-y, ouvrez-vous enfin à la Lumière et à l'Amour de l'Énergie Suprême Créatrice du Tout dont vous faites partie, et libérez-vous de votre étroitesse d'esprit qui n'est que votre raisonnement d'humains, et ouvrez-vous à votre dimension Universelle et non terrestre.

Que l'Amour et la Lumière vous ouvrent les portes de cette nouvelle aventure. Tant que vous êtes encore dans ce corps, n'oubliez jamais que Seuls l'Amour et la Lumière vous ouvriront cette Porte ; accueillez donc en vous cet Amour et cette Lumière qui vous éclaireront tout au long du Chemin de l'esprit, pour vous faire accéder à la connaissance de vous-mêmes et de votre réalité.

Mais avant tout, débarrassez-vous de tout ce qui n'est pas vous, par le changement que vous devez apporter, au quotidien, dans vos relations aux autres et à vous-mêmes. Libérez-vous, libérez votre tête et laissez place à votre esprit ; pensez avec lui, par lui, pour lui. La dureté du Chemin est de vous aimer les uns les autres, tel que cela vous a été demandé, car la clé est là dans l'Amour et la Lumière parce que vous formez un Tout : aimer les autres c'est s'aimer soi-même.

À vous de choisir votre Chemin, soit dans la Lumière et l'Amour qui vous conduiront à vous-mêmes, soit dans l'envie et l'obscurité qui vous fermeront la porte de votre rencontre avec vous-mêmes, car c'est en vous retrouvant vous-mêmes qu'arrivera votre libération ; Alors, quelle explosion d'Amour et de Lumière pour votre accession à votre dimension d'enfants du Tout, Créateur du Tout ! »

ꟹ

« Ne te contente pas du "bien" ! Cherche plutôt à exprimer la "bonté". Sois généreux, offre ta lumière. Rien n'est écrit du chemin. C'est nous qui le traçons et l'inventons au fur et à mesure que nous avançons. » (Marc-Alain Ouaknin)

Jeudi 20 mars 2014. Message N° 193

« Il y a bien longtemps, perdue dans les entrailles de la Terre, il y avait la Connaissance de votre Univers. Caché aux yeux des hommes se trouve le Temple de l'Incréé que vous cherchez depuis tant de siècles, mais toujours avec des idées de pouvoir et de gloire. Cela Il ne peut l'accepter, car s'Il l'a caché aux yeux des hommes c'est qu'il y a une raison : L'homme se pervertit et détruit tout ce qui peut l'aider à vaincre ses propres démons et lui permettre d'être ce qu'il est en réalité dans sa globalité : L'homme en tant qu'humain, ou l'homme en tant qu'âme ? Que faut-il qu'il soit ? Humain, oui, mais avec la conscience qu'il est aussi une âme.

L'humain en lui meurt, mais l'âme en lui vit éternellement : qu'il prenne le temps de la réflexion ! Doit-il travailler pour l'humain, en qui tout est éphémère, ou bien pour l'âme qui, elle, doit continuer le Chemin ?

Comprenez bien que si vous ne travaillez que pour l'humain, même si la réussite est là, vous ne serez jamais pleinement dans le bonheur, car vous courez bien souvent après des chimères, et le jour du grand voyage vous perdrez tout, et vous laisserez votre âme avec beaucoup de lourdeur.

Si vous travaillez pour votre âme, vous ne manquerez de rien, car Il pourvoit à tout, et malgré les difficultés de la vie vous aurez toujours en vous le bonheur de cette rencontre avec elle, et au moment du grand voyage qui pour vous sera libération, vous amènerez avec vous la richesse que vous lui aurez donnée.

Si vous pouviez comprendre cela vous changeriez, car le Monde ne peut changer sans vous. Il vous faut donc changer pour que le Monde le puisse aussi, et si le Monde se met sur la Voie du Retour vers l'Amour du Père, vos yeux s'ouvriront et vous retrouverez le Chemin qui mène à l'ouverture de la Porte Céleste.

Ne cherchez pas à "savoir", vous les "mal-intentionnés", car vos yeux ne peuvent voir la Lumière du Lieu de Son Repos !

Arrêtez de passer à côté de votre vie. Le matériel vous induit en erreur, le Spirituel vous ouvre le Chemin de la Voie qui mène à Sa Connaissance.

Enfants de la Terre, réveillez vos consciences à l'Amour pour sauver votre âme et votre Humanité, le temps de son passage sur Terre ! Que la connaissance de l'Éternel soit le seul but de votre vie terrestre, qui n'affectera en rien ce qui doit être vécu lors de ce passage libérateur, afin d'atteindre l'Unification finale avec l'Incréé.

Si Nous pensions que tout était perdu, Nous ne serions pas là pour vous enseigner ; vous devez savoir que vous pouvez changer, cela est d'une grande importance prenez-en bien conscience, faites cet effort qui est capital afin de préserver la vie sur Terre et non l'anéantir, car, si l'homme continue sur la voie du non-changement, il court à sa perte : la violence deviendra de plus en plus écrasante et finira par détruire tout ce qui vous a été donné.

Apprenez à changer afin que les autres puissent changer, et que l'énergie de la Terre ainsi purifiée s'unisse à Celle du Père, pour purifier l'Humanité et rendre à l'homme ce pourquoi il a été créé : l'Amour de soi et l'Amour de l'autre. Si l'on pouvait vous ouvrir la conscience de la réalité, vous seriez anéantis de voir ce que vous êtes actuellement, car le souvenir de ce que vous étiez AVANT vous bouleverserait. Il est temps de faire le chemin inverse qui vous ramènera en Son Centre dans Son Amour, et le vôtre qui ne demande qu'à éclore, pour illuminer vos vies et votre Univers. Telle doit être votre quête pour votre libération et celle de tous vos frères.

Arrêtez de vous perdre, arrêtez et prenez en mains l'Épée de Lumière et d'Amour qui vous guidera vers Lui pour accomplir la grande réconciliation salvatrice de tous les Univers, afin d'accomplir ce qui doit être, dont le secret est gardé dans l'Arche d'Alliance et ne sera révélé que lorsque aura lieu la prise de conscience de l'Amour retrouvé pour l'Éternité, dans des Univers de Paix, afin que la Céleste Félicité Divine descende sur vous et éclaire vos âmes endormies pour les sortir de la léthargie dans laquelle vous les maintenez.

Entendez ces paroles !

La profondeur de l'abîme que vous avez créé avec Lui ne peut que se réduire par l'Amour retrouvé qui le comblera pour ne plus faire qu'Un, comme au commencement du Tout. »

✣

Dimanche 30 mars 2014. Message N° 194

San Damiano. Que de tristesse et de désenchantement dans cette voix, mais en même temps une grande fermeté.

« Ne Me laissez pas ! Quand donc reviendrez-vous ? Ce lieu est si triste sans votre présence ! L'argent seul n'est pas la réponse à votre refus de venir, c'est le manque d'envie, le manque de foi. Vous attendez toujours des miracles, mais que faites-vous pour obtenir ces miracles, vous allez prier, mais que changez-vous en vous ? Rien !

Pour vous, Nous ne sommes là que lorsque vous êtes en souffrance et par manque. Alors là, vous savez Nous solliciter. Venez donc, libres de toute demande, avec un cœur pur de toute haine, brandissant le flambeau de l'Amour, et vous recevrez au-delà de ce que vous ne pouvez même pas imaginer. Venez rencontrer la Puissance de Mon Amour, alors croyez-Moi vous changerez.

Nous vous bénissons et vous attendons dans l'Amour et la Lumière, pour voir de vos yeux et entendre Nos Voix Célestes, ici dans ce Lieu Béni de Notre présence. Nous vous attendons avec la Toute-puissance de Notre Amour afin qu'Il rencontre le vôtre. »

Dimanche 30 mars 2014. Message N° 195

San Damiano. La voix change, plus de douceur.

« Écoutez et entendez : ne croyez pas que Nous soyons insensibles à vos appels, Nous les entendons, mais vous êtes tellement fermés sur vous-mêmes que vous restez sourds à Nos réponses qui se trouvent, certes, dans le subtil, mais vous n'entendez pas.

Quand Mes Messagers interviennent pour vous laisser entrevoir le Chemin qui vous débarrassera de bien des problèmes, cela vous semble tellement insurmontable que vous trouvez toutes les réponses qui vous conviennent, pour vous prouver que la tâche est impossible, donc vous fermez la porte qui pourtant vous conduirait à la Libération et la Connaissance de vous-mêmes.

Prenez le temps de la réflexion avant de brandir le veto, ne tournez pas le dos à la main qui vous est tendue pour le propre sauvetage de votre âme qui n'aspire qu'à sa Libération. »

Samedi 3 mai 2014. Message N° 196

« Dis à Mes enfants que dans la Maison du Père, il y a une place pour chacun. Dis-leur qu'Il lie la parole avec l'acte, car la parole, telle une colombe, s'envole, mais l'acte, lui, sera jugé. Prenez-en bien conscience avant d'émettre le moindre son, car cela vous engage envers Lui. L'important, pour chacun, c'est d'être en harmonie avec soi-même, et quand cela est atteint, vous êtes en harmonie avec Lui. Nul doute ne doit encombrer votre vie, la confiance en Lui vous conduit sur le Chemin de l'Amour et de la Vie en totale plénitude avec Lui. Je vous bénis. »

Samedi 17 mai 2014. Message N° 197

« La Lumière est telle, dans le monde, que vous ne pouvez même pas La concevoir. Ô Mes enfants, que vous êtes loin de Moi, et chaque jour vous vous éloignez un peu plus ; pourtant Nous sommes si près de vous, et vous si loin de Nous. Il vous faut prendre le temps pour venir Nous rejoindre dans l'immensité de Notre Amour. »

Samedi 14 juin 2014. Message N° 198

« Puisse venir le temps de la fraternité retrouvée pour que Nous puissions ensemble reconquérir l'éternelle paix, bien que ce mot "paix" si fréquent dans votre bouche soit si peu appliqué ; Paix, Amour, Lumière ne sont que des mots qui ne font que passer et ne s'arrêtent jamais. Il est temps d'en prendre pleinement conscience pour le porter haut sur le chapeau de la révélation finale, qui reverra l'humanité dans la grande sagesse de ses débuts qui fut l'alpha.

Que vos mémoires s'ouvrent pour que s'accomplisse la libération de tous les êtres de l'Univers. »

Lundi 16 juin 2014. Message N° 199

« L'Amour Seul réunira tous les hommes. Si vous pouviez voir comment, dans l'unicité, vous apporteriez à chacun d'entre vous le paradis sur Terre ! Mais voilà, cela est trop vous demander ; si seulement vous pouviez l'imaginer, cela serait déjà une grande chose, mais vous en êtes tellement loin ! »

« *Que jamais le sommeil ne ferme ta paupière, Sans t'être demandé : qu'ai-je omis ? qu'ai-je fait ? Si c'est mal, abstiens-toi ; si c'est bien, persévère.* » (Pythagore)

Mardi 29 juillet 2014. Message N° 200

« Il est donné à chacun de vous la possibilité de retrouver le Chemin de votre véritable Demeure, il ne tient qu'à vous d'amorcer ce retour qui sera pour vous libérateur. Accéder à cela sera pour vous l'ultime acte de vos incarnations terrestres, vous serez enfin libérés de ce que vous nommez karma.

Alors prenez le temps de la réflexion sur le sens que vous devez donner à vos vies ; une fois cela accompli faites votre choix. Pour cela, il vous est possible de demander l'aide nécessaire à ceux qui vous servent dans l'Univers invisible, pour vous accompagner sur le Chemin de la Renaissance. N'oubliez pas ces mots : *"Demandez et vous recevrez."* Pour cela, il vous faut comprendre qu'il est important de demander dans la conscience de ce que vous voulez réellement, et tout s'accomplira si vous êtes sincères et vrais. »

❧

« *Les hommes se disputent la Terre : Hommes, la Terre, à qui est-elle ?* » (extrait du *Chant des pèlerins,* auteur inconnu)

Vendredi 1er août 2014. Message N° 201

« La plus haute montagne ne peut atteindre le ciel ; de même, il sera aussi difficile pour vous de l'atteindre si vous ne prenez pas conscience que vous n'êtes rien et en même temps que vous êtes tout face à l'Univers. La grandeur de la montagne, sa majestueuse présence vous paraît être figée, sans vie, et pourtant dans chaque millimètre il y a la vie ; d'elle sort une multitude d'énergies qui font partie du Tout comme vous. Regardez sa sagesse, regardez sa force, elle est de pierre, elle est de roc et pourtant elle est aussi la vie. Vous êtes de chair, vous êtes d'os et pourtant vous êtes la vie ; vous deux vous êtes esprit, vous êtes énergie comme tout ce qui vit sur Terre et dans l'Univers, vous êtes tous indissociables, car vous faites partie du Tout. Soyez donc dans le respect de tout l'Univers car il fait partie intégrante de vous ; cela peut vous faire bondir, mais prenez le temps de la réflexion, prenez le temps de l'observation. Chaque parcelle de la Terre, quoi que vous en pensiez, fait partie intégrante du Tout, l'énergie est le Tout, sans elle pas de vie. Le vent est énergie, l'eau est énergie, le feu est énergie, l'air est énergie, la vie est énergie et vous êtes comme un feu de paille face à tout cet Univers... et pourtant, vous êtes Conscience.

À ce titre, vous devez respecter et prendre soin de la vie sur Terre, sur mer et dans l'air pour rester dans la plus parfaite harmonie ; n'oubliez pas que la Terre, la mer et ce que vous appelez le ciel vous nourrissent, chacun a une utilité et vous permet de vivre, ils sont votre carburant, sans eux tout est fini. À vous de savoir maintenant montrer de la sagesse et du respect envers toute la Nature, si vous voulez continuer le chemin avec eux, car si vous les détruisez cela sera votre propre destruction. Prenez-en bien conscience, n'oubliez jamais que tout est un Tout et que vous faites partie de ce Tout.

◇ Manger, boire, respirer = vie.
◇ Nourriture, eau, air = vie. »

« Le Christ officie auprès d'autels qui ne sont pas construits de mains d'hommes ; ses temples ne sont pas les Églises de bois et de pierres, mais sont les cœurs des hommes saints. » (Évangile apocryphe de Saint Thomas)

Lundi 4 août 2014. Message N° 202

« Nous pourrions, si tel était Notre désir, vous permettre l'accès à l'ultime Connaissance de la réalité de ce qui Est. Mais voilà, de vous-mêmes vous Nous fermez la porte, par votre manière d'être ; il Nous est difficile de vous accorder Notre confiance au regard de ce que Nous observons, en vous voyant agir les uns envers les autres. Comment voulez-vous que Nous vous accordions Notre confiance, la moindre connaissance que Nous vous donnons est aussitôt détournée de son but final !

Tant que régnera en vous autant de haine, de mépris et d'indifférence envers les autres et le non-respect de toute vie sur Terre, comment voulez-vous que Nous vous fassions confiance ? Bien au contraire, ce que vous Nous montrez chaque jour Nous effraie. Vous vous dites civilisés et évolués : si l'évolution est ce que vous Nous montrez, Je vous le dis, vous n'avez rien compris, et vous devez revoir votre façon d'être chaque jour au quotidien. Nous pourrions vous énumérer point par point ce qui est pour vous le frein à votre propre accès à la septième Porte de la Connaissance ; l'ouverture de cette Porte vous donnerait accès à la neuvième Porte, l'ultime ouverture qui conduit à la Connaissance Suprême.

Mais vous ne Nous montrez aucun signe, les petites lumières d'ouverture s'éteignent aussi vite qu'elles s'allument, happées aussi vite par l'accès à la matière qui est toujours plus forte. Pourtant, si vous aviez une réelle foi en Nous, en Celui qui Est et en vous-mêmes, vous dépasseriez vite cette peur de l'inconnu. Accordez-Nous votre confiance, le Chemin sera alors plus accessible, plus facile et plus lumineux. Accompagnez vous-mêmes votre Chemin avec l'Amour au bout du fusil et non la haine, car l'Amour Seul vous fera atteindre la plénitude et l'ouverture vers la véritable Connaissance de vous-mêmes et des autres ; ne quittez pas cette Terre avec de la haine en vous, car elle continuera à vous tourmenter et il vous sera difficile de continuer le Chemin. Donnez-vous la possibilité de vivre dans la plénitude en quittant la Terre avec l'Amour en vous.

Nous sommes effarés par tant d'inconscience envers vous-mêmes. Pourtant vous croyez en la survie de votre âme, vous parlez de votre âme, mais que faites-vous pour elle, quand vous l'alourdissez avec des actes si petits et si vils ? Comme vous êtes souvent médiocres et incompétents, vous mettez en avant des excuses pour vous justifier ; soyez honnêtes ne serait-ce qu'envers vous-mêmes et vous y verrez plus clair ; occupez-vous de vous et non des autres, arrêtez de regarder comment ils gèrent leur vie, regardez comment vous, vous gérez la vôtre et vous verrez les autres différemment en vous observant. Cela est la première étape pour prendre déjà conscience de ce que vous êtes, afin de vous aimer en premier, car cela vous permettra d'aimer les autres.

Il vous faut avoir pleinement conscience que le travail que vous avez à faire sur Terre est la libération de votre âme qui ne peut se libérer que dans l'Amour pour vous et pour les autres ; de là découleront la libération définitive et l'accès à une dimension que vous ne pouvez même pas entrevoir ni concevoir, tant votre esprit dont vous êtes si fiers est étriqué, limité malgré toutes vos connaissances ! Nous parlons pour tous ceux qui se trouvent tellement intelligents et pour ceux que vous dédaignez, que vous trouvez incultes... Si vous étiez si intelligents, vous auriez compris que chaque étape sur Terre est pour chacun le passage dans des expériences différentes de la vie ; ce que vous êtes aujourd'hui ne sera pas ce que vous serez demain, alors pas de mépris si vous ne voulez pas en être également l'objet demain !

Nous ne sommes pas des moralisateurs, mais Nous sommes là pour vous faire entendre Nos paroles, à vous d'en faire bon usage et de prendre le temps de la réflexion sincère envers vous-mêmes. Quand cela sera bien clair et limpide pour vous, ouvrez bien les yeux sur la véritable mission pour laquelle vous êtes ici, sans vanité aucune ; accompagnez les autres vers cette ouverture vers eux-mêmes, si vous voulez qu'ils se libèrent aussi, et que vous puissiez tous ensemble trouver l'Amour et l'accès à la véritable Connaissance de soi et de ce qui est. »

⁂

Jeudi 7 août 2014. Message N° 203

« L'école de la vie vous apprend l'importance d'aimer. Il y a mille façons d'aimer, et mille intensités. Très peu d'entre vous connaissent la force de l'Amour, la puissance de l'Amour qui vous transporte au-delà de vous-mêmes, dans une plénitude de grâce et de joie qui peuvent vous paraître irréelles. »

⁂

Lundi 11 août 2014. Message N° 204

« L'esprit est le lien avec Ma Magnificence, l'âme est le centre où Ma Divinité réside. Les deux sont le lien indéfectible entre vous et Moi.

L'esprit, dans sa toute-puissance, vous ouvre la voie qui mène à Ma Voie, qui est l'axe nécessaire qui vous permettra l'accès à la Connaissance.

L'âme est le lieu de notre rencontre, quand vous aurez pris conscience que l'unique Voie qui mène à Moi est l'Amour.

Les deux vous ouvriront la Septième Porte qui vous mènera à la Neuvième, et là vous percevrez la réalité de toutes choses. »

« Pour atteindre la vérité, il faut une fois dans sa vie se défaire de toutes les opinions qu'on a reçues et reconstruire de nouveau, et dès le fondement, tout le système de connaissance. » (Descartes)

Mardi 12 août 2014. Message N° 205

« Dans l'existence de tous les jours il vous est donné, et cela bien souvent, la possibilité de vous racheter de vos erreurs quotidiennes. Vous cumulez régulièrement des fautes dont vous n'avez même pas conscience tellement cela est naturel pour vous, le problème est là. Il est temps de vous prendre en mains et d'analyser votre journée afin d'essayer de distinguer le bien du mal ; surtout ne vous voilez pas la face, et pas d'excuses, car tant que vous trouverez une excuse pour justifier votre comportement vous resterez dans ce cercle infernal de non-évolution. Il est temps de grandir et d'affronter votre réalité du moment, sans compassion pour vos actes, mais avec un jugement sévère sinon cela ne servira à rien. Ne perdez plus de temps en actions stériles, le temps est précieux, car vous ignorez l'heure du départ.

Alors, débarrassez-vous de toutes ces scories que vous avez si bien emmagasinées, devenez des adultes responsables et conscients de ce que vous êtes en réalité, et faites le ménage autour de vous et en vous, puis prenez la route vers un avenir exempt de toutes les erreurs négatives, sinon elles vous feront reprendre le chemin inverse.

Débarrassez-vous de tout ce qui vous est néfaste pour l'élévation de votre âme, et prenez le chemin vers la liberté d'aimer, dans la foi dans un renouveau en une vie d'Amour et d'humilité ainsi que le désire votre Père Éternel, le Dieu de toute l'humanité, humanité qui se perd dans un esclavage de matière destructrice de la vie.

Réveillez vos consciences, il vous suffit d'ouvrir les yeux sur la réalité de votre vie et du monde ; cela est effrayant, et vous restez passifs face à toutes ces horreurs accomplies par vous les humains dits civilisés. Devenez vraiment des êtres civilisés pour votre bien- être et celui de l'humanité avant qu'il ne soit trop tard : sauvez vos âmes et aidez les autres à en faire de même, pour que la Lumière soit.

Dans l'attente de vous voir prendre la bonne direction, Nous voulons vous encourager. Sachez que Nous sommes toujours là, près de vous, attendant que vous Nous sollicitiez sincèrement afin de pouvoir vous accompagner sur le Chemin de la renaissance du Bien. N'oubliez pas que vous ne pouvez pas Nous tromper, Nous connaissons chacune de vos pensées et Nous savons qui vous êtes en réalité ; cependant, Nous sommes là près de vous, sans jugement, simplement pour vous aider à vous libérer de tout ce qui n'est pas vous, afin de venir rejoindre la grande famille dont vous faites partie depuis le commencement des commencements.

Alors, n'hésitez pas à analyser votre vie et à vous libérer de toutes ces scories, afin de vous retrouver et revenir le moment venu à la Maison, pour l'éternité, dans la Lumière resplendissante de l'Amour de Celui qui Est.

À vous de choisir, car Nous ne pouvons pas le faire pour vous ; Notre rôle consiste à éclairer le chemin du retour et de la délivrance finale, qui ne se fera que par le choix que vous aurez fait.

N'oubliez jamais que vous êtes libres de toutes vos décisions et que personne n'a le droit de décider pour vous. »

Antisanti, Corse. Ce message porte une signature : celle de San Pio de Pietrelcina.

En Corse le 15 août revêt une grande importance, le jour de l'Assomption est un jour de fête. Les villes comme les villages vont célébrer avec ferveur cette journée, des plus jeunes aux plus vieux, hommes, femmes et enfants tous y participent : Marie n'est-elle pas La Patronne de la Corse, le jour national n'est-il pas le jour de l'Immaculée Conception, l'hymne national : le *Diu vi Salve Regina,* et son drapeau à l'origine ne portait-il pas Son Effigie ? En ce moment j'ai la nostalgie en repensant à mon enfance : toutes les familles faisaient des « frappes » dans mon village des (buscognu), des gâteaux traditionnels, des tourtes aux herbes... et tous ensemble avec allégresse nous participions, jusqu'à la procession suivie de la messe et puis du bal.

Vendredi 15 août 2014. Message N° 206

Avant de lire le message suivant, que j'ai reçu du Padre Pio, et pour tous ceux qui n'iront jamais à San Giovanni Rotondo, voici l'épitaphe écrite sur la tombe de la mère de Saint PIO : « Comme pour vaincre les ténèbres de la nuit, surgit du sein de l'aurore le soleil ; du sein de la mère, astre de Lumière le fils prêtre naît, et sur les ténèbres du péché, sur l'ombre de toutes les douleurs humaines, Il porte la Lumière de Dieu. » J'ignore qui a écrit cette épitaphe, mais c'est du vivant de Padre Pio.

« Il s'en dit sur Moi, il s'en est dit et il s'en dira encore. Ce que Je désire, c'est que l'on se souvienne de Moi comme d'un homme d'Amour et d'Humilité. Cet Amour et cette Humilité qui étaient en Moi, et Ma Foi une Foi sans faille qui m'ont permis d'être ce que J'ai été lors de Mon passage terrestre. Mon âme, tellement habituée à aimer Mon Seigneur et Mon Dieu, ne pouvait se nourrir que de Sa Présence ; c'est Sa Présence qui a soulagé ma souffrance et Sa Force m'a porté. Jamais vous ne pourrez comprendre les souffrances que j'ai endurées pour tous vos péchés. Porter Sa Croix, ce fut Mon plus grand bonheur, car Je soulageais aussi un peu la Sienne. Mes enfants, quand prendrez-vous conscience qu'il faut avant toute chose vous aimer les uns les autres si, vous aussi, vous voulez alléger le poids de Sa Croix ? »

« Les Puissances de Dieu sont disposées les unes au-dessus des autres, comme le long d'un arbre. De même que l'arbre produit des fruits grâce à l'eau, Dieu (le sublime vieillard) accroît au moyen de l'eau les forces de l'arbre. Et qu'est-ce au juste que l'eau de Dieu ? C'est la sagesse (Hokhmah) et les fruits sont les âmes des justes qui s'envolent de la source vers le Grand Canal et s'attachent à l'arbre. Et par quoi fleurit-il ? Par les Israélites. Lorsqu'ils sont bons et justes, la "Shekhina" (présence divine) habite parmi eux et habite leurs œuvres et les rend féconds. »
(Le Sefer Ha Bahir)

Samedi 16 août 2014. Message N° 207

« Dans l'Univers, il y a une multitude d'astres dont certains sont habités par des êtres bien plus évolués que vous, et dont la sagesse est l'élément dominant qui leur a permis une grande évolution qui les lie en permanence au Créateur. Nous vous demandons d'apporter une grande attention aux signes que l'on vous transmet ; par ces signes, vous prendrez conscience de l'imminence, pour vous, du changement qui s'opère en ce moment sur votre planète. Réveillez votre conscience pour que puisse s'accomplir ce qui doit être accompli, pour la libération de la terreur et la folie qui règnent dans bien des lieux sur Terre. Désirez-vous vivre dans la paix et dans l'Amour universalisés ? Alors prenez-en conscience et ouvrez-vous à la dimension de Dieu, la seule chose qui vous reliera à Lui est l'Amour.

À vous maintenant, au-delà de tous vos préjugés, de faire l'effort d'analyser la situation avec une grande ouverture d'esprit, afin de prendre conscience de cette réalité ; vous avez tous en vous la possibilité, par la puissance de votre esprit, de changer le cours des événements. Mettez de la Lumière, mettez de l'Amour dans vos pensées et dans vos paroles, vous ne pouvez vous imaginer la puissance des mots dits ou non dits ! N'oubliez jamais : au commencement était le Verbe et par le Verbe Tout fut. »

« Derrière toute physique, derrière toute chimie, il y a un principe, un principe d'énergie que l'on ne peut pas expliquer et que l'on peut qualifier de divinité. » (Jan van Helsing)

Lundi 18 août 2014. Message N° 208

« Il vous faudra encore combien de temps pour prendre conscience de ce qui se joue sur votre Terre ? N'attendez pas qu'il soit trop tard, réveillez vos consciences et prenez en mains le flambeau pour libérer votre esprit de l'emprisonnement dans lequel il se trouve, car lui seul transcendera la matière et vous libérera du joug des oppresseurs qui vous maintiennent dans un état de conscience qui limite votre réceptivité des événements à venir.

La libération de votre esprit déjouera tous les plans machiavéliques de ces puissants qui vous maintiennent dans un état de dépendance : ce sont les manipulateurs des événements que subissent tous les hommes, ce sont les manipulateurs de vos esprits, ce sont les manipulateurs de vos vies.

Réagissez afin de vous libérer de leur emprise, ouvrez votre esprit par la puissance de son énergie, n'émettez que des pensées de Lumière et d'Amour, que vos mots soient Lumière et que vos mots soient Amour. N'oubliez jamais que le nombre fait la force et cela malgré la puissance, l'argent et le savoir de tous ceux qui pensent être supérieurs. Ces dirigeants veulent vous imposer leur loi en créant des conflits qui laissent mourir des populations entières de toutes les façons que ce soit : guerres, épidémies, maladies qu'ils ont créées pour leur seul pouvoir. Eux qui sont de la "race des seigneurs", qu'ils n'oublient pas qu'en chaque être humain siège l'étincelle divine qui fait partie du Tout, l'étincelle divine de Celui qu'ils nomment le "Grand Architecte de l'Univers", Celui que l'on nomme Dieu et qui siège en chacun de nous. Chaque homme détient en lui cette parcelle de divinité qui fait de lui Son enfant.

Alors réveillez-vous ! Vous avez tous en vous l'énergie nécessaire pour combattre par la puissance de votre esprit, et vaincre tout ce que ces êtres dits supérieurs veulent vous imposer. Changez votre façon de penser, de parler : le verbe et le mot sont une énergie puissante, et si des milliards d'êtres humains utilisent cette puissance qui est en eux, ils vaincront et apporteront la paix et la sérénité sur Terre.

Activez en vous l'Épée de Lumière ; ainsi vous vous libérerez de la noirceur de ces êtres qui servent leurs seuls intérêts. Sachez que s'ils le voulaient, ils apporteraient le Paradis sur Terre. Défendez- vous simplement par la pensée, énergie suprême qui elle seule vous libérera et contrera les desseins de domination de l'homme, qui sera utilisé comme un esclave pour leur plaisir.

À vous maintenant de choisir le Chemin qui mènera l'humanité soit dans le chaos, soit dans la Lumière. Que la Paix soit avec vous. »

« Il y a pour chacun de nous une direction intérieure ; si nous savons écouter avec humilité, nous serons éclairés. » (Ralph Waldo Emerson)

Mardi 26 août 2014. Message N° 209

« L'espérance doit toujours être en vous ; ne vous laissez pas conduire hors du Chemin simplement parce que vos désirs ne se réalisent pas. L'homme a quitté sa Divinité, alors qu'il devrait vivre avec Elle. Il préfère vivre dans l'Amour de lui-même, ce qui le conduit sur des sentiers qui ne mènent nulle part. Prenez le temps nécessaire pour prendre contact avec ce Divin qui est en vous, pour vivre de nouveau en Sa présence.

La plus belle chose que vous puissiez faire pour vous-mêmes c'est celle-là, car elle est la seule à vous ouvrir la Porte de votre propre connaissance ; ainsi vous pourrez réaliser tous vos rêves par la puissance de votre esprit qui reprendra sa place. L'esprit qui est relié au Divin sera toujours plus fort que la matière et pourra vaincre tous les démons qui vous habitent, et vous amènera à la réalisation de votre incarnation. N'oubliez pas que vous devez vivre les différents cycles de vos vies terrestres pour vous parfaire et retrouver, au terme de celles-ci, le Divin qui est en vous et qui vous ramènera rejoindre le Tout ; ainsi vous serez libérés de vos passages sur Terre. »

« Vous avez peut-être des habitudes qui vous affaiblissent. Le secret du changement, c'est de concentrer toute votre énergie non pas à lutter contre le passé, mais à construire l'avenir. » (Socrate)

Mercredi 3 septembre 2014. Message N° 210

« Si vous aviez connaissance de votre réalité du moment, vous prendriez peur, mais cela il ne le faut pas, car cette prise de conscience vous permet de faire le chemin inverse avec conscience des changements que vous devez mettre en place, afin de vous purifier et vous libérer de tout ce qui n'est pas vous. Amorcer ce retour vers vous-mêmes est la plus belle victoire sur les forces du mal, tout ce qui vous tire vers le bas tels que l'envie, la jalousie, le mensonge, l'hypocrisie et tant d'autres !

Vous pouvez vous libérer de tout cela, et nous Nous sommes là pour vous accompagner tout au long de ce difficile retour. Nous savons bien qu'il n'est pas facile de se défaire de tous les masques successifs que vous vous êtes mis au long de la vie, Nous comprenons la peur qui est en vous face à ce que Nous vous demandons ; pourtant prenez le temps de la réflexion et analysez bien ce dont on vous parle pour être ce que vous étiez dans la pureté originelle. Il vous faut enlever tous les masques successifs de vos vies, et vous n'atteindrez le but que si vous êtes pleinement sincères dans votre démarche.

Nous vous certifions que “le jeu en vaut la chandelle” comme vous le dites si bien ; vous ne pouvez pas imaginer l’importance pour votre âme de faire ce travail ! Réveillez-vous, arrêtez de vous laisser “abrutir” par tout ce que l’on vous dit et montre ; ces personnes ne servent qu’un seul intérêt, celui du maître de la matière qui vous conduit de plus en plus loin de votre véritable identité d’enfants de la Lumière. »

Jeudi 4 septembre 2014. Message N° 211

« Il y a bien souvent des états de conscience qui vous font entrevoir d’infinies possibilités de maîtrise de soi ; acquérir cette maîtrise serait pour vous l’ultime accès qui vous conduirait à une multitude d’ouvertures vers la Connaissance, de l’infiniment petit à l’infiniment grand, là où se trouve la clé de tous les mystères.

Je ne peux vous dire combien est Puissant le Verbe, il est l’Énergie Suprême libératrice dans son positif, et négatif dans sa chute. Attention, faites que chaque parole monte vers la Lumière pour illuminer votre Terre ; plus vos paroles et vos pensées prendront cette direction, plus vous libérerez la Terre de la noirceur que vous contribuez à mettre par vos propos négatifs. Inversez votre fonctionnement pour le bien-être de toute l’humanité.

Si parfois vous doutez de vous-mêmes, cela est bon ; que ce doute vous permette d’analyser et de changer.

L’Amour est la plus belle chose qui habite dans l’homme, et si vous étiez attentifs à vous-mêmes vous Le percevriez, Il accompagne tout votre être et vous guide pour atteindre la félicité. »

« Sache, ô homme, que l'espace est tout entier rempli d'univers contenus dans d'autres univers, des mondes entiers se superposent. Chacun est dans un autre et pourtant ils sont séparés par la loi. » (Hermès Trimégiste)

Dimanche 14 septembre 2014. Message N° 212

« À celui qui ne sait on ne peut demander ce qu'il n'est pas.

La vie fait partie d'un long voyage dont vous ne voyez qu'une étape. Essayez de lui donner du sens pour permettre à votre âme d'avancer sur le chemin. Le chemin est long, il faut parfois passer par beaucoup de vies terrestres pour enfin comprendre que le but ultime est la reconnexion au Tout.

Vous êtes dans la compréhension de beaucoup de choses, continuez sur la voie de la non-violence et de l'Amour, car seule cette voie vous permettra de quitter définitivement le plan terrestre pour continuer votre évolution dans les différents mondes qui constituent l'univers afin d'accéder au Tout à la totalité de celui qui Est l'Énergie Suprême : Le Divin.

◊ Tolérance, Amour, Humilité.

Vous êtes tous unis par votre esprit qui lui est toujours relié au Divin.

Accéder à votre esprit est la plus belle chose que vous puissiez réaliser, car c'est l'ouverture qui vous permettra d'accéder à la connaissance.

◊ Aimez-vous les uns et les autres : Évolution. »

San Damiano

Samedi 20 septembre 2014. Message N° 213

« Dans la puissance de Mon Amour, Moi le Seigneur des Seigneurs, Je vous bénis. Moi, le Seigneur des Seigneurs, Je vous remercie de votre présence en ce lieu béni par Ma Mère.

Le chemin qui mène à Moi est long et difficile ; plus vous vous approchez de Moi, plus les forces du mal vous agressent de façon telle que cela vous amène à douter de Moi. Seule la persévérance vous permettra de continuer le Chemin ; laissez parler votre cœur, laissez la place à l'Amour, ouvrez cette porte même si cela vous paraît difficile, rien ne résiste à l'esprit surtout s'il est inondé d'Amour. Je vous l'ai maintes fois dit : l'Amour Seul vaincra le mal.

Si votre esprit et votre âme vibrent dans la même harmonie vous percevrez l'intensité de Mon Amour, et là plus rien n'entravera la longue ascension de l'échelle de Jacob qui mène dans Mon Royaume.

Imaginez cette échelle partant de la Terre, puis levez les yeux vers le ciel et vous la verrez se perdre dans l'infini ; vous remarquez ses barreaux : alors là, commencez à les gravir, vous en montez un, puis deux, puis trois et soudain vous en redescendez un, puis deux, mais il en reste toujours un ; puis un jour vous reprenez l'ascension, et là vous franchissez une étape : là est la limite où il ne vous faut plus redescendre, et la montée continue… et vous redescendez, mais cette fois vous ne franchissez pas la limite, puis vous reprenez l'ascension et vous franchissez une autre étape. Ainsi va votre vie : tant que vous n'avez pas compris la raison de vos blocages vous faites marche arrière, mais le jour où vous avez saisi d'où cela vient, vous reprenez l'ascension.

Chaque moment de votre vie est là pour vous permettre de comprendre l'importance de vous remettre en question, arrêtez de vous voiler la réalité de ce que vous êtes à ce moment précis ; aussi douloureux que cela soit, c'est votre libération. Prenez bien conscience que tant que vous n'admettrez pas la réalité de ce que vous êtes, de vos comportements, vous ne pourrez pas obtenir la libération, et une nouvelle vie ; changez ce que vous êtes, c'est pour vous-mêmes qu'il vous faut changer, ne quittez pas cette Terre non libérés, ne laissez pas votre ego, votre orgueil dominer votre vie.

Vous, vous pouvez vous tromper, mais vous ne pouvez pas tromper les autres. Alors, faites votre "mea culpa" avec vous-mêmes, libérez-vous de tout ce qui n'est pas vous et redevenez ce petit enfant qui, lui, sait.

Je vous bénis. »

⁂

Jeudi 27 novembre 2014. Message N° 214

« Dans l'espace infini de votre Univers se trouve la plus puissante Planète, là où réside la Connaissance ; cette Connaissance ne peut être révélée qu'à celui qui a parcouru le Chemin de l'Amour. Seul ce Chemin donnera la clé de l'immortalité, qui fut le départ de la vie. Âmes immortelles faisant partie du Tout, réveillez de nouveau vos consciences à cette réalité d'enfants de la Lumière Créatrice de l'Univers.

Accordez de l'importance à l'unique réalité de la survie de celles-ci en parcourant les différents courants d'énergie qui vous ont conduits à ce que vous êtes devenus aujourd'hui. Faites le chemin inverse, et venez dans la conscience retrouvée de votre identité d'enfants de l'Éternel, afin de reprendre votre véritable place et accomplir ce qui doit être accompli.

Soyez toujours à l'écoute des vibrations du Verbe émis qui vient du plus profond de votre Univers, pour être unis de nouveau et guidés et enfin retrouver l'Unité du commencement des commencements, afin d'accomplir la mission qui est la vôtre. Écoutez votre esprit, lieu indéfectible qui vous lie au Tout et vous y ramènera, quand vous serez libérés des contraintes que vous vous êtes vous-mêmes imposées par ce que vous êtes devenus. Faites tomber les masques, ouvrez-vous de nouveau à l'accès libérateur de vos âmes qui est important pour votre reconnexion à l'Énergie Suprême d'Amour et de Lumière Créatrice du Tout.

Dans l'absolu, redevenez Lumière, redevenez Amour et tout sera accompli. Que l'Amour soit dans le cœur de tous les humains de votre planète qui garde en elle, hélas, le côté primitif de l'homme. L'espèce humaine n'a toujours pas compris qu'elle est pure par son âme immortelle, mais elle continue sa descente aux enfers par tout ce qui est éphémère. Tant qu'elle ne se libérera pas de la matière primitive, elle ne pourra pas accéder à sa véritable identité et continuera à participer au chaos, dans lequel elle conduit cette planète qui renferme des trésors de connaissances, de vie éternelle liée au Tout, mais qui est parasitée par votre humanité.

Laissez donc un peu de cette humanité pour accéder à votre esprit, mais cela ne peut se faire que si vous êtes conscients que seules les étincelles d'Amour, qui parfois sont en vous, doivent devenir unies entre elles, afin de former un tout qui sera libérateur de votre âme enfin débarrassée de ce qui constitue son corps qui est matière. Comprenez donc que seuls l'Amour et la Lumière dans votre vie terrestre vous libéreront de la matière dans laquelle vous êtes prisonniers, car ils sont le seul accès à votre véritable identité.

Que cette conscience soit pour vous libératrice, afin de vous permettre de regarder pleinement l'Énergie dont vous faites tous partie dans l'Amour de votre réalité.

À vous d'agir dans ce sens. Écoutez votre esprit, lui seul vous libérera ; il est le lieu qui vous relie au Tout dans la Lumière et l'Amour pour les éternités des éternités.

À vous, et vous seuls, d'accéder à ce lieu qui vous conduira à l'éternité. »

« Quand j'enlève les couches qui disent que je ne peux pas, je découvre une voix qui dit que je devrais, je peux, et je le ferai. » (Charles F. Glassman)

Dimanche 14 décembre 2014. Message N° 215

« Quand le temps viendra de la libération de l'être, l'homme comprendra ses erreurs. Nul ne pourra échapper à ses actes, tout doit être lavé. Toutes les fautes commises envers son prochain devront être nettoyées, car le sang versé par les hommes doit être lavé, pour la repentance de leurs actes.

Que de temps perdu à vous battre les uns contre les autres, avec une haine qui n'a fait que vous plonger dans les ténèbres ! Que de siècles de souffrances, de peur et de cruauté ont été infligés aux hommes ! Quand prendrez-vous conscience de vos actes, n'avez- vous pas encore compris que Seul l'Amour vaincra les ténèbres ?

Gens de peu de foi, comment pouvez-vous continuer sur le chemin de l'ignorance en ce Dieu de Paix et de Miséricorde ? Comment pouvez-vous continuer à agir avec autant de cruauté, comment pouvez-vous implorer sans cesse votre Dieu, alors que vous Le bafouez en permanence ? Accédez à votre libération, permettez que le Règne de la Justice fasse valoir tous ses droits et qu'un monde nouveau de Paix et d'Amour s'installe sur cette Terre, dans l'unité du commencement des commencements.

Enfants de la Terre, ouvrez-vous pour votre libération finale et redevenez les enfants du Père dans l'Unicité, et l'Amour indéfectible qui vous unira de nouveau pour l'éternité. »

V
Années 2015-2016

« Le pain qui demeure inutile chez vous, c'est le pain de celui qui a faim ; la tunique suspendue dans votre garde-robe, c'est la tunique de celui qui est nu ; la chaussure qui demeure inutile chez vous est celle du pauvre qui va nu-pieds ; l'argent que vous tenez enfoui, c'est l'argent du pauvre : vous commettez autant d'injustices que vous pourriez répandre de bienfaits. »

(Saint Basile de Césarée)

Jeudi 1er janvier 2015. Message N° 216

« Dans l'immensité de l'Univers siège la Puissance Créatrice du Tout. Dans Sa magnificence elle règne, mais elle est "abasourdie", effarée de voir le comportement des humains, des êtres qui se croient civilisés, imbus de leur personne, se pensent malins... hélas pour eux ! Ils ne font que descendre de plus en plus bas vers le néant qui finira par les emporter, s'ils ne prennent pas conscience qu'ils doivent, avant toutes choses, reprendre en mains leur vie et changer tous leurs fonctionnements.

Pauvres humains vaniteux, présomptueux que vous êtes, regardez en face la réalité : tout est éphémère, rien ne vous appartient ; vous ne pensez qu'au matériel, alors qu'il ne faudrait penser qu'à une seule chose : votre âme, partie de Ma Divinité qui siège en vous et qui seule peut vous sauver.

Si vous pouviez vous rendre compte de ce qu'est la vie dans d'autres dimensions, vous réaliseriez que vous n'êtes que des gens sans cervelles, inutiles pour vous-mêmes et les autres ! Vous pensez tout savoir, tout analyser, sots que vous êtes ! Sans Nous vous n'êtes rien, prenez-en bien conscience, car, si vous continuez sur ce chemin, Nous pourrions vous laisser livrés à vous-mêmes et là, croyez-moi, la prise de conscience de ce que vous êtes serait pour vous une véritable catastrophe, mais Nous, Nous Nous serions détournés de vous !

Je vous le dis et redis : ouvrez-vous à la conscience de l'Amour, car Lui Seul vous sauvera du néant dans lequel vous allez retourner si vous ne changez pas vos comportements.

Redevenez ce que vous étiez depuis le commencement : des âmes conscientes de votre réalité, ouvertes à l'Univers et à l'Amour. Voici le message que Nous vous faisons parvenir au seuil de cette nouvelle année. Que la Lumière et l'Amour vous accompagnent sur votre Chemin libérateur, afin de retrouver votre identité d'enfants du Très-Haut, pour que tout soit unifié pour l'éternité. »

⁂

« Apprendre à se connaître est le premier des soins qu'impose à tout mortel la sagesse suprême. » (Jean de la Fontaine)

Samedi 28 mars 2015. Message N° 217

« Dans la plénitude de la vie, vous commencez à prendre conscience que le chemin parcouru n'est pas celui que vous espériez vivre, et là commencent des questions sur l'importance de trouver le Chemin de vos espérances. Mais comment trouver la voie qui conduit à la plénitude de l'être, comment prendre pleinement conscience de cette ultime ascension qui conduit vers son être pour rencontrer sa vérité, afin d'amorcer le Chemin libérateur pour son âme ?

Eh bien, cela commence par le changement que vous voudrez bien apporter dans vos vies, vos comportements. Tant que la prise de conscience n'aura pas lieu, vous resterez dans un sentiment d'abandon et de mal-être.

À vous donc de prendre l'ultime décision qui vous libérera du fardeau des vies passées, et de celle-ci. Par cette décision, vous vous ouvrirez à la dimension de Dieu. »

✤

Lundi 18 mai 2015. Message N° 218

« Dans Sa plus grande Miséricorde Lui le Seigneur des Seigneurs vous accorde une grâce de rédemption, si vous prenez le Chemin de l'indépendance du cœur.

Accordez aussi la libération aux autres, tous les autres, d'être ce qu'ils sont. Ne les jugez pas, jugez-vous. Regardez en face ce que vous êtes et prenez-en conscience avant toute chose, cela vous libérera et vous conduira vers votre propre connaissance.

Nul ne peut atteindre cette libération s'il n'a pas pris conscience de ce qu'il est.

Si vous pouvez affronter cette réalité, vous vous libérerez de cette partie humaine pour atteindre plus d'indépendance spirituelle. L'important pour vous est d'acquérir cette connaissance qui vous élèvera dans la conscience de la partie Divine qui est en vous ; cela vous permettra de recevoir plus d'Amour en vous, et cet Amour vous éclairera dans la perception d'une réalité que vous refusez de voir. Cette peur de l'inconnu est un frein à votre indépendance. Courage ! Arrêtez d'avoir peur, arrêtez ! Si l'homme avait un peu plus de bon sens, en mettant en avant sa perception et non son intellect, il donnerait une autre dimension à sa vie.

Mais l'homme n'a pas ou ne veut pas comprendre que l'important est son âme et non le matériel, votre Terre nourricière possède en elle tout ce dont il a besoin ; tous les hommes de la Terre pourraient être nourris et vivre en paix, s'ils n'étaient pas avides de richesses et de pouvoir de domination sur autrui.

Cela est fou ! Que faut-il donc qu'il arrive, pour qu'ils puissent enfin comprendre qu'ils vont à leur perte ? Il ne faut pas qu'ils oublient que la Terre est un être vivant. Attention, car si vous ne comprenez pas ces avertissements, elle finira par vous le faire comprendre, mais il sera peut-être trop tard.

N'attendez pas d'arriver à cet extrême pour réagir, vous ne prenez même pas conscience que vous fermez les yeux face à tous ces désastres ! Vous, les enfants des pays dits riches, vous en voulez toujours plus et, par vos excès, vous détruisez de plus en plus la vie sur Terre ; n'oubliez pas que si vous mangez, c'est grâce à elle et cela peut vous être enlevé. Il n'y a plus aucune sagesse dans l'homme, et trop d'envie de possession et de domination !

Attention de ne pas être engloutis dans les entrailles de la Terre ! De la réflexion, du bon sens, écoutez les voix des sages et inversez ce processus qui vous conduit à la fin de ce qui est, de ce monde dans lequel vous évoluez.

Accueillez en vous l'Amour et la Sagesse pour construire un Monde dans lequel personne ne voudra plus imposer sa force et sa domination sur autrui. Que le Jardin de l'Éden revienne sur Terre, pour chanter la Gloire de l'Éternel.

Dans l'immensité de Son Amour, Il attend le sursaut de l'humanité. »

Samedi 23 mai 2015. Message N° 219

Aujourd'hui, je décide de lui poser une question :

« Comment faire pour annoncer la Bonne Nouvelle en un monde de paix et de fraternité ? »

« Mon enfant, il y a tellement longtemps que Nous informons les humains ! Combien de mises en garde ont-ils reçues et combien sont-ils à avoir entendu ?

Vois-tu, depuis de nombreux siècles, Nous faisons le nécessaire pour vous informer, et cela ne vous atteint aucunement, rien ne vous émeut. Que de tristesse Mes enfants de vous voir si imbus de votre personne, ignorant les uns, blessant les autres ! Il est temps que vous vous récupériez avant la fin de ce qui est, afin que règne un monde de fraternité. »

⚜

Dimanche 24 mai 2015. Message N° 220

Ce message, juste une phrase un dimanche matin, dans le silence une voix claire a murmuré ces mots, ces mots d'espoirs qui résonnaient en moi :

« Il se peut que vienne, ce qui peut paraître étrange et au grand étonnement de tous, la Lumière de Vie dans le cœur des hommes. »

Je me répétais sans arrêt cette phrase et je crois que pour la première fois, de mon cœur, mais vraiment de mon cœur est sortie une reconnaissance envers cet Être de Lumière, qui régulièrement murmure à mon oreille, alors que bien souvent je tourne le bouton et coupe la fréquence qui me relie à Lui.

⚜

« C'est une nécessité naturelle pour l'âme de se purifier à travers de multiples vies. » (Grégoire de Nysse, père de l'Église)

Lundi 1er juin 2015. Message N° 221

« Vous ne voulez toujours pas réaliser l'indifférence que vous continuez à avoir envers tous les événements qui se passent sur votre Terre, et qui ne vont pas s'arrêter, mais au contraire progresser.

◇ Quand donc aurez-vous cette prise de conscience que vous pouvez intervenir pour contrecarrer tous ces événements à venir, si vous sortez de votre individualisme pour vous tourner vers le Tout ?

◇ Quand cesserez-vous de ne penser qu'à vos propres intérêts au lieu de vous intéresser au bien-être de tous ?

◇ Quand vous aurez pris conscience que nous sommes, vous et Nous, unis et que vous faites partie du Tout, vous avancerez sur le Chemin au cours de cette vie terrestre, dans le seul but de venir nous rejoindre en ayant accompli la raison de votre mission dans la matière.

Si vous travaillez sur la raison de votre venue dans cette vie, dans l'Amour et la Lumière et la pleine conscience de votre divinité, vous aurez accompli pour votre âme l'achèvement des incarnations.

Prenez conscience de l'ampleur de la tâche que vous devez accomplir pour vous libérer. Votre seule mission est la libération de votre âme, et c'est pour elle seule que vous devez travailler ; n'oubliez pas qu'elle seule est éternelle et non le véhicule qui l'accompagne. Retenez bien ceci : vous êtes âme, vous êtes esprit et vous êtes corps, vous deviendrez âme et esprit et divins quand vous serez arrivés au moment du retour à l'Unité, et là vous serez de nouveau Un. Alors construisez, bâtissez sur Terre une seule chose : l'Amour dans son intégralité qui est le Tout pour que la Paix soit.

Vous pourriez accomplir tant de choses si vous le désiriez, mais vous êtes prisonniers de votre intellect, de vos peurs et de votre manque de Foi, prenez-en bien conscience et avancez, exempts de toutes barrières dues à l'éducation, aux dogmes et aux manipulations. Agissez, pensez par vous-mêmes, libérez-vous de toutes ces oppressions. Gardez votre libre arbitre et grandissez en sagesse, prenez la direction de la Lumière et de l'Amour.

Si dans la vie de tous les jours vous modifiez vos comportements qui sont autant d'éléments qui vous freinent, vous avancerez petit à petit dans la bonne direction pour votre libération, afin de revenir vers ce que vous êtes en réalité.

À vous seuls d'en prendre la décision, car personne ne peut le faire à votre place, ni décider pour vous. N'oubliez jamais que vous êtes des êtres libres et que nul ne peut décider pour vous.

Que l'Amour soit et la Lumière sera. »

« *Jamais le soleil ne voit l'ombre.* » (Léonard de Vinci)

Vendredi 26 juin 2015. Message N° 222

Un dialogue s'est instauré pendant ce message.

« Si vous désirez atteindre dans cette vie la libération de votre être, il vous faut avant tout prendre conscience de votre réalité du moment, sans faux-semblants, avec une prise de conscience juste et une détermination sincère dans le changement que vous voulez apporter pour inverser le processus d'évolution vers votre être intérieur, afin de rencontrer qui vous êtes et la raison de votre incarnation.

Vous devez faire cela avant d'entreprendre la longue ascension de l'échelle de Jacob qui, ne l'oubliez pas, monte jusqu'à l'infini ; cette ascension sera alors facilitée par cette décision salutaire pour votre âme qui, de ce fait, entamera la longue remontée pour réaliser sa purification afin de s'unir de nouveau au Tout.

◊ Demande : si je dois aider et guider les autres vers ce Chemin, comment dois-je m'y prendre ?

Avant toute chose, il leur faut avoir une entière honnêteté envers eux-mêmes, sinon cela ne pourra aboutir, car ce manque de vérité sera toujours un frein à l'évolution. Dis-leur qu'il est important pour eux d'avoir la force de la Foi et de l'Amour dans cette démarche qui les conduira sur le chemin de la Connaissance accompagnée par la Lumière de l'Incréé. Nul ne peut atteindre ce Chemin s'il est dépourvu d'Amour et de Foi en ce qu'il fait.

◊ Demande : cela me paraît insurmontable.

Non, tout est accessible ! Si vous êtes dans l'Amour et l'Humilité accompagnés de la Foi dans la Conscience de Son Amour, cela ne sera qu'un détail. Mais à vrai dire vous êtes peu nombreux à pouvoir y accéder ; cependant, ouvrez-vous à l'Amour et à la Lumière cela vous ouvrira déjà la voie. »

San Damiano
Dimanche 28 juin 2015. Message N° 223

« La Vierge Marie, votre Mère, est dans une grande tristesse. Ses enfants se sont détournés d'elle, et ils n'en ont même pas conscience ! Leur ego est manipulé par leur orgueil. Satan se réjouit de voir les résultats qu'obtiennent ses agents qui, eux-mêmes, n'ont pas conscience qu'ils le servent, tant leur soif de posséder quelques dons est puissant, dons qui les conduisent au gouffre de l'enfer.

On vous l'a dit maintes fois, l'orgueil et l'ego ne vous permettent pas de prendre du recul ; votre confiance en vous est si grande, que vous ne pouvez pas admettre que l'on vous induit en erreur.

Écoute Ma fille, Moi aussi J'ai été attaquée par les forces du mal, et J'ai résisté, car Ma conscience était ouverte à l'Amour et parce que Mon seul but était Mon Seigneur et Mon Dieu. Satan est malin, il peut se faire passer pour qui il veut, et vous pauvres humains vous tombez dans son piège, car vous êtes trop pressés, vous voulez tout, tout de suite, et pensez que l'on ne peut vous tromper, alors que Seul Dieu est Maître des dons et que Lui Seul décide quand le moment est venu d'accorder aux humains des perceptions ; personne ne possède des dons si Dieu ne Le décide.

Mon enfant, Mon peuple s'éloigne de Moi, il est perverti. Pour lui, ce qui est important c'est lui, toujours lui et comme lui le veut. Il s'éloigne et je M'éloigne aussi de lui, il ne M'entend plus, que de tristesse dans Mon Cœur ! Je vous vois sombrer de plus en plus vers le néant qui vous emportera, si vous ne revenez pas à la conscience de Mon Amour, débarrassés de votre orgueil, de votre ego et de vos peurs.

Redevenez des petits-enfants exempts de toute envie de possession, de domination et de pouvoir, devenez humbles, revenez dans l'Amour, le Mien, et ouvrez-vous les uns aux autres.

Lumière, Lumière éclaire le Monde et ouvre les yeux de Mes enfants, trop d'obscurité les envahit.

Que l'Amour et la Paix soient avec vous, soyez bénis vous tous ici présents. »

❧

« *La vie est un défi à relever, un bonheur à mériter, une aventure à tenter.* » (Mère Teresa)

Jeudi 6 août 2015. Message N° 224

« Bien souvent je me suis demandé : qui suis-je ?
D'où viens-je ?
Dois-je donner du sens à cette phrase ?
Je suis perdu(e) et nul ne peut me dire l'orientation que je dois prendre, pourquoi toutes ces questions sans réponse ?
Je ne suis nulle part et je fais partie du Tout. Où est la vérité ?... Ma vérité ? La tienne ? Celle des autres ?

Nul ne connaît la vérité, chacun la sienne ; mais l'Univers n'en a qu'une, et nous sommes si loin de Lui, sinon jamais au grand jamais nous n'aurions ce comportement de destruction envers soi, envers nous et envers Lui !

Pauvres humains orgueilleux, prétentieux, avides de richesses, de pouvoirs éphémères destructeurs de vos vies ; irresponsables que vous êtes ! Posez-vous les bonnes questions, et n'oubliez pas vos responsabilités face à l'Univers. Viendra le jour où il vous faudra rendre des comptes sans faux-fuyants car face à la vérité vous serez effondrés, anéantis et responsables de vos actes de destruction, devant l'Éternel. »

❧

Mercredi 12 août 2015. Message N° 225

« Si dans la vie de tous les jours, vous pouviez prendre conscience que le plus important est votre âme, là où siège Ma Divinité ! L'âme est immortelle et doit parcourir un long chemin pour revenir à la Source d'où elle est issue, après l'avoir quittée lors de son choix désastreux pour suivre celui qu'elle avait imprudemment choisi.

Mais l'Éternel, dans son immense bonté et son Amour indéfectible, ne l'a jamais quittée et attend impatiemment sa venue.

Chaque âme fait partie intégrante de Lui et Il n'aura de cesse d'attendre son retour, afin qu'elle s'unisse de nouveau à Lui, qui est le Tout, la Force Suprême et l'Amour. Donc indulgence, pardon, Il ne juge pas, ne condamne pas, mais vous seuls devez vous libérer par la prise de conscience quotidienne de tous vos manques envers toute la Création.

Il attend que vous preniez conscience de ce que vous êtes, pour enfin prendre le chemin inverse qui va vous mener à Lui.

Alors agissez en paroles et en actes au quotidien, et prenez la voie du milieu qui vous conduira à l'Amour, donc à Dieu. »

Au cours du pèlerinage que nous avons effectué sur les pas de San Pio de Pietrelcina, pour la commémoration du 47e anniversaire du départ de son âme vers le Père Éternel, alors que nous visitions son œuvre, la Maison du Soulagement de la Souffrance à San Giovanni Rotondo, j'ai ressenti un malaise, je me suis dirigée vers les urgences : prise en charge rapide, des examens, tomographies de la tête, prise de sang suivie d'une visite chez un des neurologues, puis hospitalisation. (Rien de grave, mais voilà : depuis mon AVC, Je suis sous anticoagulant et pour la première fois depuis 24 ans, il s'est présenté un problème qui aurait pu me conduire de l'autre côté du miroir.) Mais cet épisode m'a permis de rester 3 jours de plus à San Giovanni Rotondo, dont une journée que j'ai pu consacrer en méditation devant l'ancien tombeau où le corps du Saint du Gargano a reposé jusqu'en 2013, lieu qui a gardé les vibrations du Saint.

Jeudi 24 septembre 2015. Message N° 226

San Giovanni Rotondo, 23 heures. Maison du soulagement et de la souffrance, je suis hospitalisée, et je reçois ce message :

« Dans la lumière de Mon Amour Moi, le Seigneur des seigneurs, Je vous bénis Mes enfants.

Que de tristesse dans Mon Cœur, que de souffrances pour tous Mes enfants ! Je vous ai maintes fois dit de vous aimer les uns et les autres, mais que cela est difficile d'avancer sur cette voie ! Pourtant, si vous ouvrez votre cœur à l'Amour, le vrai, cela ne vous posera aucun problème.

Quand vous dites M'aimer, et que vous ne mettez pas en pratique Mes Paroles, vous Me blessez ; que vos paroles soient suivies par des actes, prenez le temps nécessaire pour réfléchir à l'enseignement que Je vous ai donné, cet enseignement est libérateur pour vos âmes et vous conduit à la voie qui mène vers Moi.

N'oubliez jamais que l'Amour Seul est le Chemin qui vous ouvrira les Portes du Paradis, c'est la seule voie qui vous conduira à la liberté de l'être et l'Amour sera la seule arme qui vous libérera. Que l'Amour soit la force qui vous conduira jusqu'à moi. »

Vendredi 25 septembre 2015. Message N° 227

Je viens de quitter l'hôpital, il est 15 heures, je me rends directement dans l'ancienne église là où le Saint Pio de Pietrelcina a dit la messe et confessé pendant tant d'années, puis je me suis dirigée vers la crypte où le Saint du Gargano a reposé de 1968 à 2013. La date de l'anniversaire étant passée, les pèlerins repartis, j'ai eu le bonheur de me retrouver seule devant le tombeau vide de son corps, mais rempli de sa présence, je me suis demandé si le malaise était le fruit du hasard, ne disons-nous pas que le hasard, c'est la main de Dieu pour rester anonyme. Comment vous livrer ces moments passés dans ce lieu béni non seulement de sa présence Son Seigneur était là avec Lui unis dans ce silence « ô mon Dieu la Force du silence », je ne trouve aucun mot pour définir ce moment, hors du temps, alors je fais silence.

« Il ne vous faut plus avoir peur, les événements à venir sont là pour purifier l'humanité.

Vous ne pouvez même pas imaginer les souffrances que vivent beaucoup de vos frères ! L'homme est un animal cruel qui fait subir des atrocités à des êtres sans défense, et se croit fort. Ignoble personnage, âme perdue, celui qui règne sur Terre ne règne pas au Ciel !

Homme, tu devras affronter ta cruauté dans les entrailles de la Terre ; ce que tu fais à l'innocent tu le subiras mille fois, mais là c'est ton âme qui subira sans enlever une once de souffrance ce que tu auras fait subir avec plaisir et sadisme jubilatoires à tes frères. Tu verras les démons se délecter de ta propre souffrance, tu n'as pas eu pitié, ils n'auront pas pitié. Comment pouvez-vous avoir un cœur si dur, croyez-vous que "celui que vous servez va vous sauver" ? Ne rêvez pas !

Tout a une Loi et la Loi fonctionne dans les deux sens : le bien pour le bien, le mal pour le mal. Vous êtes responsables de vos actes, la Loi de cause à effet fera son œuvre. Pauvres âmes perdues ressaisissez-vous, le Père est Miséricordieux, faites-le avant qu'il ne soit trop tard. »

✤

« À peine je me mets à prier, je sens mon cœur comme envahi par la flamme d'un amour ardent ; cette flamme ne ressemble à aucune autre flamme de ce bas monde. C'est une flamme délicate et très douce qui brûle et ne me fait pas souffrir. Elle est si douce et si délicieuse que l'âme en éprouve une telle joie et en est satisfaite à un tel point qu'elle n'en perd pas le désir ; c'est Dieu ! Une chose si merveilleuse pour moi, que peut-être je n'arriverai jamais à la comprendre, sinon dans la partie céleste. » (Saint Pio de Pietrelcina.)

Vendredi 25 septembre 2015. Message N° 228

« La vie, Mon enfant, est un long parcours de joies et d'épreuves. Si tu peux ne jamais quitter le sourire et l'espoir qui sont en toi, ce long Chemin sera Lumière et Paix. Dans le silence, tu pourras toujours être en contact avec Moi, apprends le silence.

Mon enfant amène vers Moi beaucoup d'âmes et Je les abreuverai à la Source Divine du Cœur de Jésus.

Je te confie ce sacerdoce (.?.[1]). C'est ton travail ? Non, c'est ton Chemin.

Sois Lumière, sois Amour ! Aide toujours tes frères et conduis-les afin que Je les abreuve à la Source Divine du Cœur de Jésus.

◇ Que la Paix soit avec toi.
◇ Que l'Amour soit ton chemin.
◇ Que la Charité soit ta force. »

« J'ignore la nature des armes que l'on utilisera pour la troisième guerre mondiale. Mais pour la quatrième, on se battra avec des Pierres. » (Albert Einstein)

Mercredi 13 janvier 2016. Message N° 229

« Dans l'Univers tout est régi, tout est parfait, le macrocosme est comme le microcosme, et vous êtes une infime partie de ce Tout. Posez-vous les bonnes questions : vous ne faites que passer sur cette Terre qui elle, a des millions d'années ; elle continuera d'exister alors que vous, vous ne faites que passer, en croyant en être les maîtres. Il n'en est rien, elle saura vous le montrer, elle va remettre les "pendules à l'heure" et, malgré vos égo surdimensionnés, vous ne serez que fétus de paille devant ses éléments déchaînés.

Vous la maltraitez de plus en plus, vous ne respectez plus rien, seuls comptent l'argent, le profit sous toutes ses formes ; vous ne pensez qu'à une seule chose : comment manipuler les hommes, comment les dresser les uns contre les autres dans le seul dessein, de tout contrôler et tout dominer : grand rêve d'hégémonie, oui grand rêve, malgré tout ce que vous déployez pour dominer autrui ; la liste est bien longue !

1. Impossible de lire le mot.

Vous semez les maladies, les guerres, la famine et le désespoir parmi tous ceux que vous dédaignez et méprisez.
Pourtant, ce sont eux qui font votre fortune depuis des siècles, par leur travail. Vous oubliez que vous vivez aussi sur cette belle planète, sur cette Terre, et que vous ne serez point épargnés par tout ce que vous avez mis en place.
Votre mémoire est bien courte ! Quand allez-vous comprendre ? Regardez l'Histoire (avec un grand H) des civilisations, grandeur et décadence, le mal ne triomphe jamais, la puissance n'a qu'un temps.

Vous vous croyez immortels ? Eh bien non, le passage est court, une vie n'est rien à l'échelle du temps, un simple feu de paille, prenez-en bien conscience.

Pourtant, il y a tout sur cette Terre, elle est la mère nourricière, elle contient tout pour nourrir tous les êtres vivants qui l'habitent ; dans sa végétation et ses minéraux, il y a là ce qu'il faut, les remèdes sont là pour guérir les maladies, des plus simples aux plus terribles : il y a en elle des possibilités immenses, elle peut donner le bonheur à toute l'humanité.
Mais hélas, une minorité d'hommes ne voient que le pouvoir qu'ils peuvent avoir sur les autres, ils veulent posséder de plus en plus d'argent. Regardez le nombre que vous êtes, vous les dominés, et regardez le nombre des décideurs qui se croient puissants, n'oubliez jamais que le nombre fait la force !

Mais aujourd'hui, les consciences s'ouvrent et l'esprit du Bien et de l'Amour sera l'unique vainqueur, la Lumière éclairera la Terre pour se joindre à la Lumière des mondes, pour le bonheur de tous les êtres qui auront su, par la puissance de leur énergie d'Amour vaincre le mal.

N'oubliez jamais, vous les opprimés, que la puissance de l'esprit peut tout ; alors combattez par vos pensées de Lumière et d'Amour, soyez vos propres libérateurs. Si des millions d'êtres humains sur Terre s'unissent dans cet élan sincère d'Amour par la pensée, les mots au Verbe tout sera possible, car Tout est énergie et n'oubliez pas : *"Au commencement était la parole, au commencement était le Verbe, et le Verbe était auprès de Dieu, et le Verbe est Dieu."*[1] Tous ensemble, tous unis, vous vaincrez le mal aussi puissant qu'il soit actuellement ; tout a une fin, et il s'effondrera comme un château de sable.

Vous détenez en vous tout ce qu'il faut pour vaincre le mal, car vous possédez en vous la plus puissante des armes : l'Amour. Servez-vous de cette Épée de Lumière, elle est plus forte que toutes les armes créées par l'homme, car Dieu l'a mise en chacun de vous, c'est Sa Création.

Nul ne peut Le vaincre, Il est le Créateur du Tout. Activez la Foi et vous rendrez la Paix, la Lumière et l'Amour aux générations futures.

Pour l'éternité, le fil sera renoué et tous seront de nouveau en relation avec le Divin, comme au commencement des commencements. »

✤

« Une conscience gonflée par l'orgueil est toujours égocentrique et uniquement sensible à elle-même. Elle est incapable d'apprendre du passé, de comprendre les événements actuels et d'en tirer les leçons pour l'avenir. Elle est hypnotisée par elle-même, et il est impossible de discuter avec elle. Elle court inévitablement à sa perte. » (Carl Gustav Jung)

---

1. *Évangile de Saint Jean. Le prologue,* chapitre 1,1-18.

VI
Ma rencontre avec Louise L.

« Homme, écoute-moi, et sois attentif à la voix de la sagesse ; sache que tout est dans tout pour toujours. Sache qu'avec le temps tu trouveras davantage de sagesse et de lumière sur ton chemin. Sache que la lumière est éternelle et que les ténèbres sont passagères. Recherche sans cesse la lumière parce qu'à mesure qu'elle remplit ton être elle fait disparaître l'obscurité. »

(Hermès Trismégiste, *Table VI*)

La vie avant la vie, quelle était ma vie avant celle d'aujourd'hui ? Pourquoi a-t-il fallu me faire vivre un temps hors de mon corps terrestre... pour m'ouvrir de nouveau sur ma conscience en tant que corps céleste ? Devais-je m'enfoncer dans les profondeurs de cette conscience ? Pour y trouver quoi ? La Lumière, oui, mais quelle Lumière... La mienne ou la Sienne ? La mienne, me semble-t-il, est limitée, La Sienne est illimitée, Elle est cette Force vive qui nous éclaire sur notre chemin d'évolution et nous ouvre la porte... « et là, tu lèveras les yeux et tu y verras la lumière qui s'y déploie, elle te libérera du monde matériel, de la souffrance physique et morale, elle te fera voir la lueur de ta Divine étincelle et tu comprendras que tu es un simple visiteur sur cette belle planète Terre ».

Me voilà aujourd'hui, un peu perdue par cette expérience ; il me faut trouver une oreille, mais pas n'importe quelle oreille, il faut qu'elle soit ouverte et attentive et qu'elle me permette de m'exprimer librement et surtout sans jugement, car il est temps pour moi d'enlever les dernières brides que ma famille a mises autour de moi, je vous rassure... peut-être par peur, mais leur opinion n'a guère changé, sauf que moi je ne suis plus la même ; les années ont passé et ma rencontre avec mon âme a ouvert mon esprit sur un univers de conscience universalisé.

Je me souviens de mon enfance chez moi en Corse qui regorge de légendes et de vérités. Je me rappelle ce que m'a raconté ma mère : un jour, alors qu'elle se trouvait avec des amies, assises sur les marches extérieures de la maison, une voisine les interpella dans ces termes : « Les enfants rentrez tout de suite dans la maison, ne restez pas là, il y a une procession de morts qui passent devant vous, ils viennent de s'arrêter devant la maison de... » Et effectivement, le lendemain, la fille de la maison qui n'avait que vingt ans venait de les quitter. Je pense que cette voisine était une Mazzera. En principe, les Mazzeri agissent dans le plus grand secret, on peut soupçonner qu'un tel et un tel en est un... et bien j'ai eu la chance d'en rencontrer un, il m'a dit : « Tu as le signe, je vais te transmettre des prières secrètes que tu pourras utiliser. », et je vous avoue que je les utilise bien souvent pour aider les personnes. On m'a déjà demandé : « Vous êtes une Mazzera ? » J'ai dit non. De tout temps et dans toutes les civilisations on a trouvé le moyen de composer avec des croyances et des rites secrets qui sont transmis selon les traditions, dans une cohérence d'harmonie entre le monde visible et invisible. Non, je ne suis pas une Mazzera, mais on peut dire que je suis une « signadora », et j'interviens dans différents troubles, tels que la sciatique, le zona, les verrues, l'oghju et bien d'autres. Je vous ai raconté cette histoire qui s'est passée dans mon village, et si je dois me confier et raconter mon histoire de vie, je ne peux que la raconter à quelqu'un de chez moi qui me comprendra et m'écoutera, comme aux temps passés où les habitants du village se réunissaient après le repas pour se joindre à la veillée où il y a toujours un conteur très inspiré ; il paraît que mon grand-père, je dois dire mon Babone, racontait des histoires étranges et fantastiques ; ma mère me disait que ces histoires pouvaient les faire rire, mais bien souvent les faisaient trembler. Tout cela me faisait rêver et un jour, au bord du Vechju, je l'ai rencontrée : elle était là, plongée dans ses rêves, elle tenait dans sa main droite un stylo et sur ses genoux un cahier était posé ; je la regardai, il émanait d'elle de la douceur, de la délicatesse et du mystère ; là, assise sur une pierre, ses pieds dans les eaux limpides à peine tièdes de l'affluent du Tavignanu qui sépare nos deux villages, elle ne faisait qu'un avec la Nature. J'ai dû faire du bruit, elle a tourné la tête vers moi et, pour la première fois, j'ai regardé le visage lumineux de Louise ; drôle de coïncidence : Louise vient de rencontrer Louise ! Alors je sais qui je dois retrouver pour raconter mon histoire.

Les années ont passé depuis ce jour ; aujourd'hui nous devons nous retrouver, nous avons rendez-vous dans la forêt de Padula avec ses pins Laricio, espèce endémique à la Corse qui se dresse droit en immense colonnade ; Padula, mon adolescence, lieu de nos jeux et de nos rencontres, si proche de nos deux villages.

Je suis arrivée un peu en avance, j'ai besoin d'un temps de silence, de me retrouver là au sein de la Nature ; au moment où je m'approche de la fontaine, Louise m'apparaît toujours aussi belle, la Lumière qui émane d'elle donne une légèreté à chacun de ses gestes, les années ont passé mais le temps n'a pas de prise sur elle, mon Guide me dit : *« Elle a acquis une grande sagesse, aujourd'hui se sont deux âmes qui se rencontrent. »* et c'est avec un sourire que ces deux âmes renouent avec un passé qui leur appartient. La magie du lieu nous envahit, les odeurs des essences nous enivrent nous nous approchons d'une très grosse pierre ensoleillée qui semble nous attendre. Enfin le temps est venu : je parle, je parle, elle écoute attentivement et soudain elle me dit : « Maintenant que je t'ai entendue, des questions fusent à mon esprit, es-tu prête à y répondre aussi spontanément que tu m'as raconté ton parcours de vie et me dire tout ce qui peut encore surgir de ta mémoire ? »

Je suis surprise par sa demande et un sentiment de soulagement m'envahit ; enfin je vais pouvoir parler librement et avec un sourire j'acquiesce à sa demande. Elle me répond par un sourire, relève son sac et sort un cahier et un crayon. À ce moment, je retrouve la poétesse qu'elle est, et maintenant à moi d'écouter ses questions. Aujourd'hui, je dois répondre à Louise. Louise, c'est une rencontre, une belle rencontre, de celles qui se trouvent sur votre chemin et qui vient allumer une bougie... Et cette lumière ne vous quitte plus, elle vient rejoindre d'autres bougies dont je veux vous parler. Pour Louise, aujourd'hui, je dois ouvrir la porte du passé, pour revivre des moments de mon histoire.

Louise L. : — Louise, vous avez côtoyé le surnaturel dès votre enfance. Vous avez même tenté d'échapper à son empire quand vous aviez 20 ans ; plus tard une EMI[1] vous a fait traverser une expérience hors du commun. Suite à votre accident cérébral, vous avez repris le fil d'une vie renouvelée sous tous ses aspects et là, vous avez constaté que des portes se sont ouvertes et vous avez eu des révélations. À partir de là, commence pour vous une nouvelle mission, vous recevez des messages qui sont colorés diversement dont la ligne maîtresse est toujours la même, mais qui se colorent selon les jours et les événements qui vous entourent. Votre cheminement est à la fois physique et procède du cœur et de l'esprit ; à partir de là, il y a beaucoup à faire et vous sentez qu'il y a encore des paliers à franchir sur ce chemin de votre évolution, afin de continuer à transmettre aux autres. Il me paraît intéressant d'évoquer le lieu où vous vous êtes installée après l'AVC dont vous avez été victime. Ce lieu très particulier vous ne l'avez pas cherché, il est venu à vous et vous êtes allée à lui.

Louise P. (moi) : — Oh ! que de questions en si peu de temps, mais pour vous Louise, je vais y répondre.

Après la sortie de cet épisode de « mort et de nouvelle naissance », je vous épargne le long combat qui a duré deux ans, face à différents problèmes qu'il m'a fallu résoudre (santé, physique, familial, matériel). Mais je me dois d'être sincère, je ne suis plus la même ; souvent, je me suis demandé si c'était bien moi, différente, non physiquement, mais intérieurement. Il est difficile d'arriver à expliquer cette paix, cette force, je dirai cette limpidité, cette sensation de vide (de vide organique), mais de plein d'Amour, de compassion, un plein de Dieu et une prise de conscience du manque de Dieu. Pourtant, j'aimais Dieu, *« je*

[1]. Expérience de mort imminente.

désirais être sœur missionnaire chez les lépreux ». Oui, j'aimais Dieu, j'avais appris à l'aimer, je priais, je n'allais pas à la messe régulièrement ; je rentrais dans une église un temps limité, déposer un cierge, je respectais les fêtes religieuses, mais rien ne changeait en moi, mes doutes étaient toujours là, les angoisses, les peurs faisaient partie de ma vie comme tout un chacun. Et là, tout avait disparu et laissé la place à la confiance. La peur, cette sacrée peur, qui nous empoisonne la vie, avait disparu. Quelle libération ! Et ce vide qui se remplit de Sa présence, qui allège tous les fardeaux qui vous accompagnent dans toutes les épreuves de la maladie, et les souffrances physiques au quotidien, qui ont continué à m'accompagner pendant toutes ces années. Mais cette force qui était là, présente en moi, m'accompagne, elle aussi, sur le chemin qui m'a amenée à aujourd'hui.

Vingt-trois ans ont passé depuis cet épisode « de mort et de nouvelle naissance », et j'ouvre pour vous le livre de ma vie.

Toulon, avril 1994. Je commence à vivre presque normalement. Par un bel après-midi ensoleillé, alors que je me trouve dans une librairie avec ma sœur, celle-ci s'approche de moi parderrière et me glisse à l'oreille : *« Il y a un homme qui ne te quitte pas des yeux. »* Je me retourne vers lui et je lui fais face, il me sourit et me dit : *« Vous n'avez pas rêvé, vous avez été visitée. »* Je comprends tout de suite, il parle du Padre Pio, car quand je raconte ce que j'ai vécu en février 1993, je me dis que j'ai rêvé et que cet homme ne peut pas le savoir, c'est la première fois que nous nous rencontrons. Nous échangeons quelques mots et avant de nous quitter, il me remet une photo représentant la Vierge Marie et me dit : *« Gardez-la toujours avec vous, elle vous protégera. »*, ce que je fais.

San Damiano, mai 1994. Mon premier voyage à San Damiano marque un tournant dans ma vie, une nouvelle rencontre, une nouvelle bougie qui s'allume et qui éclaire un peu plus mon chemin : Un homme venu de nulle part : je suis là sur le parvis de l'église, et il est impossible de ne pas voir arriver une personne car la vue est dégagée, et là soudain « il » se trouve devant moi et s'adresse à moi en ces termes : *« Je suis paysan du coin, vous êtes seule. »* (Je suis séparée de mon époux.) Je le regarde, je suis étonnée, il s'exprime dans un Français des plus parfait, puis il me regarde, lève sa main et prononce : « *Votre tête c'est fini, et quand vous vous adressez à Lui, passez par Sa Mère Il préfère...* »[1] Un moment, je détourne la tête et quand mon regard revient vers lui, il avait disparu...

Antibes, été 1994. Me voici de retour « *on n'a pas voulu de moi de l'autre côté du miroir* » et sincèrement, j'ai connu le purgatoire au niveau santé et physique. Cela fait aussi partie du chemin. Mais une nouvelle naissance, une métamorphose et une nouvelle vie s'ouvrent à moi, faites de rencontres et d'événements les uns plus étranges que les autres.

Chemin des âmes du purgatoire. Tout recommence : la période de latence se termine et des phénomènes étranges se produisent.

Avant de vous raconter ces événements, je dois vous parler du chemin des âmes du purgatoire, lieu d'événements militaires[2] : il évoque le sacrifice de 30 Antibois le 27 juillet 1536, lors du siège par les troupes de Charles Quint qui s'emparèrent de la ville, et où de nombreuses personnes sont décédées lors de l'épidémie de peste à la fin du XVIe siècle. On y trouve un oratoire qui porte une plaque de marbre sur laquelle est gravée l'inscription suivante : « Priez Dieu pour les âmes du purgatoire et elles prieront pour vous. »[3] En dessous, vous y verrez une tête de mort, deux tibias et des larmes flamboyantes formant des banderoles, suivis du nom : Nicolas A., début du nom d'un défunt et de la date, 1702. Cet oratoire est le deuxième à cet endroit ; le premier fut construit par le Comte de Tende, il fut rasé en 1560 par les Huguenots.[4] L'inscription de la plaque de marbre est bien celle d'une tombe enlevée de sa place habituelle (cimetière ou caveau de l'église) postérieurement à 1705[5].

---

1. Voir mon histoire.
2. Le chemin des âmes du purgatoire, aujourd'hui, est un chemin de 1 871 m, très emprunté par les Antibois, beaucoup d'immeubles, il ne reste qu'un minimum de villas et des commerces de proximité.
3. Marie-Antoinette Settineri. Résumé d'un mémoire de maîtrise soutenu à l'université de Nice.
4. Renseignements : Les amis des Oratoires.
5. Premières persécutions des Huguenots de 1560, et surtout après la Saint-Barthélemy. M. Jean Clergues, « correspondant des Beaux-arts » en 1962, écrit dans l'édition « Les amis des Oratoires d'Antibes ».

J'ai toujours entendu dire par des Antibois que c'était un lieu où on avait enterré les habitants décédés de la peste ; nous savons que la grande peste de 1580 n'a pas touché la ville d'Antibes, mais les alentours : Vallauris, Biot, et le chemin des âmes du purgatoire se trouve sur la trajectoire Vallauris Biot. Il ne faut pas oublier qu'au cours de l'histoire, il y a eu d'autres épidémies, et que la transmission des événements était orale ; de génération en génération cela fut véhiculé, et si nous en doutons combien de faits de l'histoire du monde et des religions peuvent être remis en cause ?

Septembre 1995. Je désire ardemment me rendre sur la tombe de Padre Pio à San Giovanni Rotonde en Italie, mais cela n'est pas simple, je me renseigne auprès de la paroisse et le prêtre me donne une adresse. Je contacte cette personne, elle me donne les dates du pèlerinage, je suis déçue, car je travaille, je le lui dis, elle rit et me dit : *« Vous serez autorisée à vous absenter. »* Effectivement, et à ma grande surprise cela m'est accordé.

San Giovani Rotondo, 1995. Une rencontre, une énergie, une présence Sa présence dans cette petite église, de toutes ses Joies et de toutes ses peines. Il est là resplendissant de Lumière, il nous attend, j'ai bien fait de ne pas suivre le groupe, il fallait que je vienne le plus rapidement possible Le voir, j'étais venue pour Lui, non pour visiter, j'aurai bien le temps de tout voir. Ce voyage fut un tournant dans ma vie, des rencontres, des bougies, des lumières qui m'ont conduite à aujourd'hui.

Antibes, 1995. Je renoue avec l'invisible. Il est cinq heures du matin, j'entends une voix qui crie : *« Lou, Lou réveille-toi. »*, en même temps deux mains posées sur mes épaules me secouent, j'ouvre les yeux, je vois une amie qui est décédée depuis quelques mois, elle est affolée, et elle crie : *« Va voir les enfants, va voir les enfants. »* Effectivement, son fils aîné a attenté à ses jours...

Chemin des âmes du purgatoire, 1996. Un soir, alors que nous prenions l'apéritif avec des amis, en tournant la tête, je vois la table qui s'est déplacée, or aucun de nous n'a quitté sa place et de ce fait n'a pu bouger la table, une table relativement lourde puisque je ne peux la bouger toute seule, tout le monde est surpris. Je sais ce que je dois faire, je prends un cahier et un stylo et je note ce que je reçois : c'est un ami qui est décédé, il me demande de dire à sa mère qu'il s'est bien suicidé et lui demande pardon.

Le lendemain, j'informe sa mère, plus tard sa sœur me téléphone pour me remercier et me dit avoir demandé à son frère de lui faire savoir s'il s'était bien suicidé, car elle voulait faire ouvrir une enquête.

Janvier 1996. Par un après-midi très ensoleillé comme souvent en hiver sur la Côte d'Azur, une de mes amies me rend visite. Je la trouve bien fatiguée et je lui propose de se reposer sur le canapé, je retire les quatre coussins que je pose sur une chaise. Elle s'allonge sur le ventre, je parle avec elle, aucune de nous deux n'a bougé ; en regardant ses jambes, j'y vois deux des quatre coussins que j'avais enlevés.

Je comprends tout de suite et je lui explique que chaque fois qu'il y a des phénomènes, c'est un « envoyé » qui me demande de délivrer un message à la personne présente avec moi, en l'occurrence elle ; elle me donne son accord et je reçois un message très important pour elle, mais quand je lui dis le nom du messager, elle reste silencieuse, des larmes coulent, elle devient blanche, je m'inquiète et lui demande si elle connaît cette personne ; elle me fait oui de la tête, je lui donne un verre d'eau, et j'attends ; au bout de 15 minutes, elle me raconte son histoire vieille de 50 ans, *« Mon Dieu, j'allais faire une grosse erreur et il est venu me prévenir. »* Je me permets de lui demander : *« Mais qui est-il ? »* Elle ne m'avait jamais parlé de lui, ni prononcé son nom, elle n'avait rien dit depuis des années, elle vit et continue à vivre avec cette blessure. Je lui dis : *« Veux-tu en parler ? »* Elle prend une grande inspiration et commence son histoire : *« J'ai 17 ans et lui 19 ans, nous sommes amoureux, nous habitons Casablanca, nous parlons mariage, nous rêvons d'une vie à deux, mais je suis mineure et lui aussi, il nous faut le consentement de nos parents. Il se décide à demander ma main à mon père, qui refuse catégoriquement cette union, il ne veut rien entendre ; il aurait pu nous dire : "Vous êtes trop jeunes, attendez.", mais non la discussion est terminée et le pire est à venir, mon père ne veut plus me laisser sortir, il est violent avec moi, il me frappe ; un soir, il arrive avec un billet, et le lendemain, je prends le bateau pour Marseille ; il m'envoie chez ma sœur aînée qui habite Paris. Je ne peux même pas avertir mon amoureux, je pars loin de lui, loin du Maroc, je n'y reviendrai jamais ; loin de lui qui est resté dans cette ville de Casablanca que nous aimions tant, ils lui disent que je suis rentrée au couvent, non ! Peu de temps après mon départ, il a mis fin à ses jours et repose à jamais au cimetière de Casablanca... Je l'aime toujours et je l'aimerai jusqu'au dernier jour. »*[1]

Des phénomènes de ce genre ont été nombreux, et bien d'autres : des voix enregistrées sur mon magnétophone, des objets qui changeaient de place, des présences. J'ai rencontré des habitants du chemin des âmes du purgatoire, qui eux aussi ont aussi vécu des phénomènes étranges.

Un jour, j'ai la vision d'une horde de gueux qui avançaient dans la rue, alors je me suis intéressée à ce chemin, je posais des questions, on me disait que beaucoup de lépreux avaient été enterrés dans ce lieu... Alors le 2 novembre, jour des morts, avec un groupe d'amis, nous avons arpenté les 1 871 m du chemin des âmes du purgatoire, un chapelet à la main, et nous avons prié pour ces âmes en souffrance.

20 novembre 1998. Trois heures du matin, un grand bruit, je sursaute, j'ouvre les yeux, une lumière éclaire un angle de ma chambre et je vois un ami qui est décédé, je lui dis : « *Pourquoi t'es-tu suicidé ?* » Il me répond : « *Ne le dis pas à ma mère, c'est à cause des médicaments.* » puis il disparaît, j'allume la lumière, je regarde l'heure, il est trois heures. Le lendemain, le téléphone sonne, ma mère en pleurs m'annonce le suicide de mon neveu (il était sous tri-thérapie.) Je lui demande l'heure, elle me répond : « *Trois heures.* »... Il était pourtant du bois dont on fait les flûtes !

Je ne vous raconte que les événements qui me concernent, je ne peux pas, par éthique, parler de ce qui appartient aux autres.

1. Avec l'accord de la personne intéressée.

Je ne veux en aucun cas ranimer en eux des événements douloureux. Ma vie continue entre mon travail, mes problèmes de santé, et l'aide que j'apporte aux autres.

3 octobre 2003. Le destin me joue un tour de plus, un examen banal et un verdict qui tombe : un cancer. Je dois prendre cette bête en main. Opération, rayons et stop ! Je refuse tout autre traitement, je sais que je ne dois pas aller plus loin. L'avenir me donnera raison le traitement d'hormonothérapie m'aurait tuée, car je suis porteuse d'une maladie génétique. C'est pour cela qu'en février 1993, j'ai fait un AVC, après 14 jours de prise de la pilule pour un kyste à un sein.

À l'époque, je n'ai pas écouté la petite voix qui me disait de ne pas prendre ce traitement. Il n'était pas question de faire deux fois la même erreur (mais à la réflexion... il fallait que cela fût !)

4 octobre 2004. Suite à de nombreux pèlerinages nous créons l'Association *Les 3 roses de mai*. Lors de ces nombreux voyages, j'ai vécu des événements sans explications rationnelles, devant de nombreux témoins, cela reste entre eux et moi ; je ne peux oublier un message : *« Tant que tu seras dans l'Amour et l'Humilité nous serons avec toi. »*

16 juillet 2008. Ils sont de nouveau là, il est deux heures, ils me demandent de me lever et d'écrire...[1]

De pèlerinage en pèlerinage, le chemin devient plus lumineux, mais beaucoup d'arbres jonchent le sol, abattus par « la foudre et le vent » ; ils sont là pour ralentir les pas, ils font trébucher, tomber, mais la Foi et l'Amour nous redressent après chaque chute et une nouvelle bougie éclaire un peu plus le chemin. Et de bougie en bougie, arrive le mois d'octobre 2010.

4 octobre 2010. Un déménagement, une nouvelle résidence, une nouvelle énergie de vie, d'autres bougies viennent éclairer mon chemin, et le 10 octobre 2010 commencent les enseignements, les messages *« La manifestation de Dieu »*[2]...

---

1. Voir *Avant-propos.*
2. Voir page 13.

Nous voici en octobre 2016, et bizarrement le 10, je finis de rédiger ces messages.

Voilà Louise, je viens de vous parler d'une partie des événements qui ont jalonné mon chemin. Vous avez su m'écouter dans un silence quasi religieux, avec beaucoup de patience, je sais que vous avez des questions à me poser, alors maintenant, je vous donne la parole.

Louise L. : — Aujourd'hui Louise, quel regard vous arrive-t-il de poser sur votre existence ?

Louise P. : — Avant tout, merci d'avoir vécu une telle expérience et, comme me l'a dit un Lama de médecine Tibétain : *« On vous a fait vivre une expérience que beaucoup rêvent d'avoir, et vous vous devez aux autres. »* Là, je pense que je n'ai pas failli, bien nombreux sont ceux qui ont frappé à ma porte ! Avec toutes les misères (physiques, morales, financières) que j'ai rencontrées, je dis deux fois merci à mon Créateur, deux fois merci à la vie ; bon nombre de fois, j'ai pu dire que *« j'ai eu une vie au paradis »* et *« comment des êtres humains peuvent-ils supporter ce qu'ils vivent ? »*. (Je parle de personnes qui sont de chez nous, qui vivent chez nous, ici en France.) Alors quand j'imagine et que je vois tout ce que vivent les hommes dans certains pays, ailleurs que dans les pays dits civilisés, j'en suis effrayée et, pire, j'appartiens à ces pays dits civilisés qui ont perdu le sens de l'Amour et de la Compassion...

Mais pour vous répondre, comme beaucoup de mes frères j'ai eu ma part de douleurs, de souffrances, de tristesses, de trahisons, de manques, d'accidents, de deuils et tous les aléas que chacun d'entre nous peut connaître ; je ne suis pas parfaite, je ne serais pas des vôtres si c'était le cas, mais j'ai travaillé très tôt à essayer d'aller sur ce chemin qui est très difficile, car semé d'épreuves, et souvent nous sommes incompris : nos attitudes de bienveillance, de tolérance, de compassion, de charité sont souvent mal interprétées par l'entourage social et familial, on prend souvent cela pour de la faiblesse alors que les faibles, ce sont bien souvent eux.

La vie m'a fait des cadeaux, j'ai vécu des expériences que je ne peux pas dévoiler, sauf à ceux dont je sais qu'ils savent ce qui est permis à chacun de savoir, car les messagers m'ont dit que nous n'étions pas prêts à tout entendre.

J'ai compris très tôt qu'il fallait fermer la porte à la matière, la jalousie, l'envie, le non-pardon, la rancœur, et l'ouvrir à l'Amour se remplir de Lui car c'est son manque, et nous ne le savons pas, qui nous fait nous tourner vers la matière qui nous détruit en provoquant ce mal-être, tout ce qui n'est pas nous. Nous sommes nés pour le bonheur et tout est en nous pour l'atteindre si nous décidons de dire « assez » à tout ce qui nous est imposé. Alors changez vos paroles, vos pensées et vos actes, libérez-vous de tout ce qui n'est pas vous, redevenez ce que vous êtes : des êtres libres dont l'Amour est le maître mot, lui seul changera la face du monde, lui seul triomphera, car l'Amour a tout créé, il est l'Origine, il est Dieu.

La vie est un long combat, mais la foi et l'Amour sont des ailes qui vous portent là où l'on vous attend. Je leur dis Merci pour cette aventure et ces rencontres immatérielles, ces bougies qui continuent d'éclairer mon chemin, et m'accompagneront tant que la mienne brûlera...

Louise L. : — Quelles questions vous reviennent plus particulièrement à l'esprit ?

Louise P. : — Je dois vous avouer Louise, que mille questions se sont bousculées dans ma tête, une particulièrement : pourquoi ? Oui, pourquoi ? Puis une idée m'est venue à l'esprit : où dois-je chercher, à ma gauche, à ma droite, non, je sais que c'est au plus profond de moi que se trouve la réponse, car là, se trouve la source de ma destinée. Alors, encore une question s'impose à mon esprit : mais cette idée vient-elle ? Qui l'a mise à mon esprit ? Elle est là, je la constate, je l'analyse, oui, elle est là pour m'enrichir, pour me faire évoluer, peut-être que l'idée naît de l'esprit et vit dans l'homme, un vaste sujet... Là, je m'éloigne de la question...

Louise L. : — Qu'attendent-ils de vous ?

Louise P. : — Cela est très clair au fil des enseignements personnels que j'ai reçus, tout y est dit. Cela fait partie de mon chemin avec tout ce que cela comporte.... Mais je dois vous avouer que tous les jours, il y a de nouveau une porte qui s'ouvre, puis une autre, le chemin s'éclaircit vers une nouvelle conception de la connaissance spirituelle de l'univers, un chemin d'évolution à gravir marche par marche, où chacun devra occuper la place qui lui revient, où chacun n'est rien dans le Tout et fait en sorte qu'il n'y ait que le Tout. Mais je n'oublie pas que l'évolution passe par le libre arbitre de l'homme...

Louise L. : — Pour quelle raison vous ont-ils permis de revenir dans le monde des vivants ?

Louise P. : — Pour Les servir à faire comprendre que seul l'Amour universel, tel que l'a enseigné Jésus sauvera l'Humanité... Faire comprendre que nous ne pouvons développer notre conscience de Soi que par la connaissance de Soi. L'homme est la clef de son propre mystère. L'homme est contenu dans lui-même et s'étend en dehors de lui à l'infini pour revenir à son Fini...

Louise L. : — Une question que se posent certainement vos lecteurs : les esprits qui s'adressent à vous et dont vous êtes devenue la messagère et le porte-parole aujourd'hui, à travers l'écriture médiumnique, se sont-ils nommés quelques fois ? Je pense qu'ils vous ont fait savoir qu'ils appartiennent à la Milice Céleste de Saint Michel Archange, et le Padre Pio qui occupe une place à part dans votre vie, et la Sainte Vierge.

Louise P. : — Les seuls messages qui portent une signature, ce sont ceux de San Pio, qui est un de mes contemporains. J'ai toujours eu des contacts avec des êtres désincarnés ou des êtres venus d'ailleurs ; on me demande souvent : « *Comment reçois-tu ?* », « *Comment entends-tu ?* » Je vais être sincère avec vous, c'est d'esprit à esprit, c'est limpide, fluidique, le mental n'est plus de la partie, seul le cœur accueille la force de l'Amour de l'Esprit. Concernant les autres messagers : je refuse d'entendre leur nom ; un jour, l'un d'entre eux m'a dit : « *Veux-tu connaître* *mon nom ?* », je lui ai répondu : « *Non, je ne veux pas.* » Il a rétorqué : « *On aime bien.* » Un jour, je leur ai demandé : « *Êtes-vous des Êtres de Lumière ou des Extra-Terrestres ?* » Ils m'ont répondu : « *On peut dire les deux.* »… Oui Louise, je prie beaucoup l'archange Saint-Michel et la Vierge Marie et sans oublier la seule prière qui unit le ciel et la Terre, l'unique prière qui unit le Père et le Fils, car elle nous a été donnée par Lui. Dites-la en Sa présence dans la conscience de ce que vous allez psalmodier, alors vous verrez la puissance de cette prière…

Louise L. : — Il y a certainement des choses qui n'ont pas encore été révélées ?

Louise P. : — Bien sûr, l'enseignement n'est pas terminé. J'ai reçu des initiations et la dernière m'a fait monter une nouvelle marche de « l'échelle de Jacob », vous en parler n'est pas possible, Ils m'ont dit : « *Quand tu devras transmettre cela, nous serons les décideurs, à ce moment-là, tu sauras comment faire. Comprends bien que cela est réservé à ceux qui auront fait le chemin. Toi, déjà, accomplis ce que tu dois faire. Quand tu auras pris conscience des choses, tu les verras…* »

Je sais que je passe à autre chose, mais je n'en ai pas encore l'information, de toute façon cela s'imposera à moi comme toujours. En 2017, quand j'ai terminé le livre, j'en étais là, aujourd'hui en novembre 2018, alors que je cherche un nouvel éditeur pour une réédition du livre, une porte s'est ouverte sur une autre dimension, cela me paraît fou, complètement fou, mais je sais que ce n'est pas fou. « *Il faut ouvrir son esprit à la volonté physique et active, faire en sorte d'agir en harmonie avec la pensée créatrice de base, celle qui nous a constitués et qui nous constitue. L'homme a perdu le chemin de l'ouverture de son esprit pour des conquêtes matérielles, à des fins égoïstes et dominatrices. Il est temps que d'autres hommes parmi ces hommes participent à l'action inverse pour que l'équilibre règne de nouveau sur Terre, et que la sagesse s'amplifie de ces expériences pour découvrir la bonne utilisation de l'équilibre atomique dans la matière ainsi que dans les êtres et les univers.* » Tout cela sera développé dans mon prochain livre, selon Guy-Marcel Bêche.

Louise L. : — Pour terminer, quels mots voudriez-vous dire à vos lecteurs ?

Louise P. : — Je vais conclure tout simplement, car tout se trouve dans les messages. La véritable intelligence est celle du cœur, c'est elle qui vous ouvre les portes de la véritable connaissance, car Dieu parle à l'âme rien qu'à elle, et si vous n'avez pas cette ouverture, bien des choses resteront hermétiques, car l'argent et le savoir venant de l'homme n'achèteront jamais la véritable connaissance de ce qui Est, si votre cœur n'est pas ouvert à l'Amour qui vous donne une foi sans faille envers l'Univers, envers l'Énergie Créatrice du Tout, d'où nous sommes tous issus et vers laquelle nous devons retourner, car ici, tout est éphémère : « Homme prends conscience de cela, car la vraie vie se trouve ailleurs » : Puissants de ce monde lisez ou relisez *La divine comédie de Dante,* Dieu ne juge pas, mais c'est vous-mêmes qui vous jugerez, car on n'accède à Sa demeure qu'une fois purifiés de toutes nos actions. Mais attention, certains n'entreront jamais dans Sa demeure si leurs actions sont faites en connaissance de cause... Cependant, Dieu est Miséricordieux, Il vous pardonnera si vous, vous êtes capables de vous pardonner et de vous repentir.

Je me dois de vous parler d'une vision : j'étais dans le silence. (apprenez le silence) quand tout à coup, j'ai la vision de l'Univers et là, on me montre une sphère immense, une boule d'énergie qui en son centre est plus foncée, je vois des êtres tout autour qui flottent et des mains qui retirent des morceaux de cette sphère et vont déposer dans ces êtres les parties du grand Être qui nous crée, on me dit que c'est l'âme et son esprit que l'on met en chacun de nous, c'est notre partie divine, c'est Dieu en nous, c'est ce qui nous relie à l'Origine et donc, nous faisions partie de ce Tout qui a tout créé et ce Tout est l'Amour même et c'est notre arme pour vaincre le mal : tout est en nous, tout est en Lui.

J'espère planter des petites graines qui germeront en vous, Chers Lecteurs, la vie est beaucoup plus belle quand l'Amour et l'Humilité font partie intégrante de vous : alors au travail ! Avant tout, soyez honnêtes, analysez sincèrement ce que vous êtes, votre réalité du moment qui n'est pas vous, pour retrouver le petit-enfant qui est en vous ; il vous faut vous libérer et corriger ce qui ne va pas, qui ne vous convient pas, tout ce qui a tué ce que vous êtes en réalité ; enlevez les masques, demandez de l'aide, Ils sont toujours là pour vous accompagner, et quand vous allez trébucher, Ils seront présents, votre « petite voix » vous le dira et comme vous êtes des êtres libres, vous ferez le choix d'entendre et de modifier ou de fermer la porte et continuer ce que vous êtes, mais la porte n'est jamais fermée, vous y reviendrez. Mais faites-le avant le départ, n'oubliez pas, personne ne connaît l'heure. Alléger le poids de son âme conduit plus vite à la demeure du Père.

Voilà Louise, nous pourrions parler toutes les deux des heures et des heures, nous avons tant à nous dire, l'une comme l'autre, il faut dire qu'un lien très fort nous unit, c'est notre Corse, notre histoire, mais au-delà de cela Louise, c'est votre richesse d'esprit, de savoir et de dignité. Quand on vous écoute, vos paroles sont des musiques qui nous transportent bien au-delà du réel, vous êtes une magicienne des mots, vous êtes, Vous, Madame... MERCI.

« Lorsque l'homme devient vrai, il sait se reconnaître : il connaît ses faiblesses, ses devoirs, ses qualités. Il saura développer ces dernières, équilibrer ses désirs, et effacer ses faiblesses. Sachant qu'il est une unité dans le tout, il ne sera plus égoïste et vivra pour ce tout. » (Guy-Marcel Bêche.)

ÉPILOGUE

Depuis des années, je vis dans cet univers ouvert sur d'autres dimensions. Ce que je peux vous dire, c'est que je suis bien ancrée sur cette Terre. J'ai rencontré des êtres qui n'étaient pas de chez nous toujours bienveillants à mon égard. J'ai reçu des initiations venues d'ailleurs, que je ne peux pour l'instant dévoiler, seul, un prêtre est au courant et c'est après avoir pris son avis que j'ai accepté de les recevoir.

Maintenant, vous dire que je détiens la vérité ? Qui la détient ? Qui sur Terre peut dire la vérité c'est cela ?

Ma vérité à moi c'est celle-là, mon Dieu est exclusivement Amour, mon Dieu n'est pas un dieu vengeur celui-là est un « faux dieu. » (Comme le dit si bien frère Antoine l'ermite du rocher de Roquebrune.)

(Aussi loin que je me souvienne, j'ai toujours entendu ma mère dire : *« Le Bon Dieu ne paye pas tous les samedis soir, mais quand il paie, il paie bien. »* Je lui répondais que ce Dieu-là n'était pas le mien, que le mien est Amour et miséricordieux. Cela avait le don de la mettre en colère.)

Mon Dieu, je le loue chaque jour, je le remercie chaque jour pour sa miséricorde, mon Dieu, je l'aime chaque jour un peu plus et si vous, vous pouvez rencontrer mon Dieu, lui ouvrir en grand votre coeur, l'accueillir, vous remplir de Sa présence et vous nourrir de Lui. Alors, vous verrez par vous-même... De tout mon coeur je vous souhaite cette rencontre.

NOTE DE L'AUTEURE

Je ne peux terminer ce livre, sans remercier les Messagers de la Lumière qui ont tant vivifié mon esprit, par la richesse des enseignements personnels que j'ai reçus. Merci pour leur patience face à mon manque de disponibilité et merci pour leur compréhension. Ce sont eux qui m'ont toujours contactée, ils m'ont permis de leur poser des questions et ils y ont répondu, mais ils m'ont dit que nous n'étions pas prêts à tout entendre.

Nous avons sur notre belle planète Terre (que par avidité, nous détruisons) de quoi nourrir tous les hommes, nous avons la possibilité de mettre un terme à toutes les guerres, si le désir de certains hommes de vouloir tout dominer, tout posséder change en amour et en partage. Il serait bon pour eux, tous ces égotiques et égotistes avides de matière, de revoir leur fonctionnement et de chercher la vérité, car *« lorsque aucun homme ne cherche plus la vérité, tout ce qui existe sur cette terre commence à se corrompre et à pourrir... »*.[1]

1. *Grand Évangile de Jean, Tome 10, page 355,* Jacob Lober, éditions Hélios.

INDEX

La numérotation fait référence aux numéros des messages, non à ceux des pages.

BIBLIOGRAPHIE

Compte tenu du nombre d'aphorismes et de citations, je les ai classés par ordre d'apparition du nom de l'auteur dans le livre, et non par ordre alphabétique. Je vous remercie par avance de votre compréhension. Nombre de citations sont issues des livres de ma bibliothèque, d'autres, je les ai trouvées au fil du temps dans des recherches et lectures sur le Web.

Wojtyła Karol Józef (1920-2005)
Saint Jean-Paul II. Pape.
Dix repères pour le XXIe siècle, IV Amour, Pape Jean-Paul II. La source des étudiants(es).
Entrez dans l'espérance, biographie de Jean-Paul II.
Citations et œuvre, 2.1.1. Discours mondial de la paix, 1er janvier 2002.
Discours du Pape aux jeunes dans la basilique Saint-Pie X, Lourdes, 15 août 1983.

Jérémie (655 av. J.-C. ?)
Deuxième des quatre grands prophètes de la Bible.
Bible Annotée (levangile.com).

Platon (vers 427-vers 348 av. J.-C.)
Il est un des philosophes majeurs de la pensée occidentale et de l'Antiquité.
Citations de la Grèce antique.
Théorie de la connaissance, l'immortalité de l'âme.
Apologie de Socrate (*Histoire de la philosophie,* Christian Ruby, éditions La Découverte).
Citations attribuées.
Le banquet.
Citation sur la sagesse (La-Philo).

Hermès Trismégiste
Selon la légende il aurait, en Égypte, vécu trois vies.
La Table d'Émeraude, Pymandre, verset 17:5. Les Paroles des Secrets d'Hermès, qui furent écrites sur la table d'Émeraude.
Les Tables d'Émeraude, Tablette X (bledition.org/medias/files/table-emeraude IV- VII).

Marc Aurèle (161-180)
Empereur romain ainsi que philosophe stoïcien.
L'Homme Illuminé, pérégrinations Pèlerines d'un Messager Universel..., Laurent Koessler, éditions Mon Petit Éditeur.

Mohandas Karamchand Gandhi, Mahatma Gandhi (1869-1948)
Avocat et Homme politique et philosophe indien.

Tous les hommes sont frères.
Autobiographie ou Mes expériences de vérité.
Révolution psychologique éveil des consciences (citations).

Thomas Merton (1915-1968)
Moine cistercien-trappiste américain.
Psychanalyse jungienne.

Blaise Pascal (1623-1662)
Mathématicien et physicien français.
Pensées, 1670.
Pensées.

Didyme Judas Thomas
Apôtre décédé le 21 décembre 72 apr. J.-C.
L'Évangile apocryphe selon Thomas.
Livre de l'Évangile, Logion 2.
Note sur l'Évangile de Thomas, bibliothèque copte de Nag Hammadi. Traduction (religions.free).
Logion 29, bibliothèque copte de Nag Hammadi Traduction, (religions.free).

Isaac Newton (1642-1727)
Physicien, philosophe, astronome et mathématicien anglais.
Écrits sur la religion.

Francesco Forgione Saint Pio (1887-1968)
Capucin italien canonisé le 16 mai 2002. San Pio.
La voie Mystique, conseils spirituels.
Paroles de Lumière.
Enseignement de Saint Pio (La Foi La Souffrance L'Amour).
Épitaphe sur la tombe de la mère de Saint Pio.

Edgar Cayce (1877-1945)
Mystique américain.
Ma rencontre avec l'au-delà.
Lecture 261-15.
Demandez à Mr Cayce : Numérologie (A.R.E.).

Origène (115-254 apr. J.-C.)
Père de l'Église, théologien de la période patristique.
La bible et la réincarnation, les pères de l'Église.

Christopher Vasey
Santé et connaissance de soi.
La palme de la virginité.

Saint Augustin d'Hippone (354-430 apr. J.-C.)
Philosophe et théologien chrétien.
Les premiers pas du christianisme, page 203, Livre Universel, Jeanne Moranier (Book.google.fr).
Citation Entend la prière.

Le Zohar
Livre de la splendeur et de la loi, I186B, attribué à Rabbi Shimon bar Yohaï, IIe siècle.
La réincarnation, Yaacov Astor. *Le Judaïsme croit-il en la réincarnation ?* (aise.fr).

Saint Innocent de Moscou (1797-1879)
Canonisé en 1977.
Le Chemin du Royaume, page 9, éditions du Désert.

Sirddharta Gautama, le Boudha (environ 564-488 av. J.-C.)
Citations Sagesse.
Citation issue des Enseignements de Bouddha (Overblog).
Spritualité bouddhiste (Overblog).

Friedrich Nietzsche (1844-1900)
Philosophe et poète allemand.
Ainsi parlait Zarathoustra.
Le Gai Savoir.

Évangile selon Saint Jean
Nouveau Testament.
Bible Segond, 1910, Jean 3:20.
La Bible de Jérusalem, Apocalypse, chapitre 17, Jean 17.34-5.

Victor Hugo (1802-1885)
Écrivain, poète et dramaturge français.
Faits et croyances, citations (dicocitations.lemonde.fr).

Mata Amritanandamay, Amma (1953)
Figure spirituelle contemporaine de l'Inde.
L'enseignement d'Amma, citations.
Méditation et Liberté Boudhisme Spiritualité (renaissance65.fr).

Aldous Huxley (1894-1963)
Écrivain britannique.
Temps futurs, 1948.

Saint Thomas d'Aquin (1225-1274)
Théologien, philosophe et religieux dominicain italien.
Somme théologique « L'homme est libre ».

Saint Grégoire de Nysse (335-395)
Théologien mystique et père de l'Église chrétienne.
Le couple, Guy de Gilbert.
La Bible et la réincarnation les Pères de l'Église (christophvasey.ch).

Max Lucado (1955)
Écrivain américain.
Comme Jésus, page 3, éditions CL = vie chrétienne.

Évangile de Matthieu
Sainte parole de Jésus, 18,1920
Évangile. Corinthiens.

Évangile selon Philippe
Écrit apocryphe retrouvé dans la bibliothèque égyptienne de Nag-Hammadi. Le manuscrit date du IVe siècle.

Carl Gustav Jung (1875-1861)
Médecin psychiatre suisse.
Les mots positifs.com.
L'homme et ses symboles, 1939.
Art Fabian Perez fr.pinterest.com.
De la Lumière aux Ténèbres (éditions-arqua.com).

Arthur Schopenhauer (1788-1860)
Artiste, écrivain et philosophe.
Biographie de Arthur Schopenhauer.
Le monde comme volonté et comme représentation.

Le vieux Tcheng
Anonyme.
Les propos du vieux Tcheng, éditions Les deux océans.

Gitta Mallasz (1907-1982)
Dialogue avec l'Ange.

Socrate (470-329 av. J.-C.)
Philosophe grec, il est considéré comme le père de la philosophie morale.
Dialogue de Socrate, dans le *Ménon* de Platon.
Citation (POSITIVR.fr).

Le Dalaï-Lama, Tenzin Gyatso (1935)
De l'inconscient à la conscience.
Du bonheur de vivre et de mourir en paix.

Lucien Liroy
Magnétiseur et chercheur.
Maîtriser et développer son karma, broché, 2004.
Maîtrisez et développe son karma, éditions de Vecchi.

Sainte Gemma Gagliani (1878-1903)
Mystique et stigmatisée.
La sainte que Padre Pio priait chaque jour, Bernard Gallizia, éditions Salvator, 2015.

Saint Gabriel de l'Addolorata (1838-1862)
Frère Passioniste italien.
Son expression favorite (le saint de la semaine, paroisse Mondoubleau).

Proverbes
Indien. *La phrase culte philosophique, 155 et 154.*
Chinois. *Citation philosophique, 158.*

Arabe. *Mess 152.*
Amérindien (dicocitations.lemonde.fr).

Khalil Gibran (1883-1931)
Poète et homme de foi libanais.
Le Prophète.

Claire de Lamirande (1929-2009)
Romancière québécoise.
Voir le jour, roman, collection Littérature d'Amérique, 1986.

Demi Lovato (1992)
Auteur et compositeur américaine.
Recueil de citations (Azaleepanda).

Pythagore de Samos (582-500 av. J.-C.)
Mathématicien et philosophe.
Les Vers Dorés de Pythagore, Antoine Fabre d'Olivet, 1813. Purification 4,5,6. Perfection.
Vers d'Or de Pythagore, Vladimir Antonov, traduction Christian Lirette. Perfection.

Colossiens
Le Semeur, 3.12.
Capitule pour les Féries, 1.

Osho Bhagwan Shree Rajneesh (1931-1990)
Hindou.
Flâneries V/ Essentiel-Futur, André Lassoudiere.

Hénoch
(hébreu. Enoch, latin)
Patriarche biblique, arrière-grand-père de Noé.
Le livre d'Enoch, apocryphe, Partie 1, chapitres 1 à 4.

Délia Tétreault (1865-1941)
Religieuse missionnaire de l'Immaculée Conception, fondatrice de la congrégation canadienne.
Citations et proverbes.

Denis Diderot (1713-1784)
Philosophe du XVIIIe siècle, écrivain et encyclopédiste français des lumières.
Additions aux pensées philosophiques, 1762.

Albert Einstein (1879-1955)
Physicien théoricien.
Citation stratégies de la vie quotidienne. Citation d'Albert Einstein. Comment je vois le monde (Pensées-Citations.com).
La valeur d'un homme (lesbeauxproverbes.com).
Comment je vois le monde.

Lao-Tseu (Li Er) (604-531 av. J.-C.)
Sage chinois, père fondateur du taoïsme.
Tao tö King (livre).
Tao Te King (penséescitations.com).

Le Talmud
Texte religieux du judaïsme rabbinique.
Dictionnaire inattendu de Dieu, Albin Michel.
Trône cité par Victor Malka dans sa biographie *Les plus belles légendes juives*, Le Seuil, 1998.

Jim Morrison (1943-1965)
Chanteur et poète américain.
(Dicocitations).

Le Nouveau Testament
Pierre 1:22-23.
Édition de la Spiritualité, traduction Louis Second.

Rabbi Siméon bar Yohaï (...-18 apr. J.-C.)
Rabbin galiléen.
La Kabbale - Les mystères des grands textes enfin révélés, Samuel Gabirol, éditions De Vecchi (poche).

Sénèque (vers 4 av. J.-C.-65 apr. J.-C.)
Philosophe de l'école stoïcienne.
Florilège de pensées positives, Swetlana Guyot.

Aristote (384-322 av. J.-C.)
Disciple de Platon.
La Poétique. Ouvrage d'Aristote portant sur l'art poétique et plus particulièrement sur les notions de tragédie, d'épopée et d'imitation. Il a été rédigé probablement autour de 335 av. J.-C.

Saint Séraphim de Sarov (1759-1833)
Moine, ermite et père spirituel, christianisme, orthodoxie.
Instructions spirituelles, Irina Goraïnoff, Séraphim de Sarov, éditions Abbaye de Bellefontaine et Desclée de Brouwer, 1995.

Napoléon Bonaparte (1769-1821)
Empereur français.
Napoléon et les grands hommes.
Citations d'hommes célèbres provenant des 4 coins du monde. (alagloiredejesuschrist.un blog.fr).

Père Albert-Marie Besnard (1926-1978)
Dominicain.
Citations sur la prière (Site maintenance in Progress).

Bernard le Bovier de Fontenelle (1657-1757)
Entretiens sur la pluralité des Mondes, 1686.

Jacques le Juste (...-62 apr. J.-C.)
Épître de Jacques, 1.22:24, écrit vers 45 apr. J.-C., Bible Louis Segond.

Confucius (551-479 av. J.-C.)
Philosophe chinois.
Citation célèbre.
Préceptes de vie.

Ecclésiaste
Celui qui s'adresse à la foule est un livre de la Bible hébraïque. *Chapitre 3, verset 14.*
Bible du Semeur.

Michel-Ange (1475-1564)
Sculpteur, peintre et architecte.
Lettres familières (1497-1509), éditions L'Échoppe.

Plutarque (45-120 apr. J.-C.)
Philosophe et penseur majeur de la Rome antique, grec d'origine.
La puissance du cerveau droit (citation).

Shakti Gawain (1948-...)
Écrivain américaine.
Mon année Positive, Céline Alvares Ordas, éditions Zenen Soi.

Johannes Greber (1876-1944)
Prêtre catholique allemand.
La communication avec le monde spirituel Les lois et les buts Expériences personnelles d'un prêtre catholique Johannes Greber.

Saul Paul de Tarse (début Ier siècle, 67-68)
Apôtre.
Thessaloniciens, chapitre 5:19-22.
Lettre de Saint Paul Apôtre aux Thessaloniciens.

Rabbi Moshé ben Maimo Rambam, dit **Maïmonide** (1135-1204)
Medecin, théologien talmudiste et philosophe espagnol.
(Medarus.org).

Julien Offray de La Mettrie (1709-1751)
Médecin. Sa philosophie est ancrée dans le corps.
Philosophiques de La Mettrie, Nouvelle Édition, Tome second, page 220 « Discours sur le bonheur », éditions Charles Tutot, 1796.

Marc-Alain Ouaknin (1957-...)
Philosophe et écrivain français.
Mystère de la Kabbale, éditions Assouline (www.les passeurs.com).

Charles Pierre Péguy (1873 -1914)
Écrivain, poète et essayiste français.
Les Mystères de Jeanne d'Arc - Des Saints Innocents.

Le chant des pèlerins
Auteur inconnu.

René Descartes (1596-1650)
Mathématicien, physicien et philosophe français. Il reste célèbre pour avoir exprimé dans son *Discours de la méthode, le Cogito 1 : « Je pense, donc je suis. »*
Principes de la Philosophie (1618-1637), éditions Bordas, 1996.

Sefer Ha Bahir (ou **Livre de la Clarté**)
La kabbale - Les mystères des grands textes enfin révélés, Samuel Gabirol, éditions De Vecchi (poche).

Jan van Helsing
Livre Jaune N° 2 - La guerre des francs-maçons.

Ralph Waldo Emerson (1803-1882)
Essayiste, philosophe et poète américain.
Citation choisie par Lucien Liroy, chercheur indépendant, écrivain-conférencier (lucien. liroy.free.fr).

Éphrem le Syrien (ou **Éphrem le Syriaque**)
Né vers 306 à Nisibe et mort en 373 à Édesse, c'était un diacre syrien et un théologien.
La voie du silence dans la tradition des pères du désert, Michel Laroche, 2010.

Charles F. Glassman
Connu sous le nom de Coach MD depuis 2011. Médecin.
Brain Drain - La percée qui changera votre vie. Pensées du jour (blog oswaidk-pengla-s.com).

Jean de la Fontaine (1621-1695)
Poète et fabuliste français, célèbre pour ses Fables.
Le Juge arbitre, l'Hospitalier et le Solitaire, Livre XII, fable 25. Dernière fable du dernier recueil et constitue sans aucun doute le « testament spirituel » de La Fontaine.

Léonard de Vinci (1452-1519)
Peintre et physicien italien.
Citations célèbres (citation-celebre.leparisien.fr).

Agnes Gonxha Bojaxhiu, dite **Mère Teresa** (1910-1997)
Fondatrice du nouvel ordre des sœurs Missionnaires de la Charité. Mère Teresa est béatifiée en 2003 par Jean Paul II.
Poème d'une vie citron (évente.lefigaro.fr).

Basile de Césarée (329-379)
Appelé également Basile le Grand, il est l'un des principaux pères de l'Église, reconnu docteur de l'église (1558).
Homélie VI sur St Luc, XII, 18, citation 464, citationsdespiritualité.blogspot.fr).

Guy-Marcel Bêche (1942-...)
Après l'An 2000, ce sera de nouveau demain, éditions La Pensée Universelle.

Lorber Jacob
Grand Évangile de Jean, Tome 10, page 355, éditions Hélios.

TABLE DES MATIÈRES

« Il y a des moments où l'on se sent libéré
de ses propres limites et imperfections humaines.

Dans de tels instants on se voit là, dans un tout petit coin
d'une petite planète, le regard fixé en émerveillement
sur la beauté froide et pourtant profonde et émouvante
de ce qui est éternel, de ce qui est insaisissable.

La vie et la mort se fondent ensemble
et il n'y a pas d'évolution ni de destination, il n'y a que ÊTRE. »

(Albert Einstein)

REMERCIEMENTS

Je tiens particulièrement à remercier deux personnes à qui je dois peut-être d'être parmi vous aujourd'hui : ma mère qui lors de mon AVC a dit à Padre Pio : « Ou tu me la rends sans séquelles ou tu la prends. » Et Marc tout ce dont, je me souviens, c'est de son prénom, il avait à l'époque, en 1993, huit ou neuf ans, j'ai appris que pendant que j'étais dans la nébuleuse, il avait construit une croix et il y a inscrit mon prénom (sa maman était catéchèse) il lui avait demandé s'il pouvait faire un chemin de croix pour moi, ce petit garçon a porté sur son épaule la croix en carton et il a pris le temps de s'arrêter aux XIV stations pour prier pour ma guérison. N'est-il pas dit, que toutes les prières dites avec foi, amour, sincérité et désintéressement atteignent le cœur même de Dieu.

Il me faut remercier une de mes amies, qui non seulement a toujours été présente, aussi bien la nuit que le jour dans tous les aléas de ma vie, et toujours dans la plus grande discrétion. Et si le livre voit le jour, c'est en partie grâce à elle, elle n'a cessé de me pousser à publier les messages, je dois vous avouer une chose, elle les connaît mieux que moi. Merci ma P..., « je respecte sa volonté », pour ta lecture et relecture de ces messages. Tu es un cadeau du ciel de vrais amis (es), c'est rare et j'ai le bonheur d'en avoir et tu en fais partie.

Je remercie aussi mes premiers lecteurs : Élisabeth, Françoise, Louise, Madeleine, Paule, Régis et Stéphane dont leur avis a été pour moi très précieux, ainsi que leur amitié.

Je me dois de remercier, Angelo et Marie-Françoise, sans qui l'association n'aurait jamais vu le jour. J'en parlais, on en parlait jusqu'au jour où ils m'ont dit : « Nous avons les papiers, il te faut venir les remplir et les signer. » Puis Christiane est venue se joindre à nous, nous sommes devenus « quatre mousquetaires » et nous avons accompagné et protégé de nombreux pèlerins sur les routes d'Europe, jusqu'en Israël, accompagnés par le père Jean-Paul.

Sans oublier tous les membres de l'association *Les 3 roses de mai,* qui depuis maintenant 17 années nous suivent et tous ceux et celles qui nous ont accompagnés. Je ne peux tous vous nommer, vous me pardonnerez.

Et toutes les bougies qui ont éclairé mon chemin, toutes les bougies anonymes qui se sont trouvées l'espace d'un moment sur ma route à des moments-clés de ma vie.

Je remercie toute ma famille, sans oublier de leur dire que je les aime.

Édité par
Louise POZZO DI BORGO - France

Imprimé en France

Dépôt légal : août 2021

Imprimé en France
FRHW010251250324
38516FR00004B/9